Computer Network Programming

4판

컴퓨터 네트워크 프로그래밍

Java Version

김 화 종 저

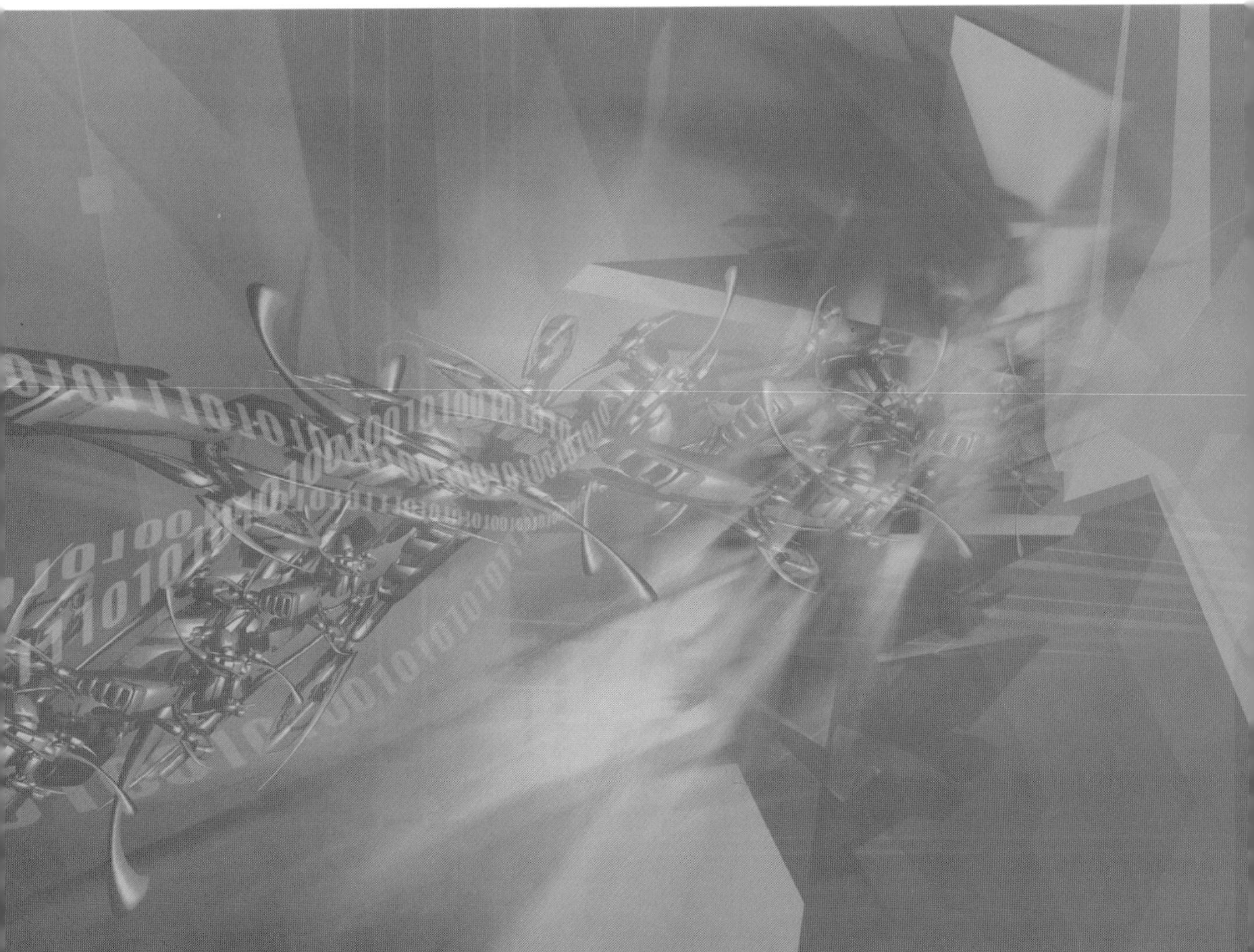

Human Science
휴먼싸이언스

저자 약력

김 화 종

서울대학교 전자공학과

KAIST 전기 및 전자과

UC Berkeley, University of Washington 교환교수

SCJP

(현) 강원대학교 컴퓨터학부 교수

저서 - 컴퓨터 네트워크 프로그래밍(1997, 2000, 2004)
자바 프로그래밍(1999)

4판

컴퓨터 네트워크 프로그래밍 Java Version

인 쇄 일 : 2009년 02월 28일
발 행 일 : 2009년 03월 02일
저　　자 : 김화종
등록번호 : 제2008-20호
등 록 일 : 2008.10.13
발 행 자 : 박 주 옥
발 행 처 : 휴먼싸이언스
주　　소 : 서울시 도봉구 도봉동 613-14 숙진빌딩 B1
전　　화 : (02) 955-0244
팩　　스 : (02) 955-0245
e-mail : humansci@naver.com
정　　가 : 20,000원

머리말

이 책은 자바를 이용하여 컴퓨터 네트워크 응용 프로그램을 작성하는 방법을 다룬 입문서이다. 안정적이며 성능이 우수한 네트워크 응용 프로그램을 작성하려면 단순히 프로그래밍을 잘 하는 것만으로는 부족하며 네트워크 시스템 설계에 대한 이해와 TCP/IP 등 통신 프로토콜의 동작에 대한 깊은 이해가 필요하다. 이 책의 내용은 다음과 같이 구성되어 있다.

- 컴퓨터 네트워크 프로그램 설계 기법 (1장)
- 자바의 이해 (2, 3장)
- TCP/IP의 이해 (4장)
- 소켓 기초 프로그래밍 (5, 6, 7장)
- 소켓 응용 프로그래밍 (8, 9장)

이 책의 독자는 자바 언어의 기초 문법은 아는 것으로 가정하였다. 4장에서는 TCP/IP의 주요 내용을 설명하는데, TCP/IP를 명확히 이해하고 있는 독자는 4장을 skip할 수 있을 것이다.

이 책의 예제 프로그램 소스는 다음의 블로그에서 다운로드 받을 수 있다.

```
blog.naver.com/itbell
```

이 책을 준비하는데 여러 의견을 보내준 동료 교수들과 책의 출판을 적극 지원해 준 휴먼싸이언스 신선 사장님께 감사드리며, 예제 작성에 도움을 준 이경현 군에게 감사한다.

김 화 종

춘천 호반에서

2009. 1.

차례

1. 네트워크 프로그램 설계

2. 자바의 이해

3. 스트림과 입출력

4. 인터넷 프로토콜의 이해

7. UDP 응용 프로그램

8. 고급 네트워크 프로그래밍

9. 네트워크 응용 프로그래밍

01 네트워크 프로그램 설계

1장에서는 네트워크 프로그램을 설계하는 방법을 설명한다. 안정적이고 성능이 우수한 네트워크 응용 프로그램을 작성하려면 단순히 프로그래밍 실력만 있으면 되는 것이 아니라 컴퓨터 통신 프로토콜의 개념을 분명히 이해하고 이를 어떤 방식으로 구현하는 것이 효과적인지를 파악하는 능력이 필요하다. 이를 위해서 1장에서는 컴퓨터 통신 프로토콜의 개념을 설명하고, 클라이언트-서버 통신 모델과 서버 구축 기법을 소개하며 효율적인 네트워크 프로그램 작성 및 네트워크 자원의 효율적인 이용 방법을 살펴보겠다.

1.1 컴퓨터 통신 프로토콜

컴퓨터 통신 프로토콜(protocol)이란 컴퓨터들이 데이터를 원활히 주고받을 수 있도록 정한 약속을 말한다. 컴퓨터 네트워크 프로그램의 목적은 컴퓨터 통신 프로토콜을 이용하여 사용자가 원하는 네트워크 서비스를 제공하는 응용 프로그램을 작성하는 것이므로 컴퓨터 네트워크 프로그램을 잘 작성하려면 먼저 컴퓨터 통신 프로토콜을 분명히 이해하는 것이 필요하다.

여기서는 OSI(Open System Interconnection) 7계층 컴퓨터 통신 프로토콜의 개

념과 인터넷에서 사용되는 통신 프로토콜인 TCP/IP(Transmission Control Protocol/Internet Protocol)의 주요 특징을 설명하겠다. TCP/IP에 대한 자세한 내용은 4장에서 소개하겠다.

1.1.1 컴퓨터 통신 프로토콜의 정의

모든 종류의 통신에는 통신 프로토콜이 필요하다. 예를 들어, 전화를 걸려면 먼저 수화기를 들고 발신음이 들리면 상대방 전화번호를 다이얼링 한다. 상대방이 받으면 통화를 한 후 끊고 만일 상대방이 통화 중이면 나중에 다시 걸면 된다. 이것은 전화를 사용하기 위한 통신 프로토콜이다. 전화뿐 아니라 컴퓨터, 라우터, 셋톱박스 등 모든 통신 장비들은 상대방 장비와 서로 통신하기 위한 방법 즉, 통신 프로토콜이 미리 정의되어 있어야 한다.

컴퓨터 통신 프로토콜은 위에서 언급한 "통신 프로토콜"의 하나로서 "컴퓨터" 들 사이의 통신 프로토콜을 말한다. 한편 컴퓨터들은 네트워크 형태로 서로 연결되어 있으므로 컴퓨터 통신 프로토콜을 컴퓨터 네트워크 프로토콜이라고도 부른다.

통신 프로토콜의 특징

통신 프로토콜은 통신 장비들이 "효율적"이며 "안정적"으로 통신할 수 있도록 "미리 정한(표준화된)" 약속이라고 할 수 있다. 즉, 통신 프로토콜은 효율성, 안정성, 그리고 표준화 등 세 가지의 특징을 가지고 있다. 그림 1-1에 통신 프로토콜의 기본 특징을 나타냈다.

통신 프로토콜이 효율적이어야 한다는 것의 의미는 주어진 통신 채널을 최대한 효율적으로 이용할 수 있도록 프로토콜이 정해져야 한다는 것을 말한다. 예를 들어, 같은 종류의 전송 매체(예를 들어 전화선)를 사용하더라도 채택한 통신 프로토

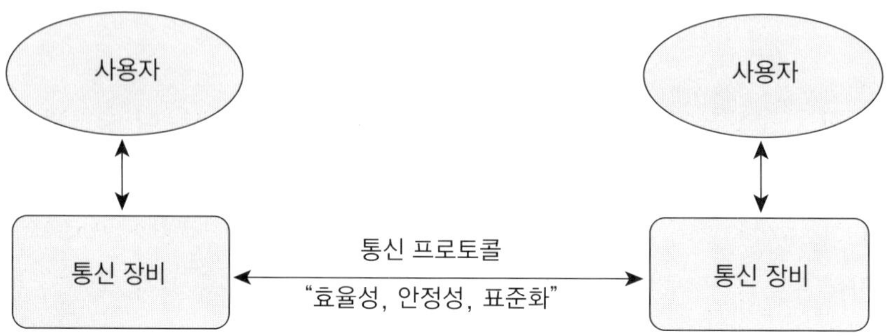

그림 1-1 통신 프로토콜의 특징

콜에 따라 전송 속도가 달라진다. 또한 아무리 전송 속도가 높더라도 응용 프로그램을 잘못 작성해서 통신 장비가 데이터 송수신을 못하고 기다리는 시간이 길어진다면 통신 프로토콜이 효율적이지 못하다고 할 수 있다.

효율적인 통신을 위해서는 프로토콜에서 정한 작업 처리 순서가 잘 정의되어야 하며 한 번에 주고받는 데이터 단위인 패킷(packet)의 크기를 최적화해야 하고 원활한 데이터 전송을 위해 흐름제어(flow control) 등이 사용된다.

통신 프로토콜이 안정적이어야 한다는 것의 의미는 비정상적인 외부 요인, 예를 들면 상대방이 고의로 잘못된 데이터를 전송하거나, 통신망에 장애가 발생하거나, 데이터 전송 중에 오류가 발생한 경우에도 통신은 최대한 안정되게 동작하여야 하며 필요하다면 안전하게 통신이 종료되어야 한다는 것을 말한다. 안정적인 통신을 위해서 오류제어(error control) 등이 사용된다.

통신 프로토콜이 널리 사용되기 위해서는 미리 표준화되어야 한다. 통신 프로토콜은 여러 사람(또는 기관)이 논의하여 정하게 되는데 인터넷과 관련된 표준은 IETF(Internet Engineering Task Force) 기구에서 작성된 RFC(Request For Comments)라는 이름의 문서로 제공되며 다음 사이트에서 RFC 문서들을 찾아볼 수 있다.

```
https://ietf.org/rfc.html
```

통신 프로토콜의 종류

통신 프로토콜은 데이터를 원활히 주고받을 수 있도록 미리 정한 약속이라고 했는데 누가 미리 정했는지에 따라 다음과 같이 통신 프로토콜을 크게 두 가지로 나눌 수 있다.

- 표준 통신 프로토콜
- 사용자 정의 통신 프로토콜

표준 통신 프로토콜은 TCP/IP, http(web), telnet, ftp, 이더넷, 무선 LAN(IEEE 802.11)과 같이 국제적으로 통용되는 표준화된 통신 프로토콜을 말한다. 네트워크 응용 프로그램을 작성할 때에는 이러한 표준 통신 프로토콜을 반드시 준수하여 응용 프로그램을 작성해야 한다.

사용자 정의 통신 프로토콜은 특정한 서비스를 제공하기 위해서 개발자가 임의로 정의한 통신 프로토콜을 말한다. 예를 들어, 온라인 수강신청 서비스를 제공하기 위해서 학번입력, 학과입력, 과목선택 등 서비스 이용 절차를 새로 정의했다면 온라인 수강신청 프로그램은 이와 같이 새로 만들어진 사용자 정의 통신 프로토콜을 따라서 구현해야 한다.

네트워크 응용 프로그램 작성자는 표준 통신 프로토콜을 최대한 활용함으로써 프로그램 개발 시간도 단축하고 오류를 줄일 수 있다. 따라서 TCP/IP 등 표준 통신 프로토콜을 명확히 이해해야 한다. 또한 개발자가 임의로 구현하는 사용자 정의 프로토콜을 설계할 때에도 통신 프로토콜의 일반적인 요구사항인 효율성, 안정성, 미리정함을 가능한 만족시키도록 노력하여야 한다.

1.1.2 OSI 7계층 통신 프로토콜 구조

현재 인터넷에서 사용하고 있는 표준 컴퓨터 통신 프로토콜인 TCP/IP를 설명하기 전에 OSI 7계층 통신 프로토콜 구조를 소개하겠다. OSI 7계층 구조를 먼저 소개하는 이유는 이것이 컴퓨터 통신 프로토콜의 개념을 이해하는 데 기본이 되기 때문이다. OSI 7계층 구조를 TCP/IP와 비교하여 그림 1-2에 나타냈다.

계층 1인 물리 계층(physical layer)은 정보의 최소 단위인 비트를 전송 매체를 통하여 효율적으로 전송하는 기능을 정의한다. 이를 위하여 커넥터의 핀 간격과 같은 기계적인 규격, 0과 1의 신호를 구분하는 전압 레벨과 전송 속도(bps) 등의 전기적인 규격, 그리고 데이터를 주고받기 위한 제어(control) 신호의 순서 등을 정의한다. 물리 계층이 정상적으로 수행되고 있으면 두 장비 사이에 비트 단위의 데이터

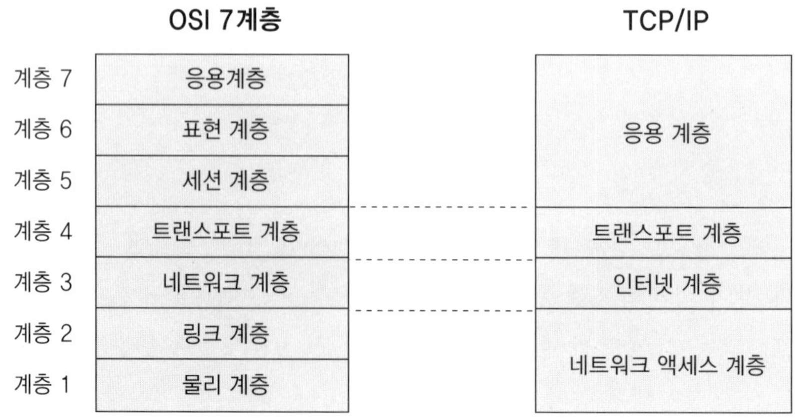

그림 1-2 OSI 7계층 프로토콜 구조와 TCP/IP 프로토콜 구조

가 송수신될 수 있는 물리적인 환경이 갖추어져 있다고 할 수 있다.

계층 2인 링크 계층(link layer)은 물리 계층의 서비스를 이용하여 다수의 비트로 구성된 데이터 블록인 프레임(frame)을 노드(node) 사이에 신뢰성 있게 전송하는 기능을 정의한다(노드란 컴퓨터나 라우터 등 통신장비를 말한다). 이를 위해 링크 계층에서는 링크의 개설과 해제, 프레임의 시작과 끝을 찾는 프레임 경계식별, 오류제어, 흐름제어 등을 수행한다. 통신 프로토콜에서 데이터의 전달을 직접 다루는 계층은 물리 계층과 링크 계층인데, 물리 계층에서는 비트 정보를 표현하는 "전기 신호의 전송"을 담당하고 링크 계층은 "프레임의 전달"을 담당한다. 참고로 특정 통신 계층에서 다루는 데이터 단위를 프로토콜 데이터 단위(PDU: Protocol Data Unit)라고 하는데 링크 계층의 PDU를 프레임(frame)이라고 부른다.

계층 3인 네트워크 계층(network layer)은 링크 계층에 의해 프레임에 실려 온 패킷(packet)을 목적지 장비까지 전달하기 위한 교환 기능을 제공한다. 이를 위하여 네트워크 계층은 주소의 분석, 장비 사이의 논리적 연결 설정과 해제, 패킷 단위의 흐름제어, 경로배정(routing) 등을 수행한다. 주의할 것은 네트워크 계층은 데이터의 직접적인 운반은 다루지 않으며 링크 계층이 운반해 온 패킷의 주소를 보고 교환 기능만 처리한다는 것이다.

계층 4인 트랜스포트 계층(transport layer)은 계층 3을 이용하여 종점 통신장비 사이의 데이터 송수신을 다룬다. 이를 위해 종점간(end-to-end) 연결관리, 종점 간 오류제어와 종점 간 흐름제어를 담당한다. 트랜스포트 계층은 종점 통신장비(주로 컴퓨터이며 인터넷에서는 컴퓨터를 호스트라고 부른다)에서만 수행되는 종점 간(end-to-end) 프로토콜이며 교환기, 라우터 등 네트워크 내부 장비에서는 수행되지 않는 계층임을 주의하여야 한다.

계층 5인 세션 계층(session layer)은 계층 4를 이용하여 통신 서비스의 개설, 서비스 유지 및 종료를 담당한다. OSI 하위 계층(계층 1-4)의 목적이 데이터의 전달이라면 세션 계층은 계층 4 이하의 기능을 이용하여 종점 컴퓨터에서 이루어지는 통신 관리 프로토콜이라고 할 수 있다.

계층 6인 표현 계층(presentation layer)은 데이터의 표현 방식이 서로 다른 컴퓨터들 사이의 통신을 지원하는 프로토콜이다. 이를 위하여 표현 계층은 데이터의 표준화된 표현 방식의 사용, 코드 변환, 데이터 압축 등을 수행한다. 또한 데이터의 암호화와 복호화도 표현 계층에서 처리된다.

계층 7인 응용 계층(application layer)은 네트워크를 이용한 최종 응용 서비스를 제공하는 계층으로서 ftp, telnet, e-mail, 웹 서비스, 망관리, 분산 처리와 같은 네트워크 응용 서비스 기능을 수행하는 계층이다.

1.1.3 TCP/IP 개요

TCP/IP는 인터넷에서 사용하는 컴퓨터 통신 프로토콜이다. 인터넷 응용 프로그램을 작성하려면 TCP/IP의 동작을 명확하게 이해하고 있어야 한다. 여기서는 TCP/IP의 주요 특징만 소개하며 자세한 내용은 4장에서 소개한다.

TCP/IP 프로토콜 구조

TCP/IP는 네트워크 액세스 계층, 인터넷 계층, 트랜스포트 계층, 응용 계층 등 4개의 계층으로 구성된다. 그림 1-2에 OSI 7계층 구조와 TCP/IP 프로토콜 계층을 비교하였는데 네트워크 액세스 계층은 OSI 계층 1-2에 해당하고, 인터넷 계층은 OSI 계층 3에, 트랜스포트 계층은 OSI 계층 4에, 응용 계층은 OSI 계층 5-7에 해당된다. TCP/IP 프로토콜 계층 구조를 그림 1-3에 자세히 나타냈다.

TCP/IP를 구성하는 주요 두 프로토콜은 TCP와 IP이다. 그러나 TCP/IP 프로토콜이라고 하면 TCP와 IP 두 프로토콜만을 지칭하는 것이 아니라 UDP(User Datagram Protocol), ICMP(Internet Control Message Protocol), IGMP(Internet Group

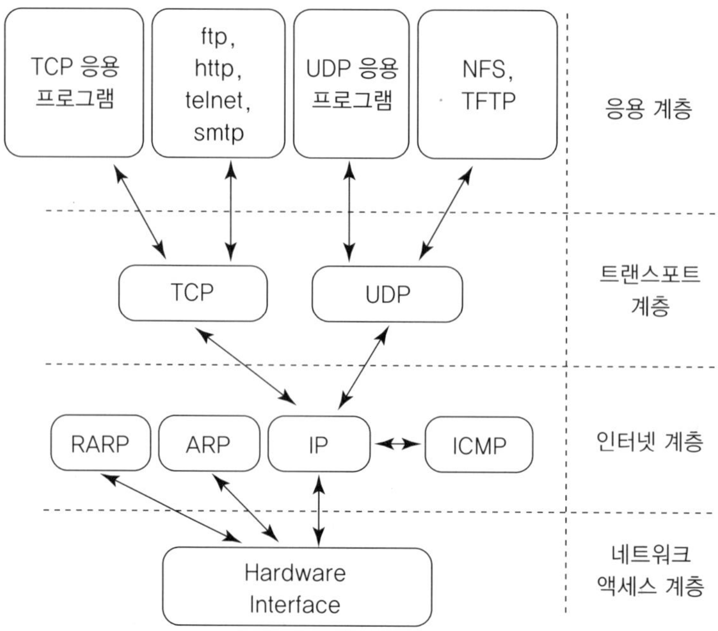

그림 1-3 TCP/IP 프로토콜 계층 구조

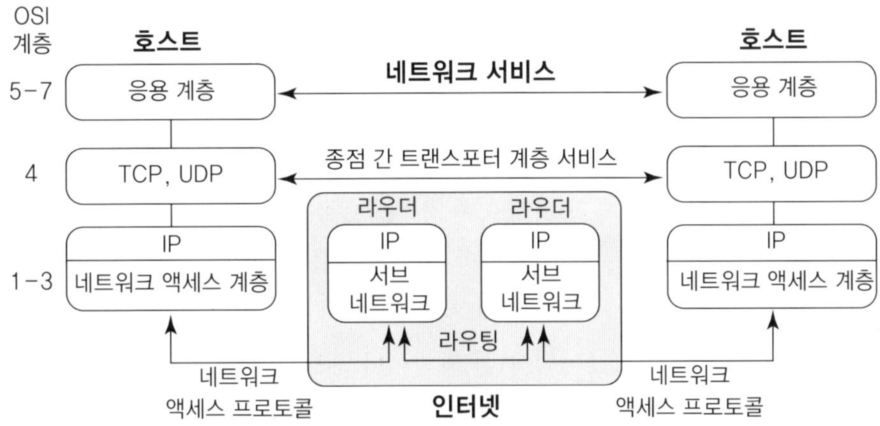

그림 1-4 TCP/IP와 서브네트워크 프로토콜

Message Protocol), ARP(Address Resolution Protocol), RARP(Reverse ARP) 등 관련된 프로토콜을 통칭한다.

그림 1-4에 인터넷을 통하여 두 호스트 사이에 통신이 이루어지는 것을 나타냈다. 호스트가 인터넷에 연결되기 위해서는 네트워크 액세스 계층 프로토콜이 필요하다. 네트워크 액세스 계층 프로토콜을 달리 표현하면 IP 계층이 서브네트워크(subnetwork)에 접속하기 위한 프로토콜이라고 할 수 있다. 서브네트워크란 이더넷, 패킷 교환망, DSL(Digital Subsuiber Line), 전화교환망, 전용회선 등 데이터를 실제로 전달해주는 물리적인 네트워크를 말한다.

인터넷 계층은 IP 계층이라고도 하는데 IP 데이터그램을 최종 목적지까지 전달하는 기능을 담당한다. IP 계층의 핵심 기능은 IP 데이터그램을 어떤 경로로, 즉 어떤 라우터들을 경유하여 패킷을 목적지로 전달할지를 정하는 라우팅 기능이다.

ICMP는 IP 데이터그램의 전송을 돕는 제어 프로토콜로서 호스트 또는 라우터 사이에 오류 정보나 제어 정보를 전달하는 데 사용되며 주로 IP 프로토콜이 이용하지만 ping이나 traceroute 같은 명령문이 사용하기도 한다. IGMP는 멀티캐스팅을 지원하는 프로토콜이다.

트랜스포트 계층에는 TCP와 UDP 두 가지 프로토콜이 있는데, TCP는 신뢰성 있는 연결형 스트림(stream)이 필요할 때 사용되며 ftp, telnet, e-mail, http 등의 응용에서 TCP를 사용한다. TCP는 신뢰성 있는 통신을 제공하기 위해서 확인 응답(Ack), 첵섬(checksum), 재전송, 종점 간 흐름제어 등을 사용한다.

TCP는 종점간에 스트림을 제공하는데 스트림의 의미는 송신측에서 전송된 데이터가 바이트 단위로 순서를 유지하며 차례대로 수신측에 전달된다는 것을 말한다. 그러나 TCP 스트림에서는 송신측이 나누어 전송한 데이터들의 경계를 수신측에서 식별할 수 없다는 것을 주의해야 한다. 즉, 송신측이 한 번에 몇 바이트씩 전송했는지를 수신측에서는 알 수가 없다.

UDP는 비연결형 트랜스포트 서비스를 제공한다. 즉, UDP에서는 TCP와 달리 연결 설정이나 연결 종료 과정이 없으며 목적지로 바로 IP 데이터그램을 전송한다. UDP는 스트림을 제공하는 것이 아니라 데이터그램 단위로 송수신이 이루어진다. 따라서, UDP에서는 송신측이 한 번에 전송한 데이터 크기만큼씩 수신측에서 읽을 수가 있다. 그러나 UDP는 데이터 분실 확인이나 전달 순서를 보장해주지 않으므로 안정적인 데이터 전달이 필수적인 경우에는 TCP를 사용하여야 한다.

UDP는 프로토콜을 처리하기 위한 오버헤드가 TCP보다 작고 연결 지연이 없으므로 간단히 데이터그램을 주고받는 응용에서는 TCP보다 유리하다. 또한 UDP는 TCP와 달리 혼잡제어(congestion control)를 수행하지 않으므로 오디오나 비디오 신호를 전달하는 데에는 간편하여 멀티미디어 신호 전송에 널리 사용된다.

응용 계층 프로토콜은 TCP 또는 UDP 계층을 이용하여 최종 응용 서비스를 제공하는 계층으로서 ftp, telnet, e-mail, http(웹 서비스), 멀티미디어 서비스 등의 기능을 담당한다.

1.1.4 통신 프로토콜 표현 방식

통신 프로토콜의 내용을 구체적으로 표현하기 위해서 여러 가지 표현 방식이 사용되는데 이를 다음과 같이 네 가지로 나누어 설명하겠다.

- 필드 정의
- 파라미터 정의
- 상태 정의
- 동작 내용 정의

필드 정의

통신 프로토콜의 내용을 정하기 위해서 프로토콜 데이터 단위(PDU)의 헤더(header)나 트레일러(trailer)의 필드(field)를 이용하는 방법이 가장 많이 사용된다. 필드를 사용하는 방법을 설명하기 전에 먼저 헤더와 트레일러에 대해서 설명하겠다.

어떤 통신 프로토콜 계층에서 상위 계층으로 전달하는 데이터 부분을 서비스 데이터 단위(SDU: Service Data Unit)라고 하며 이를 사용자 데이터 또는 유료부하(payload)라고도 한다. 유료부하의 어원은 사용자가 이 부분에 대해서만 비용을 지불한다는 의미를 갖는다. SDU에 헤더나 트레일러가 추가된 것이 바로 PDU가 되는데 그림 1-5에 PDU와 SDU의 관계를 나타냈다.

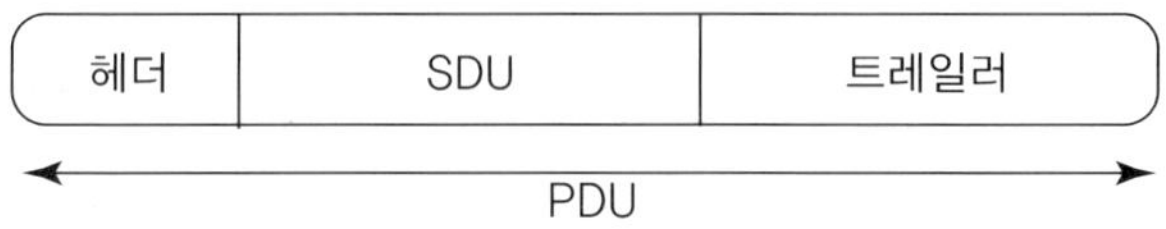

그림 1-5 특정 계층의 PDU와 SDU의 관계

헤더나 트레일러에는 그 계층의 프로토콜 처리를 위한 정보가 들어가는데 SDU 앞에 붙는 것(즉, 데이터보다 먼저 전송되는 부분)을 헤더, SDU 뒤에 붙는 것을 트레일러라고 한다(계층에 따라서는 헤더와 트레일러 둘 중 하나만 사용되기도 한다). 헤더나 트레일러 내의 지정된 필드에 프로토콜 처리 내용을 기록하는 방식이 바로 필드 정의에 의한 프로토콜 표현 방식이다. 예를 들면 앞에서부터 몇 바이트는 주소, 몇 바이트는 순서번호, 몇 바이트는 오류처리 코드 등으로 필드를 정하여 통신 프로토콜을 표현할 수 있다. 필드 정의에 의한 프로토콜 표현의 대표적인 예가 바로 IP 계층에서 20바이트의 헤더를 사용하는 것이다.

일반적으로 헤더나 트레일러를 여유 있게 크게 잡으면 다양한 프로토콜을 쉽게 표현할 수 있으나 오버헤드가 증가하여 데이터 전송 효율이 떨어진다는 단점이 있다. 여기서 오버헤드란 전체 PDU 중에 (헤더+트레일러)가 차지하는 비율을 말한다.

파라미터 정의

통신 프로토콜을 표현하기 위해서 파라미터(parameter)를 사용하는 경우를 설명하겠다. 예를 들어, 상대방에게 연결 요청을 보내고 응답이 올 때까지 기다리는 시간을 정하여 그 시간 내에 응답이 오지 않으면 시간 종료(time out) 오류가 발생하도록 한 경우에 이 기다리는 시간 값이 바로 파라미터가 된다. 파라미터를 사용하는 다른 예로, 데이터 전송에서 오류가 발생하면 계속 재전송을 하도록 한 경우에 최대 재전송 회수를 미리 정할 필요가 있다. 이때에도 미리 정한 최대 재전송 횟수 파라미터를 통해서 프로토콜이 표현된 것이다.

이러한 타이머 혹은 카운터 값을 너무 크게 또는 너무 작게 정하면 통신 처리 성능이 떨어질 수가 있다. 따라서 파라미터 값을 적절히 정하는 것이 필요하며 경우에 따라서는 파라미터 값이 네트워크 상태에 따라 자동으로 바뀌도록 하기도 한다.

상태 정의

통신 프로토콜에서 통신 상태(state)란 과거의 동작 결과를 바탕으로 얻어진 현재의 동작 환경을 말한다. 예를 들어, TCP 계층은 통신을 시작하기 전인 준비 상태, 연결 요청 상태, 연결이 되어 데이터를 송수신하는 상태, 오류가 발생한 상태, 정상적으로 통신이 종료된 상태 등의 상태 중 하나에 존재할 수 있다.

통신 서비스는 현재 자신이 어떤 상태에 존재하는가에 따라 특정 명령(또는 입력)에 대해 처리할 내용이 달라진다. 예를 들어, 종료된 상태에서는 일반 데이터를 수신할 수 없다. 통신 프로토콜을 정의할 때에는 통신 상태를 정의하는 것부터 시작한다고 할 만큼 통신 프로토콜에서 상태의 정의는 중요하다.

동작 내용 정의

통신 프로토콜의 동작 내용 정의는 상태 정의와 밀접한 관련이 있는데 "어떤 상태에서 어떤 입력을 받았을 때 어떤 작업을 수행한다"는 방식으로 프로토콜을 구현할 수 있다. 예를 들어, 패스워드를 기다리는 상태에서 정상적으로 패스워드가 입력되면 다음 화면을 보여주며, 파일 전송 준비 상태에서 정확한 파일명이 입력되면 파일을 보내주게 된다. 즉, 동작 내용 정의란 바로 프로토콜 처리의 주된 부분이 된다.

프로토콜의 동작 내용을 구현할 때에는 모든 종류의 상태에 대하여 발생 가능한 모든 입력을 처리하도록 구현하여야 한다. 예를 들어, 패스워드 입력을 기다리는 상태에서 정상적으로 문자열이 들어오지 않고 연결 종료 요청이 들어온다든지, 또는 리셋이 된다든지 하였을 때 오동작을 하지 않도록 대책을 세워야 한다. 즉, 발생 가능한 모든 종류의 입력에 대해 어떻게 처리해야 할지를 정의해 두어야 시스템이 오동작할 가능성을 피할 수 있다.

통신 프로토콜의 어떤 계층에서 받을 수 있는 입력의 종류는 다음과 같이 세 가지로 나누어진다.

- 상위 계층으로부터의 명령
- 하위 계층으로부터의 서비스 수신
- 자체 이벤트 발생

상위 계층에서 내려오는 명령이란 이 계층이 처리하도록 주어지는 작업을 말한다. 예를 들어, TCP 계층에서는 상대방과의 연결 요청 명령, 데이터 송신 명령, 데이터 수신 명령, 연결 종료 요청 등을 상위 계층(응용 프로그램)으로부터 받을 수 있다. 하위 계층으로부터의 서비스 수신은 하위 계층이 이 계층으로 보내주는 SDU 내용을 말한다. 예를 들어, TCP 계층에서는 IP 계층이 전달해준 데이터그램 내용이 된다. 자체 이벤트 발생에는 타이머의 종료, 카운터 횟수의 만료 등이 해당된다.

1.1.5 네트워크 프로그래밍 계층별 분류

네트워크 프로그램에서 직접 다루는 프로토콜 계층에 따라 네트워크 프로그래밍을 분류할 수 있는데, ftp, http 등 응용 계층 프로토콜을 직접 이용하는 응용 계층 프로그래밍, TCP나 UDP를 이용하는 트랜스포트 계층 프로그래밍, 그리고 통신 장치(device)를 직접 구동하는 디바이스 드라이버 계층 프로그래밍 등 크게 세 가지로 구분할 수 있다. 예를 들어, LAN에서 인터넷을 사용하는 경우에 이들의 분류를 그림 1-6에 나타냈다.

응용 계층 프로그래밍

응용 계층 프로그래밍은 네트워크 응용 패키지나 응용 계층 프로토콜을 활용하는 프로그래밍을 말한다. 이것은 데이터의 송수신을 구체적으로 다루는 것이 아니라 어떤 "응용 작업"을 네트워크 환경에서 실행시키는 형태로 프로그램을 작성하는 것을 말한다. 대표적인 것으로 http 프로토콜을 이용하는 웹 응용 프로그래밍, 웹 스크립트 프로그래밍 등이 있다.

응용 계층 프로그래밍은 복잡한 네트워크 서비스를 편리하게 구현할 수 있다는 장점이 있다. 그러나 하위 계층의 구체적인 동작, 예를 들어, 종점 호스트 사이의

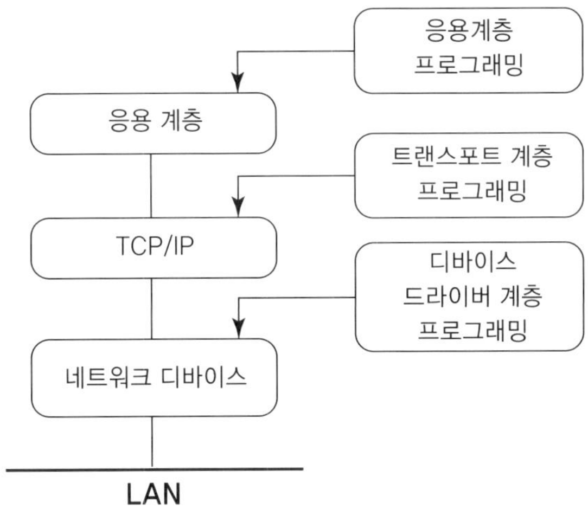

그림 1-6 네트워크 프로그래밍의 계층별 분류(LAN에서 인터넷을 사용하는 경우)

연결 설정, 데이터그램 송수신, 흐름제어 등을 직접 제어할 수 없기 때문에 통신 효율은 다음에 설명할 하위 계층 프로그래밍에 비하여 떨어진다.

트랜스포트 계층 프로그래밍

TCP나 UDP와 같은 트랜스포트 계층의 기능을 직접 이용하는 프로그래밍을 말하며 특히 TCP를 이용할 경우 종점 호스트 사이의 연결 설정, 흐름제어, 오류제어 등을 이용할 수 있다.

트랜스포트 계층 프로그래밍을 위한 대표적인 API(Application Program Interface)가 소켓(socket)인데, 이 책에서는 소켓을 이용하는 프로그래밍을 주로 다룬다.

디바이스 드라이버 계층 프로그래밍

디바이스 드라이버 계층 프로그래밍은 OSI 계층 2 이하의 인터페이스, 즉 링크 계층이나 하드웨어 디바이스를 통해 프레임 단위의 데이터 송수신을 직접 다루는 프로그래밍을 말한다.

예를 들어, 윈도우에서 이더넷 프레임의 송수신을 직접 처리하기 위해 마이크로소프트사에서 NDIS(Network Driver Interface Specification)를 제공하고 있다.

디바이스 드라이버 계층 프로그래밍은 프레임의 송수신을 구체적으로 제어하는 것이 필요한 경우, 예를 들어, LAN 카드 개발 테스트 프로그램 작성 등에 사용된다. 디바이스 드라이버 계층 프로그램에서는 프레임을 송수신하는 기능만 이용하므로 흐름제어, 오류제어, 인터넷 주소 관리와 같은 기능은 사용자가 별도로 구현하여야 한다.

계층별 네트워크 프로그래밍 종류를 표 1-1에 비교하였다.

표 1-1 네트워크 프로그래밍의 계층별 분류와 특징

계 층	특 징
응용 계층	- 이미 작성된 네트워크 패키지를 활용 - 복잡한 서비스를 간단히 제공할 수 있음 - 전송 효율은 떨어질 수 있으나 프로그램 작성, 변경, 운영이 쉬움
트랜스포트 계층	- 데이터그램 단위의 데이터 송수신을 처리함 - 종점 간 연결 관리, 흐름제어, 오류제어 등을 이용할 수 있음 - 인터넷 응용 프로그래밍에서 가장 널리 사용됨
디바이스 드라이버 계층	- 프레임 단위의 송수신을 직접 처리함 - 흐름제어, 오류제어 등은 사용자가 작성해야 함

1.2 네트워크 프로그램 구현 모델

컴퓨터 네트워크 프로그램을 설계하고 구현할 때 자주 사용되는 모델인 클라이언트-서버 모델과, P2P(Peer to Peer) 그리고 분산 객체 모델에 대해 소개하겠다.

1.2.1 클라이언트-서버 모델

대부분의 컴퓨터 네트워크 프로그램은 클라이언트-서버 모델로 구현된다. 서비스를 제공하는 장비를 서버라고 하고 서비스를 이용하는 장비를 클라이언트라고 한다. 클라이언트는 서비스를 이용하기 위하여 요청(request)을 서버로 보내고 서버는 이에 대하여 응답(response)을 보내어 서비스를 제공한다.

서버는 일반적으로 클라이언트보다 구현이 복잡하다. 왜냐하면 서버는 요청을 보내온 클라이언트가 실제로 서비스를 제공할 대상인지를 인증하거나, 서버를 안전하게 보호하거나, 여러 클라이언트에게 동시에 서비스를 제공해야 할 경우가 많으며 또한 각종 네트워크 오동작이나 잘못된 클라이언트의 요청에 대해서도 안정적으로 실행되어야 하기 때문이다.

클라이언트-서버 모델을 설계할 때에는 일반적으로 서버를 먼저 설계하고 클라이언트는 서버가 제공하는 서비스를 이용하는 방식으로 설계한다.

2 tier 클라이언트-서버 모델

2 tier 클라이언트-서버 모델에서는 클라이언트가 서버로 서비스 요청을 보내고 서버는 이에 대해 서비스 응답을 보내는 가장 기본적인 방식으로 동작한다(그림 1-7 참조). 웹(http), ftp, telnet, mail 등 대부분의 통신 프로그램은 2 tier 클라이언트-서버 모델로 동작한다.

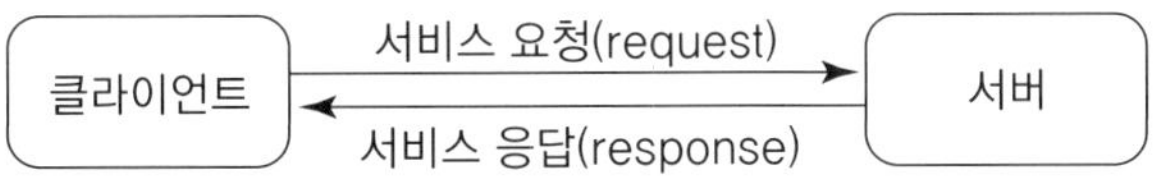

그림 1-7 2 tier 클라이언트-서버 모델

2 tier 클라이언트-서버 모델의 단점은 서버에서 병목 현상이 생기기 쉽다는 것이다. 클라이언트 수가 늘어날수록 서버에 트래픽 집중 현상이 발생하거나 처리 용

량 부족 현상이 발생할 가능성이 커진다.

이러한 문제를 완화하기 위해 네트워크 서비스를 제공하기 위한 기능의 일부를 클라이언트 측에 구현하는 방법이 있는데 이를 (thin 클라이언트의 상대 개념으로) fat 클라이언트라고 한다. fat 클라이언트는 서버의 처리 부담을 줄일 수 있는 장점이 있는 반면에 네트워크 서비스 기능이 서버와 클라이언트 두 곳에 나뉘게 되므로 프로그램의 업그레이드나 버전 관리 등이 불편해진다.

3 tier 클라이언트-서버 모델

2 tier 클라이언트-서버 모델의 문제점을 개선한 구조가 3 tier 클라이언트-서버 모델인데 3 tier 모델에서는 서버의 기능을 "응용 서버"와 "데이터 서버"로 나누고 클라이언트는 응용 서버에게 서비스 요청을 보내고 응용 서버는 데이터 서버로부터 필요한 데이터를 얻어 서비스를 처리한 후 그 결과를 클라이언트에게 전달하는 모델을 말한다.

3 tier 클라이언트-서버 모델을 그림 1-8에 나타냈으며 각 tier의 기능을 정의하면 다음과 같다.

- Tier 1: 클라이언트
- Tier 2: 응용 서버
- Tier 3: 데이터 서버

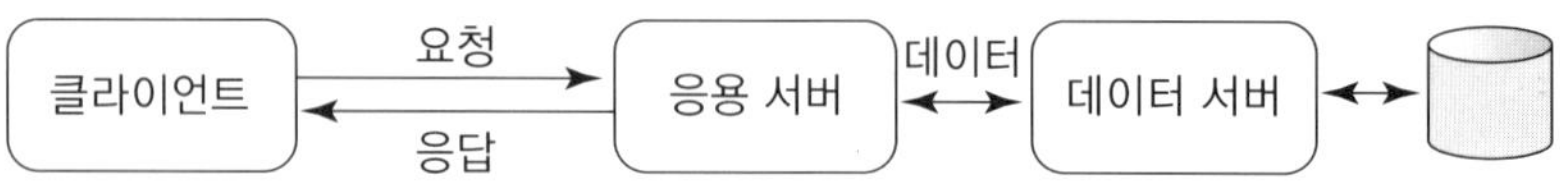

그림 1-8 3 tier 클라이언트-서버 모델

클라이언트는 응용 서버만 상대하면 되며 데이터 서버가 어디에 존재하는지 또는 어떤 데이터베이스가 사용되는지를 알 필요가 없다. 데이터 서버는 필요에 따라 여러 개 존재할 수도 있으며 응용 서버가 여러 데이터 서버와 통신을 하여 종합적으로 서비스를 제공할 수도 있다. 또한 같은 데이터를 여러 클라이언트가 동시에 요청한다면 응용 서버에서 이를 일괄적으로 한번에 처리함으로써 데이터 서버와의 통신 부담을 줄일 수 있다.

한편, 3 tier 모델이 2 tier 모델보다 항상 유리한 것은 아니다. 서비스의 종류에 따라서, 예를 들어, 클라이언트가 데이터 서버를 직접 액세스하는 것이 효율적인 경우에는 2 tier 구조를 사용하여야 한다.

n tier 클라이언트-서버 모델

n tier 클라이언트-서버 모델은 3 tier 모델을 확장한 것으로서 여러 버전의 응용 서버가 존재할 수 있는 모델을 말한다. n tier 클라이언트-서버 모델의 기본 동작은 3 tier 모델과 같지만 응용 서버를 여러가지 형태로 구현하는 모델이다. 예를 들면, 같은 데이터 서버를 사용하면서도 멀티미디어형 서비스와 텍스트형 서비스를 병행하여 제공할 수도 있고, 또는 고가의 빠른 서비스와 저가의 느린 서비스를 동시에 제공할 수도 있다. 그림 1-9에 n tier 클라이언트-서버 모델을 나타냈다.

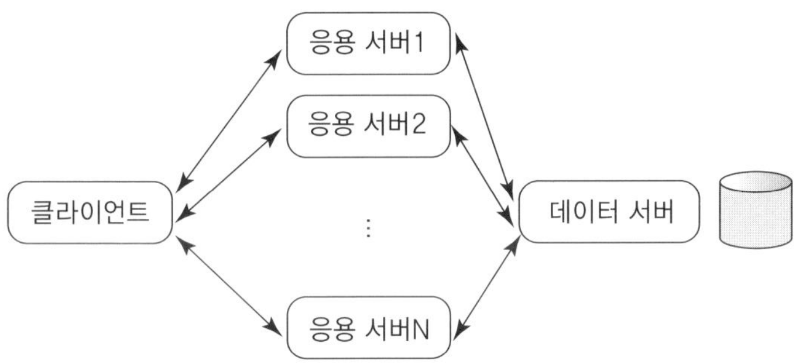

그림 1-9 n tier 클라이언트-서버 모델

n tier 클라이언트-서버 모델에서는 클라이언트가 필요에 따라 각각 다른 응용 서버를 선택할 수 있으며 서비스가 제공되는 도중에도 새로운 응용 서버를 추가할 수 있다. 이와 같은 이유로 n tier 클라이언트-서버 구조는 서비스의 다양성(diversity), 확장성(scalability), 업그레이드 등을 편리하게 제공할 수 있다. 그러나 이러한 기능을 위해서는 각 tier 사이(클라이언트와 응용 서버 사이 그리고 응용 서버와 데이터 서버 사이)의 인터페이스가 미리 명확히 정의되어 있어야 한다.

P2P 모델

P2P 통신 모델은 서버 또는 클라이언트의 역할을 담당할 컴퓨터를 미리 구분하지 않고 임의의 참가자(peer)가 필요에 따라 서버 또는 클라이언트 역할을 하는 통신 모델을 말한다. 즉, 각 참가자는 서버와 클라이언트로서의 역할이 미리 정해지는 것이 아니라 서로 동등한 자격으로 정보를 주고받을 수 있는 통신 모델을 말한다. P2P 모델 유형에는 다음과 같이 두 가지가 있다.

- 순수 P2P 모델
- 하이브리드형 P2P 모델

순수 P2P 모델은 참가자들이 동등한 자격으로 서로 협력하여 정보를 이용하는 모델을 말한다. 예를 들어, 어떤 자료를 찾으려면 주변의 참가자에게 해당 정보를 가지고 있는지를 문의(요청)한다. 이러한 요청은 원하는 정보를 찾을 때까지 인접한 참가자에게 계속 전파되고 원하는 정보를 가지고 있는 참가자가 이에 응답을 함으로써 최초의 참가자는 원하는 정보를 얻을 수 있게 된다. 순수 P2P 모델은 동작이 단순하지만 효율적이지 않다는 단점이 있다.

하이브리드형 P2P 모델은 순수 P2P 모델을 개선한 방식으로 인덱스 서버를 두는 형태를 말한다. 어떤 정보를 찾는 참가자는 인덱스 서버에게 자료를 요청하고 인덱스 서버는 원하는 자료를 실제로 가지고 있는 참가자의 주소를 검색하여 알려주는 역할을 한다.

P2P 모델이 클라이언트-서버 모델과 상반된 개념이라고 소개되기도 하나 실제로 통신 시스템을 구현하는 차원에서 보면 P2P 모델도 내부적으로는 클라이언트-서버 모델로 동작하고 있다. 예를 들어, 순수 P2P 모델에서 원하는 정보를 가지고 있는 참가자가 정보를 보내줄 때에는 서버의 역할을 하게 되며 하이브리드형 모델에서도 인덱스 서버와 최종 정보를 가진 참가자가 각각 필요한 시기에 서버의 역할을 수행하게 된다.

1.2.2 분산 객체 모델

분산 객체 모델은 클라이언트 객체가 미들웨어(middleware)를 이용하여 서비스 제공자(서버 객체)를 찾고 서비스를 이용하는 모델이다. 미들웨어란 TCP/IP와 같은 단순한 통신 서비스를 이용하여 지능화된 네트워크 서비스를 제공하는 기능을 말한다. 미들웨어는 기본적으로 서비스를 등록하는 기능, 서비스를 찾는 기능, 그리고 서비스를 이용하는 기능 등 세가지 기능을 제공한다. 클라이언트는 미들웨어를 통해서 서비스 요청을 서버로 보내고 서버는 다시 미들웨어를 통하여 클라이언트에게 서비스 이용 방법을 알려준다.

분산 객체 모델에서는 클라이언트와 서버를 모두 객체(object) 단위로 구현하고 임의의 컴퓨터에 이 객체들이 존재할 수 있는 모델이다. 분산 객체 모델에서 분산 객체 간 통신 기능을 제공하는 것이 바로 미들웨어이며 자바 RMI(Remote Method

Invocation), 마이크로소프트 닷넷(.NET), SOAP(Simple Object Access Protocol) 등이 미들웨어 환경을 제공하고 있다.

최근에는 웹이 널리 사용되면서 웹 자체가 미들웨어의 기능을 대체하는 추세이다. 즉, 특정 목적을 수행하기 위한 전용 미들웨어 프로그램을 개발하는 대신 클라이언트로는 웹 브라우저를 사용하고 http를 통신 프로토콜로 사용하는 웹 기반의 분산 처리 방식이 널리 사용되고 있다.

1.2.3 서버 구현 기술

클라이언트-서버 통신 모델에서 클라이언트는 서버가 제공하는 서비스를 단순히 이용하게 되고 서버는 다수의 클라이언트를 관리해야 하므로 서버의 구현 기술이 네트워크 서비스 성능에 더 큰 영향을 준다. 서버의 구현 기술을 연결형과 비연결형 서버, stateless와 stateful 서버, iterative와 concurrent 서버로 나누고 각각의 특징을 설명하겠다.

연결형과 비연결형 서버

모든 통신 서비스는 연결형(connection-oriented) 서비스 또는 비연결형(connectionless) 서비스로 나눌 수 있는데 연결형 서비스란 통신 종점간에 연결을 설정하는 작업, 데이터를 송수신하는 작업, 연결을 해제하는 작업 등 세 단계의 절차를 거치는 방식이다. 전화와 같은 회선교환 서비스, TCP 프로토콜, telnet, ftp 등은 연결형 서비스이다.

비연결형 서비스란 연결 설정이나 연결 해제 과정 없이 바로 상대방과 데이터를 주고받는 방식을 말한다. 이더넷 프로토콜, IP 프로토콜, UDP 프로토콜, 웹 서비스 등이 대표적인 비연결형 서비스이다.

참고로 웹 서비스(http) 자체는 비연결형 서비스이지만 http가 하위 계층으로 이용하는 TCP는 연결형 서비스이다. 연결형 서비스인 TCP가 이용하는 하위 계층 프로토콜인 IP는 비연결형으로 동작한다. 또한 연결형 서비스인 비디오 스트리밍 서비스는 비연결형 프로토콜인 UDP를 하위 계층에서 이용하고 있다. 이와 같이 어떤 연결형 및 비연결형 서비스는 하위 계층에서 다른 타입의 통신 서비스를 복합적으로 이용할 수 있다는 것을 주의해야 한다.

연결형 서버는 주로 TCP를 이용하여 작성되며 데이터의 안정적인 전달을 보장하는 서버이다. TCP를 이용하는 연결형 서버는 모든 클라이언트와의 연결마다 통신 접속 창구인 소켓(socket)을 각각 개설하게 되는데 한 컴퓨터에서 동시에 개설할 수 있는 파일 수가 제한되듯이 개설할 수 있는 소켓의 수도 제한된다.

비연결형 서버는 주로 UDP를 사용하는데 UDP는 안정적인 데이터의 전달을 보장하지 못하기 때문에, 필요하면 응용 프로그램에서 안정적인 동작을 추가로 구현해야 한다. UDP를 사용하는 비연결형 서버의 장점은 하나의 소켓을 통하여 다수의 클라이언트와 통신을 할 수 있으므로 소켓을 많이 개설하지 않아도 된다는 것이다. 연결형과 비연결형 서버의 특징을 표 1-2에 비교하였다.

표 1-2 연결형과 비연결형 서버의 특징 비교

서버의 종류	특 징
연결형 서버	- TCP와 같은 연결형 프로토콜을 주로 사용 - 데이터의 안정적인 전달을 보장함 - 각 클라이언트마다 연결을 개설하여야 함 - 클라이언트 수가 늘면 서버에 부담이 클 수 있음
비연결형 서버	- UDP와 같은 비연결형 프로토콜을 주로 사용 - 데이터의 안정적인 전달을 보장하지 않음 - 클라이언트마다 연결을 설정할 필요가 없으므로 서버의 부담이 적음 - 오버헤드가 작아 방송형, 멀티캐스팅형 서비스에 적합

Stateful과 Stateless 서버

서버가 클라이언트와의 통신 상태를 계속 추적하며 상태 정보를 서비스 제공에 최대한 이용하는 서버를 stateful 서버라고 한다. 상태란 연결 설정 및 데이터 송수신 기록, 오류 발생과 같은 과거의 통신 서비스의 누적 결과라고 할 수 있는데 서버의 현재 상태를 파악하여 클라이언트로부터의 요청을 효율적으로 처리할 수 있다. 상태 정보를 사용하면 현재의 상태에 따라 신속히 응답할 수 있으며 클라이언트와 주고받을 데이터의 양도 줄일 수 있다.

예를 들어, 서버가 어떤 파일을 열고 일정 크기로 데이터를 읽거나 지울 수 있는 상태에 있다고 하자. 클라이언트가 "1"이라는 요청을 보내오면 100바이트를 서버가 읽어 클라이언트로 보내고 "0"이라는 요청을 보내면 100바이트를 파일에서 지우도록 약속되어 있다면, 클라이언트는 요청 메시지 크기를 한 비트 단위로 작게 할 수 있으며 서버도 약속된 명령을 신속히 처리할 수 있다. 그러나 이처럼 stateful 서버를 사용하는 경우 현재의 상태 정보가 잘못되어 있거나(예를 들어, 다른 파일을 열고 있거나) 요청에서 비트 오류가 발생하면 오동작을 할 가능성이 매우 높다는 단점이 있다.

상태 정보를 사용하지 않고 항상 클라이언트의 독립적인 요청에만 의존하여 서비스를 제공하는 서버를 stateless 서버라고 한다. 즉, stateless 서버는 클라이언트로부터 새로 도착한 요청 정보만 이용하여 서비스를 제공한다. Stateless 서버에서는 틀린 상태 정보를 사용할 가능성이 없으므로 서버가 안정적으로 동작할 수 있다. 그러나 서버가 처리하는 데 필요한 모든 정보가 요청 메시지마다 들어 있어야 하므로 요청 메시지의 길이가 stateful 서버의 경우보다 길어진다. 위의 파일 읽기 예를 stateless 서버로 구현한다면 클라이언트는 매 요청마다 특정 파일을 열고, 100바이트를 읽거나 지우는 데 필요한 모든 명령 정보를 서버로 보내야 한다. 웹서버는 기본적으로 stateless 서버로 동작한다.

네트워크가 안정적인 경우에는 stateful 서버를 사용하는 것이 효율적이다. 그러나 인터넷 환경은 데이터그램의 분실, 오류, 지연, 순서 바뀜 등이 발생할 가능성이 크므로 안정적이라고 할 수 없으며 stateless 서버를 사용하는 것이 일반적으로 안전하다. 그러나 어느 정도 상태 정보를 이용하여야 프로그램 작성이 편리하며 클라이언트와 송수신할 메시지 양도 줄일 수 있다. 즉, 오동작을 최소화하는 범위에서 상태 정보를 적절히 이용하는 프로그래밍 기술이 필요하다.

Iterative와 Concurrent 서버

Iterative 서버는 클라이언트의 서비스 요청을 순서대로 처리해 주는 서버로, 클라이언트로부터의 각 요청을 충분히 짧은 시간 동안에 처리할 수 있어 다른 클라이언트들이 기다리는 시간이 별로 문제가 되지 않는 경우에 사용할 수 있다. Iterative 서버는 프로그램 구현이 다음에 설명할 concurrent 서버보다 비교적 간단하다.

Concurrent 서버는 여러 클라이언트가 요청하는 서비스를 동시에 병행하여 제공할 수 있는 서버를 말한다. Concurrent 서비스를 제공하기 위한 방법 중 하나로서 새로운 클라이언트가 접속할 때마다 이 클라이언트가 요청하는 서비스를 담당할 프로세스(또는 스레드)를 새로 만드는 방법이 가능하다. 그러나 이러한 멀티프로세스(또는 멀티스레드)에 의한 다중처리(multi-tasking) 방법은 클라이언트 수가 늘어남에 따라 프로세스 수도 계속 늘어나게 되므로 다수의 클라이언트를 다루는 서비스에서는 주의하여 사용해야 한다.

Concurrent 서비스를 제공하기 위한 다른 방법으로 하나의 프로세스에서 여러 작업을 동시에 처리하는 다중화(multiplexing) 방법이 있다(8.4절 참조).

표 1-3에 iterative 서버와 concurrent 서버의 특징을 비교하였다.

표 1-3 Iterative와 concurrent 서버의 특징 비교

서버의 종류	특 징
Iterative 서버	- 요청 순서대로 서비스를 처리 - 각 서비스의 처리 시간이 짧을 때 사용 - 서버 프로그램의 구현이 비교적 단순함
Concurrent 서버	- 여러 요청을 병행하여 동시에 제공 - 서버 프로그램의 구현이 다소 복잡함 - 다중처리 또는 다중화 기능이 필요

1.3 네트워크 서비스의 성능

잘 동작하는 네트워크 프로그램이란 어떤 조건을 만족해야 할까? 가능한 많은 가입자를 처리하는 것이 중요한지, 오류가 발생하지 않는 것이 중요한지, 서비스 응답이 빠른 것이 중요한지 등 네트워크 프로그램의 성능을 나타내는 요소들은 다양하게 정의될 수 있다. 여기서는 네트워크 프로그램의 성능을 나타내는 주요 요소들을 살펴보겠다.

1.3.1 성능 척도

네트워크 서비스가 만족시켜야 할 조건에는 여러 가지가 있으며 서비스 종류에 따라 요구 조건이 다르게 된다. 예를 들어, 비디오 스트리밍 서비스에서는 가끔 비트 오류가 발생하더라도 실시간 데이터 전달 보장이 중요하다. 반면에 은행 거래를 처리하는 프로그램은 처리 속도가 느리더라도 오류가 절대로 발생해서는 안된다. 즉, 네트워크 프로그램은 서비스 종류에 따라 요구 조건이 다르게 되며 프로그램 개발자는 각 서비스별로 원하는 성능을 만족시키도록 프로그램을 개발하여야 한다.

네트워크 서비스의 성능을 나타내는 성능 척도(performance measure)로 사용될 수 있는 주요 요소들은 다음과 같다.

- 처리 용량(capacity)
- 안정성(stability)

- 지연(delay)
- 처리율(throughput)
- 효율(efficiency)

처리 용량이란 최대 가입자 수, 최대 동시 이용자 수, 초당 서비스 처리 수 등을 말한다. 예를 들어, 채팅 서버에 최대 1만 명이 접속할 수 있다거나, 어느 한 순간에 동시에 채팅 메시지를 보낼 수 있는 최대 이용자 수가 2000명이라든지 하는 것을 처리 용량이라고 한다. 처리 용량을 높이려면 클라이언트 서버 간의 통신 프로토콜 그리고 서버 프로그램의 구조를 효율적으로 설계해야 한다.

안정성이란 서비스가 다운되지 않는 정도를 말한다. 아무리 처리 용량이 큰 시스템을 구축하더라도 시스템이 가끔 다운된다면 이용이 곤란할 것이다. 시스템의 안정성은 특히 서버 구현에서 중요한데 클라이언트로부터의 잘못된 요청이나 외부의 보안 공격 등에 대해서도 서비스가 중단되지 않아야 한다.

지연이란 어떤 서비스를 요청해서 응답을 받을 때까지 걸리는 시간을 말한다. 지연은 프레임을 통신 채널로 내보내는 데 걸리는 전송지연(transmission delay), 데이터가 목적지까지 물리적으로 전달되는데 걸리는 전파지연(propagation delay), 통신 장비에서 서비스를 처리하는 데 걸리는 처리지연(processing delay), 그리고 네트워크에 트래픽이 일시적으로 몰려서 발생하는 대기지연(queueing delay) 등으로 구성된다.

전송지연은 프레임 길이[bit]를 전송 속도[bps]로 나눈 값이며, 전파지연은 장비 간 거리[km]를 신호의 전파 속도[km/s]로 나눈 값이다. 처리지연은 서버의 CPU 용량, 서비스를 받고 있는 사용자 수, 메모리 용량 등 서버의 상태에 따라 수시로 달라질 수 있다. 대기지연은 네트워크의 트래픽 상태에 따라 불규칙적으로 변화하는데 트래픽 증가에 따라 대기지연은 지수 함수로 늘어나게 된다.

처리율이란 데이터 전달량을 채널의 전송 속도(대역폭)으로 나눈 값을 말한다. 예를 들어, 10Mbps 통신 채널을 통해 평균 2Mbps의 속도로 데이터를 전송했다면 처리율은 0.2가 된다.

효율이란 네트워크로 전송된 총 데이터 중에 순수 데이터가 차지하는 비율을 말한다. 예를 들어, 패킷의 평균 길이가 1000바이트이며 그 중에 200바이트가 통신 프로토콜 처리를 위한 오버헤드라고 하면 효율은 80%가 된다. 한편 효율을 정확히 계산하기 위해서는 흐름제어나 오류제어 그리고 네트워크 관리를 위해 사용자 데이터 외에 추가로 전송되는 제어 및 관리 트래픽도 고려하여야 한다.

최적의 패킷 크기

어떤 계층의 통신 프로토콜을 처리하기 위해 필요한 정보(즉, 오버헤드)는 대부분 크기가 고정되어 있으므로 효율을 높이려면 유료부하(사용자 정보 부분)의 크기를 크게 하여야 한다. 그러나 유료부하의 크기를 크게 할수록 패킷 내에 빈 공간이 생길 확률이 높아지고 패킷 전송 중에 오류가 발생했을 때 재전송할 데이터 양이 많아져서 전체적으로는 오히려 효율이 줄어들 수가 있다. 따라서 패킷의 크기가 너무 작거나(즉, 상대적으로 오버헤드의 크기가 크거나) 또는 패킷의 크기가 너무 큰 경우에 모두 효율이 떨어지게 되므로 최적의 패킷 크기를 선택하는 것이 필요하다.

예를 들어, 버스의 크기는 대부분 45인승이다. 10인승 버스나 100인승 버스는 왜 거의 만들지 않을까? 한 명의 운전자 인건비(오버헤드)를 생각한다면 버스의 크기는 클수록 좋다. 그러나 버스가 너무 크면 빈 좌석이 많아질 가능성이 높고 따라서 운영비가 증가할 수 있다. 또한 사고가 나면 대형 사고가 되기 때문에 비용이 증가할 가능성이 크다.

이와 같은 이유로 표준 통신 프로토콜의 계층별 PDU는 적절한 크기로 정해졌으며 사용자 정의 통신 프로토콜 설계 시에도 최적의 패킷 크기를 선택하여야 한다. 적절한 패킷의 크기는 통신망의 환경(채널 속도, 전송 오류율, 전송지연 등)과 서비스 내용에 따라 달라지게 된다. 일반적으로 채널의 전송 오류율이 낮으면 패킷을 재전송할 확률이 적으므로 프레임의 크기를 크게 정해 전송 효율을 높일 수 있다.

1.3.2 통신 자원과 비용

시스템 자원

네트워크 프로그램을 구현할 때 반드시 고려해야 할 사항으로서 시스템 자원(resource)과 자원을 사용하는 비용(cost)을 이해하는 것이 필요하다. 주요 통신 시스템 자원을 다음과 같이 세 가지로 나누어 살펴보겠다.

- 통신 채널
- CPU 용량
- 메모리

위의 세 가지 통신 시스템 자원을 사용하기 위해서는 비용이 발생하며 개발자는 전체 비용이 최소화되도록 시스템을 구성해야 한다. 예를 들어, 개발할 프로그램이 LAN 내에서만 통신을 하는 경우라면 통신 채널 비용은 고정되고 거의 무시할 수 있다. 즉, 프로그램 작성 시에 필요한 만큼 통신량을 늘여도 된다. 그러나 핸드폰과 같은 무선기기에서 실행될 프로그램이라면 통신 비용과 CPU 사용량(즉, 전력 사용량)을 최소화하도록 하여야 할 것이다. 만일 메모리를 충분히 사용할 수 있는 장비를 사용한다면, 통신 비용을 줄이기 위해서 서비스에 필요한 모든 데이터를 미리 메모리로 옮겨 놓고 작업을 하는 방법도 가능할 것이다.

이처럼 어떤 시스템을 구성하기 위해서 필요한 세 가지 시스템 자원의 비중과 비용을 고려하여 총 비용을 최소화하는 것이 필요하며 이는 통신 장비의 종류, 통신 채널, 서비스 요구 조건, 총 투자할 비용 등을 고려하여 정해야 한다.

개발 비용

통신 시스템 자원을 이용하는 데 필요한 비용과 함께 반드시 고려해야 할 비용은 "개발 시간"에 따른 비용이다. 개발 시간은 인건비와 직접 관련이 있고 서비스가 시장에 나오는 시간(time to market)에도 영향을 준다.

개발 비용라고 하면 흔히 시스템을 처음 개발하는 데 필요한 개발 초기 비용을 말하지만 개발된 시스템을 업그레이드하는 데 필요한 비용이 실제로는 더 문제가 된다. 복잡한 시스템을 개발할 경우에는 시스템 개발 초기 비용 뿐 아니라 업그레이드 비용을 줄이기 위해서 객체지향 기술, 디자인 패턴 기술, 컴포넌트 기반 기술, 분산 객체 기술이 사용된다.

1.3.3 플랫폼의 선택

플랫폼이란 프로그램이 실행되는 환경으로서 하드웨어(CPU), 운영체제, 컴파일러(언어)의 조합을 말한다. 네트워크 프로그램을 개발할 때에는 프로그램이 실행될 플랫폼을 잘 선택해야 하는데 이를 위해서는 여러 플랫폼의 특징을 알고 있어야 한다.

현재 널리 사용되는 플랫폼인 유닉스(리눅스), 마이크로소프트 윈도우, 자바, 웹 그리고 모바일 플랫폼의 특징을 알아보겠다.

유닉스 플랫폼

유닉스에는 시스템 V, BSD 유닉스, FreeBSD, Solaris(Sun사), HPUX(HP사),

AIX(IBM사), 리눅스 등 여러 버전이 있다. 유닉스는 1980년대 초부터 널리 보급되기 시작하였으며 대형 컴퓨터, 워크 스테이션, PC 그리고 임베디드 시스템에 이르기까지 다양한 하드웨어에 설치되고 있다.

유닉스의 가장 큰 장점은 높은 안정성이며 이로 인해 대형 네트워크 시스템에서는 대부분 유닉스 계열의 운영체제를 사용하고 있다. 최근에는 리눅스가 대표적인 유닉스로 사용되고 있다. 유닉스 환경에서 네트워크 프로그램을 개발할 때에는 주로 C 언어를 사용한다.

윈도우 플랫폼

윈도우 계열의 운영체제가 설치된 환경을 말하며 프로그래밍 언어로는 비주얼 C, 비주얼 베이직, C# 등이 주로 사용된다. 마이크로소프트사에서는 네트워크 프로그래밍을 웹 환경으로 확대하기 위해서 닷넷(.NET) 프레임워크를 소개하였고 닷넷 전용 프로그래밍 언어로 C#을 제안하였다. 그러나 닷넷과 C#이 아직 윈도우 환경에서만 실행되므로 대용량 네트워크 프로그래밍에는 널리 도입되지 못하고 있다.

윈도우 플랫폼의 가장 큰 장점은 윈도우가 현재 가장 널리 보급된 PC용 플랫폼이며 윈도우용 프로그램 개발 도구가 다양하게 제공되고 있다는 것이다. 윈도우 플랫폼의 단점은 시스템의 안정성이 유닉스에 비해 떨어진다는 것과 윈도우 내부가 공개되어 있지 않아 보안 대책이 마이크로소프트사가 제공하는 패치 방법 외에는 없다는 것이다. 이러한 이유로 윈도우 플랫폼은 대형 서버에서는 잘 사용되지 않는다.

만일 개발할 프로그램이 PC에서 주로 실행되는 클라이언트 프로그램이고 그래픽 인터페이스(GUI)가 많은 경우라면 윈도우 플랫폼을 사용하는 것이 편리할 것이다.

자바 플랫폼

선 마이크로시스템즈사에서 자바를 소개할 때 가장 큰 장점으로 주장한 것이 플랫폼 독립적으로 프로그램을 개발하고 실행시킬 수 있다는 것이었다. 즉, 유닉스나 윈도우, 또한 임의의 운영체제에 관계없이 자바 프로그램은 동일하게 실행된다는 것이다.

그러나 이러한 장점을 가지려면 윈도우나 리눅스 같은 시스템 고유의 (native) 운영체제 위에 자바 가상 머신(JVM: Java Virtual Machine)이라는 "자바 프로그램 실행 환경"을 설치하여야 하고 이러한 구조로 인해 자바의 실행 속도가 느려진다는 단점이 있다.

그러나 자바의 장점은 단순히 "플랫폼 독립적인 실행" 뿐 아니라 순수 객체지향적인 개발 방식의 제공, 프로그램 코드의 우수한 가독성(readability), 서버측 프로그램의 안정성 등이 실제로 더욱 중요한 자바의 장점이라고 할 수 있다. 즉, 프로그램의 동작 속도 자체보다 프로그램 개발 및 유지 보수의 비용을 절감할 수 있다는 것이 자바 플랫폼의 큰 장점이다.

한편 자바에서는 특정 하드웨어나 운영체제가 제공하는 고유 기능을 모두 수용할 수 없다는 단점이 있다. 예를 들어, 윈도우에는 없고 리눅스에만 있는 기능을 자바가 지원하게 되면 이 기능을 이용하는 프로그램은 리눅스에서만 실행 가능하므로 자바의 플랫폼 독립성을 유지할 수 없기 때문이다.

따라서 하드웨어나 운영체제에 의존적인 기능들은 자바만으로는 구현할 수 없으며 주로 C 언어로 별도의 라이브러리처럼 작성되는데, 자바의 JNI(Java Native Interface)를 이용하면 C로 구현된 함수를 자바에서 호출하는 것이 가능하다. 즉, JNI를 이용하면 시스템 의존적인 부분은 C로 작성하고 일반 기능은 자바로 작성할 수 있으며 이 프로그램을 다른 시스템에 설치하려면 JNI를 통해 호출할 C 함수 내용만 다시 작성하면 된다. 따라서 자바 부분의 플랫폼 독립성을 유지하면서 시스템에 의존적인 부분만 별도로 작성하는 것이 가능해진다.

예를 들어, 사용자 인터페이스, 네트워크 통신, 데이터베이스 관리 부분은 자바로 작성하고 빠른 계산을 요구하거나 하드웨어를 직접 구동하는 (기존의 C로 작성된) 코드는 JNI를 통하여 자바 프로그램에서 호출하는 방식이 가능하다.

웹 플랫폼

웹 플랫폼이란 http 프로토콜을 이용하는 통신 프로그램 환경을 말한다. 웹 플랫폼은 실제로는 유닉스 또는 윈도우에서 실행되는 일종의 네트워크 서버 응용 프로그램에 지나지 않지만 웹 플랫폼을 별도의 플랫폼으로 구분한 이유는 웹이 네트워크 프로그램 영역에 새로운 환경을 제공하기 때문이다.

웹 플랫폼을 사용하면 특정 운영체제에 종속되지 않는 네트워크 프로그램을 쉽게 개발할 수 있다. 예를 들어, 웹에서 PHP 등으로 작성된 프로그램은 유닉스나 윈도우에 무관하게 실행될 수 있다. 또한 클라이언트 프로그램도 웹 브라우저를 사용함으로써 통일된 사용자 인터페이스를 제공하게 된다.

웹 프로토콜(http)은 대부분 방화벽을 통과하므로 방화벽으로 보호되어 있는 서버를 이용하기가 용이하다. 또한 웹을 통해서 제공되는 문서는 HTML이나 XML로 표현 방식이 통일되어 있으므로 특정 운영체제에 종속되지 않게 문서를 관리할 수 있다.

웹 플랫폼의 네트워크 프로그래밍 도구로는 PHP, Perl, Java Script, JSP(Java Server Page), Java Servlet, ASP(Active Server Page), 닷넷 등 다양하게 소개되어 있다. 그러나 웹 플랫폼을 사용할 때의 단점은 모든 데이터가 http 프로토콜을 통과해야 하므로 서비스 요청 및 응답의 처리 속도가 느리다는 것이다.

모바일 플랫폼

핸드폰, 소형(hand-held) PC, PDA(Personal Data Assistant) 등 무선 정보 기기의 프로그램 실행 환경을 모바일 플랫폼이라고 한다. 모바일 플랫폼은 다음과 같은 특징을 가지고 있다.

모바일 기기는 전원으로 전지를 사용하므로 전지를 오래 사용하려면 CPU 사용량을 가능한 줄여야 한다. CPU를 많이 사용할수록 전력 소비가 많아지기 때문이다. 또한 무선 통신은 많은 전력을 사용하므로 통신 시간과 통신량을 가능한 줄여야 한다. 이외에도 모바일 플랫폼은 LCD 화면이 작고 메모리 용량이 적다는 제한을 받는다. 따라서 무선 플랫폼 프로그래밍에서는 이와 같이 제한된 시스템 자원을 효율적으로 사용할 수 있도록 프로토콜을 설계하고 구현 방식을 최적화해야 한다.

1.3.4 네트워크 프로그램 영역

컴퓨터 네트워크 프로그램을 구현 영역에 따라 나누어 보면 종점 호스트 사이의 데이터 송수신, 호스트 내의 데이터 처리, 호스트 내의 프로세스 간 통신으로 나눌 수 있다.

- 컴퓨터 사이의 데이터 통신(data communication)
- 컴퓨터 내의 데이터 처리(data processing)
- 컴퓨터 내의 프로세스간 통신(inter-process communication)

컴퓨터 사이의 데이터 통신은 TCP/IP 등의 통신 프로토콜을 이용하여 컴퓨터들이 패킷을 주고받는 작업을 말한다. 데이터 통신 영역의 성능은 기본적으로 서브네트워크가 제공하는 대역폭에 의존하지만 프로그램 구현 기술에 의해서도 크게 달라진다. 예를 들어, 입출력 다중화, 흐름제어 등을 효율적으로 이용함으로써 데이터 통신의 성능을 높일 수 있다.

컴퓨터 내의 데이터 처리 영역은 파일 입출력, 데이터베이스 액세스, 캐싱, 버퍼링, 멀티미디어 신호 처리, 사용자 인터페이스 등을 말한다. 데이터 영역 부분의 성능은 기본적으로 CPU 성능에 의존하지만 메모리 관리 기술, 비디오 코딩 등 응용 프로그램 구현 기술에 따라서도 크게 달라진다.

컴퓨터 내의 프로세스(자바에서는 스레드) 간 통신은 네트워크 프로그램을 멀티프로세스 또는 멀티스레드로 구현하는 경우에 필요한 부분이다. 프로세스 간 통신이 필요한 프로그램에서는 프로세스들에게 작업을 분담하는 기술, 프로세스 사이에 효율적으로 데이터를 주고받는 기술, 자원(메모리, 통신 채널 등)을 프로세스들이 충돌없이 사용하도록 하는 기술 등이 프로그램 성능에 영향을 미친다.

1.4 연습문제

1. 통신 프로토콜이 만족해야 하는 세 가지 주요 특징인 효율성, 안정성, 표준성에 대해 설명하시오.
2. 통신 프로토콜을 표현하는 방법 네 가지의 내용을 설명하시오.
3. 2 tier 클라이언트-서버 모델에 비하여 3 tier 클라이언트-서버 모델이 갖는 장점은 무엇인가?
4. 통신 서비스 형태 중 비연결형 서비스와 연결형 서비스의 예를 아는대로 들어보시오.
5. Stateful 서버보다 stateless 서버가 더 안정적인 이유는 무엇인가?
6. Iterative 서버와 concurrent 서버 모델로 구축하기에 적합한 서비스들은 각각 어떤 특성을 갖는 서비스들인가? 각 모델에 적합한 서비스의 예를 들어보시오.
7. 통신 시스템의 성능을 나타내는 척도에는 어떤 것들이 있는가?
8. 주변의 실제 통신 서비스에서 사용되고 있는 다양한 종류의 프레임이나 패킷의 최적의 크기는 어떤 값들인지 조사하여 보시오.
9. 통신 서비스에 필요한 핵심 자원을 CPU, 채널, 메모리로 나눌 때 각 자원의 이용 비용이 크게 발생하는 경우의 예를 들어보시오.
10. 자바 플랫폼이 유닉스나 윈도우 플랫폼에 비해서 갖는 장단점은 무엇인가?

02 자바의 이해

2장에서는 자바로 네트워크 프로그램을 작성하는데 필요한 자바 언어의 주요 내용을 소개한다. 이 책은 자바를 1학기 이상 수강한 학생을 대상으로 하며 자바의 기초 문법은 아는 것으로 가정하겠다. 자바 네트워크 프로그램을 잘 작성하려면 프로그래밍 도구로서 자바를 명확히 이해하는 것이 필요하며 특히 객체지향 프로그램의 가장 중요한 개념인 클래스와 객체의 개념, 예외(Exception)의 처리 방법 그리고 멀티 스레드 프로그래밍을 정확히 이해하고 있어야 한다.

2.1 자바 언어의 특징

객체지향 프로그래밍 언어

객체지향 프로그램 작성은 크게 "클래스 설계(개념 설계)"와 "클래스 이용(동작 구현)" 두 단계로 이루어진다. 클래스 설계 시에는 추상화를 이용하는데 추상화란 달리 표현하면 "공통적으로 사용될 개념을 미리 설계하는 것"이라고 할 수 있다. 객체지향 프로그램에서는 추상화를 통해 설계된 클래스로부터 객체를 만들어 사용함으로써 구체적으로 원하는 기능을 수행하게 된다.

객체지향 프로그램에서는 추상화를 제공하기 위해서 클래스(class)와 객체

(object) 개념을 사용한다. 객체란 "어떤 개념이나 사물의 특성과 동작을 정의한 단위"라고 정의할 수 있는데 클래스는 이러한 객체들을 만들기 위한 설계도의 역할을 한다. 즉, 객체를 만들려면 먼저 클래스를 설계하여야 하며 프로그램에서는 클래스로부터 객체를 만들어 사용하게 된다. 다시 말하면 클래스는 객체들의 공통된 특성을 기술하는 설계 내용이고 객체는 클래스로부터 구체적으로 만들어진 즉, 일정한 메모리를 차지하는 변수와 실행 코드들의 집합체라고 할 수 있다.

상속

객체지향 프로그램을 이용하면 이미 개발된 코드를 재사용하는 것이 편리하다. 객체지향 프로그램에서 코드를 재사용하는 방법에는 미리 만들어져 있는 클래스의 객체를 그대로 만들어 사용하는 객체합성(composition)과, 다른 클래스를 모델로 하여 새로운 클래스를 설계하는 상속(inheritance) 두 가지로 나눌 수 있다.

- 객체합성(composition)
- 상속(inheritance)

상속은 새로운 클래스를 만들 때에 기존의 다른 클래스의 설계 내용(멤버 변수 및 메소드)을 상속하여 클래스를 새로 정의하는 것을 말한다. 상속의 모델이 된 원래의 클래스를 상위 클래스(super class)라고 하고 상속을 통해 새로 만들어진 클래스를 하위 클래스(sub class)라고 한다. 하위 클래스는 상위 클래스의 변수와 메소드를 그대로 사용할 수 있을 뿐만 아니라, 새로운 변수나 메소드를 추가하거나 상위 클래스에서 정의된 변수나 메소드의 내용을 바꿀 수도 있다.

다형성

어떤 객체가 두 가지 이상의 타입(클래스)의 속성을 가질 수 있는 특성을 다형성(polymorphism)이라고 하며 다형성은 객체지향 프로그램에서 매우 유용하게 사용되고 있다. 예를 들어 Student kim;으로 객체 kim을 선언하였을 때 실제로 kim의 내용은 초등학생이 될 수도 있고 고등학생 또는 대학생이 될 수도 있다. 이를 구분하기 위해서 객체를 만들 때 각각 다른 타입의 생성자를 사용할 수 있다. 예를 들어 고등학생을 설계하기 위해서 Student로부터 상속받아 HighStudent라는 클래스를 정의하고 대학생을 설계하기 위해 UnivStudent를 정의하였다고 하자. 아래는 Student 타입의 객체 kim과 lee를 선언하되 실제로 이 객체들을 생성할 때에는 각각 하위 클래스 생성자인 UnivStudent()와 HighStudent()를 사용하고 있다.

```
Student kim = new UnivStudent();
Student lee = new HighStudent();
```

객체 참조 kim이나 lee가 모두 겉보기에는 Student 타입으로 "같게" 보이지만 내용적으로는 서로 다른 객체 타입으로 구성된다. 이와 같이 어떤 객체의 참조 타입이 가리키는 객체의 내용이 상속 관계에 있는 다른 객체로 구성될 수 있는 성질을 다형성이라고 한다.

예외 처리

자바는 프로그램 실행 중에 발생하는 각종 오류를 체계적으로 관리하기 위하여 예외 처리 기능을 제공한다. 예외란 오류가 발생한 곳에서 던져진(thrown) 객체로서 이 예외를 다른 프로그램(클래스)에서 잡아서(catch) 처리하게 함으로써 오류를 체계적으로 관리할 수 있게 한다. 즉, 자바는 예외 객체를 처리하는 코드를 별도의 프로그램으로 작성함으로써 예외 처리 기능을 독립적으로 모듈화 할 수 있고 프로그램 개발과 변경시에 체계적으로 예외를 관리할 수 있다.

멀티 스레드

자바는 유닉스 플랫폼에 비하여 멀티 스레드 프로그램을 쉽게 작성할 수 있는 환경을 제공한다. 네트워크 프로그램에서는 특히 여러 작업이 병행하여 수행되어야 하는 경우가 많다. 예를 들어 concurrent 타입의 서버를 편리하게 구현하려면 멀티 스레드 프로그램을 사용하여야 한다. 자바의 멀티 스레드 프로그램 작성에 대해서는 2.4 절에서 자세히 설명하겠다.

자바 실행 환경

자바 프로그램을 실행하기 위해서는 JRE(Java Runtime Environment)가 설치되어야 한다. JRE는 JVM을 포함한 각종 자바 클래스들의 집합체라고 보면 된다. JRE는 두 가지의 형태로 설치할 수 있다. 첫 번째는 자바 실행 환경만을 설치하는 방법과 두 번째로는 JRE와 자바 개발 환경을 모두 제공하기 위해서 JDK(Java Development Kit)를 설치하는 방법이 있다.

JDK와 JRE는 프리웨어로 사용할 수 있으며 Javasoft사(http://www.javasoft.com) 또는 Sun사(http://java.sun.com)의 사이트를 참조하기 바란다.

2.2 객체와 클래스

객체지향 프로그램의 기본적인 작업은 원하는 기능을 갖는 클래스를 설계하는 작업과 클래스로부터 객체를 만들어 사용하는 것이다. 여기서는 클래스, 객체, 상속, 그리고 다형성의 개념을 명확히 이해하고 변경자(modifier)와 인터페이스(interface)에 대하여 설명한다.

2.2.1 클래스 설계

객체지향 프로그램의 핵심은 클래스 정의(추상화), 상속, 다형성 세 가지라고 할 수 있다. 추상화를 도입함으로써 클래스 설계 시에는 객체의 특성 값(멤버 변수)과 동작(메소드)만 설계하고 실제로 객체를 이용하는 구현 내용은 별도로 사용자가 원하는대로 상황에 따라 다르게 코딩할 수 있다.

클래스 재사용과 상속

객체지향 프로그램에서 코드를 재사용하는 방법에는 기존의 클래스의 객체를 만들어 사용하는 방법(객체합성)과 다른 클래스를 모델로 하여 새로운 클래스를 정의하는 상속 두 가지 방법이 있다고 하였다.

어떤 상위 클래스를 모델로 하여 여러 종류의 하위 클래스를 생성하였을 때 만일 이 상위 클래스의 속성(변수나 메소드)이 변경되면 이를 상속한 모든 하위 클래스의 속성도 같이 변경된다. 이러한 특성을 이용하면 다수의 하위 클래스들의 기본 속성을 한 번에 일관성 있게 바꾸어줄 수 있다.

이와 같이 상속은 매우 편리한 기능이지만 상위 클래스를 설계할 때는 나중을 생각하여 신중하게 설계하여야 한다. 즉, 상위 클래스로 사용될 클래스를 정의할 때에는 가능한 기본적인 멤버 값만 포함하는 것이 바람직하다. 상속을 해나가면서 하위 클래스에 새로운 기능을 추가하거나 변경하는 것이 얼마든지 가능하므로 상위 클래스에서 너무 세부적인 내용을 정의하지 않는 것이 바람직하다.

메소드 중복정의와 다중정의

하위 클래스를 정의할 때에 새로운 메소드를 추가할 수 있을 뿐 아니라 기존의 메소드의 내용을 변경하는 것도 가능하며 이때 메소드 중복정의(overriding)를 이용한다. 메소드 중복정의란, 어떤 메소드와 모양(signature)이 완전히 같은 메소드를 새롭게 중복하여 정의함으로써 처음의 메소드의 기능을 교체하는 것을 말한다. 즉, 상위 클래스에 있는 메소드의 내용을 하위 클래스에서 바꾸는 것을 중복정의라고 할 수 있다.

한편, 메소드 다중정의(overloading)란 메소드의 이름은 서로 같지만 각각 다른 작업을 하는 메소드를 두 개 이상 정의하는 것을 말한다. 이때 서로 다중정의된 메소드들을 구분하기 위해서는 (메소드 이름은 서로 같으므로) 인자의 개수, 인자 타입, 인자 순서가 다른 것을 사용한다.

2.2.2 다형성

어떤 객체가 두 가지 이상의 타입으로 생성될 수 있는 것을 다형성이라고 한다. 예를 들어 대학 1학년과 3학년을 각각 나타내기 위하여 다음과 같이 Student를 상속하여 Freshman과 Junior라는 하위 클래스를 정의하였다고 하자. Student 클래스에는 간단히 이름(name)과 미팅을 처리하는 meeting() 메소드를 정의하고 있는데 meeting()의 인자는 Student 타입을 요구하고 있다.

```
class Student {
   String name;

   void meeting(Student s) {
      System.out.println("Wonderful ! When?");
   }
}

class Freshman extends Student { }
class Junior extends Student { }
```

만일 Freshman과 Junior가 하는 미팅의 내용이 같다면 미팅을 처리하기 위해서 Student에 정의된 meeting()을 다음과 같이 사용하면 된다 (아직 다형성을 사용할 필요가 없다.)

```
Freshman kim = new Freshman();
Junior lee = new Junior();

kim.meeting(lee);
```

위에서는 1학년 kim과 3학년 lee가 미팅을 하는 것을 나타낸다. 그런데 만일 Freshman과 Junior가 하는 미팅의 내용이 다르다면, Freshman과 Junior 클래스를 정의할 때 meeting() 메소드를 아래와 같이 중복정의하여 사용하면 된다.

```
class Student {
   String name;

   void meeting(Student s) {
      System.out.println("Wonderful ! When?");
   }
}

class Freshman extends Student {
   void meeting(Student s) {
      System.out.println("For Freshman Only ! When?");
   }
}

class Junior extends Student {
   void meeting(Student s) {
      System.out.println("For Junior Only ! When?");
   }
}
```

여기서 주의할 것은, 위의 Freshman과 Junior 클래스 정의에 있는 meeting()의 인자로는 계속 상위 클래스인 Student 타입을 사용하고 있는데 이것이 바로 다형성을 이용하기 위해서이다. 예를 들어 Freshman의 미팅을 처리하는 프로그램은 다음과 같이 작성될 수 있다.

```
Student kim = new Freshman();     // 객체 참조와 생성자의 타입이 다름
Student lee = new Junior();       // 객체 참조와 생성자의 타입이 다름

kim.meeting(lee);
```

위에서 Student kim = new Freshman();의 의미는 참조 변수 kim은 Student 타입으로 선언하되 실제로 객체를 만들 때에는 Freshman 클래스의 생성자를 사용하라는 의미이다. 즉, 참조는 Student 타입이고 실제 객체의 내용은 Freshman 타입이

된다. 이렇게 하는 이유는 kim의 겉모양을 상위 클래스의 타입인 Student로 하여 Student 타입을 인자로 요구하는 임의의 메소드(예를 들어 meeting())에 kim을 사용할 수 있도록 하되 실제로 호출할 메소드는 Freshman 타입에 정의된 메소드를 호출하도록 하기 위해서이다. 위에서 kim.meeting()이 수행될 때에는 Freshman 객체에 정의된 meeting() 메소드가 호출된다(Student 클래스에 정의된 meeting()이 실행되는 것이 아니라).

멤버 액세스 원칙

어떤 객체의 참조 타입과 생성자의 타입이 다른 경우에는 멤버를 사용하는 데 있어 주의해야 한다.

객체의 참조 타입과 실제 객체의 생성자 타입이 다를 때 멤버들을 액세스하는 원칙이 다른데, 멤버 변수를 액세스할 때에는 참조의 타입을 사용하고, 메소드를 액세스할 때에는 객체의 실제 타입을 사용한다는 것을 주의하여야 한다.

예를 들어, 아래와 같이 클래스 A와 이를 상속한 클래스 B를 정의한 경우에 클래스 Test를 실행하면 결과는 어떻게 될까?

```
class A {
   int var = 10;                                  // 멤버 변수
   void method() { System.out.println("1"); }     // 메소드
}
class B extends A {
   int var = 20;                                  // 멤버 변수
   void method() { System.out.println("2"); }     // 메소드
}
public class Test {
   public static void main(String[] args) {
      A a = new B();                       // 참조와 생성자의 타입이 다름
      System.out.println(a.var);           // 멤버 변수의 액세스
      a.method();                          // 메소드의 액세스
   }
}
```

멤버 변수를 액세스할 때에는 참조의 타입을 사용하는 데 Test 클래스에서 참조 a의 타입이 A이므로 위에서 a.var은 10이 된다. 한편 a가 실제로 가리키는 객체의 타입은 B이기 때문에 위에서 a.method()는 객체 B의 메소드가 구동되어 2가 출력된다. 따라서 위 Test의 실행 결과로 10과 2가 출력된다.

2.2.3 변경자(modifier)

변경자(modifier)는 클래스, 변수, 메소드 또는 코드 블록의 어떤 성격을 바꾸어 주는 키워드이다. 예를 들면, 클래스, 변수나 메소드를 이 프로그램(클래스)의 외부 어느 범위까지에서 액세스하도록 허용할지를 정해주기 위하여 public, protected, private 등의 접근 변경자(access modifier)를 사용한다. 그 외의 변경자로는 final, abstract, static, native, transient, synchronized 등이 있다.

public

public은 임의의 외부 클래스에서 접근하는 것을 허용하는 변경자이다. public은 클래스, 변수, 메소드에 대해서 모두 사용할 수 있는데 예를 들어, 아래와 같이 클래스 Access를 정의하고 Access 타입의 객체 a를 만든 경우를 생각해 보자.

```
public class Access {           // public으로 선언된 클래스
   public int i;                // public으로 선언된 변수
   protected j;                 // protected
   int k;                       // friendly
   private p;                   // private
   public void m() { }          // public으로 선언된 메소드
}
Access a = new Access();        // Access 타입의 객체 a 생성
```

클래스 Access 자체가 public이었으므로 임의의 다른 클래스에서 객체 a를 액세스할 수 있으며, a의 멤버 변수인 a.i와 메소드 a.m()도 public이므로 임의의 외부 클래스에서 액세스하는 것을 허용한다.

protected

현재 소속된 패키지(package) 내에서는 액세스가 가능하며 패키지 외부에서는 이 클래스를 상속한 "하위 클래스"로의 액세스만 허용할 때 사용된다. protected는 클래스에는 사용할 수 없고 변수와 메소드에만 사용할 수 있다. 즉, protected는 클래스를 상속하여 사용할 때에 필요한 변경자이다.

앞에서 소개한 Access 객체 a에서 멤버 변수 j는 protected로 선언되었으므로 클래스 Access가 정의되어 있는 패키지 외부에서는 접근할 수가 없다. 그러나 다음과 같이 Access를 상속한 하위 클래스 B를 어떤 외부 패키지에서 만든 경우, B 타입

객체의 멤버 변수 j는 그 외부 패키지에서 접근할 수 있다.

```
// 클래스 Access가 속하지 않은 다른 패키지에서
class B extends Access { ... }
B b = new B();
b.j = 2000;        // O.K. 다른 패키지에서 액세스 가능
```

friendly

접근 변경자를 명시적으로 지정하지 않은 것을 friendly 접근 제한이라고 한다. friendly로 선언되면 (즉, 아무 접근 변경자도 명시하지 않으면) 같은 패키지 내에서의 모든 객체로부터의 접근을 허용한다. 다른 패키지에 있는 객체에서는 friendly가 (뒤에서 설명할) private처럼 동작하여 액세스할 수 없다. 참고로 한 파일 내에서 정의된 클래스들은 당연히 한 패키지에 속하게 되므로 friendly로 선언된 클래스, 변수, 메소드는 같은 파일 안에서는 액세스가 가능하다. friendly로 선언된 경우를 "package access"라고도 부른다. 이와 같이 package를 이용함으로써 자바는 클래스들의 접근 범위를 편리하게 관리할 수 있다.

클래스 설계 시 멤버를 누구나 사용할 수 있도록 하려면 public을 사용하면 되는데 public을 사용하면 아무런 제한 없이 상위 객체도 액세스할 수 있도록 허용된다는 문제가 있다. 따라서 friendly처럼 제한을 하되 하위 클래스에만 액세스가 가능하도록 하려면 protected를 사용하면 편리하다.

private

private는 클래스에 대해서는 선언할 수 없고 변수와 메소드에만 사용할 수 있다. private로 선언된 변수나 메소드는 해당 클래스의 객체 내에서만 사용할 수 있다. 앞의 클래스 Access의 경우 변수 p는 반드시 객체 a 내부에서만 사용할 수 있으며, a 외부에서는 읽거나 고칠 수 없다. 특히 주의할 것은 하위 클래스에서조차 상위 클래스의 private 멤버를 액세스할 수 없다는 것이다. 즉, Access를 상속한 B 타입의 객체에서 Access 객체의 private 변수 p를 액세스하는 것도 허용이 안 된다.

private는 정보 보호 또는 정보 감춤(information hiding)에 사용되는데 예를 들어, 클래스 외부에서는 어떤 변수를 직접 액세스하지 못하도록 하고 특별히 지정된 메소드를 통하여만 읽거나 쓸 수 있게 하려면 이 변수를 private로 선언하고 이 변수를 액세스하는 데 필요한 메소드를 public으로 선언하여 제공하는 방식이 널리

사용된다.

멤버 변수 뿐 아니라 메소드도 private로 선언할 수 있는데 이러한 메소드는 현재 클래스 내의 멤버 메소드에서만 호출이 가능하며 (같은 패키지라도) 외부 메소드에서는 직접 호출할 수 없다.

final

final은 변수, 메소드, 클래스에 대하여 각각 지정할 수 있다. 변수를 final로 선언하면 이 값이 변경되는 것을 허용하지 않는다는 의미가 되어 이 변수는 상수가 된다.

메소드 인자로 사용되는 변수 또는 참조를 final로 선언하는 경우는 그 메소드 내에서 이 변수를 읽을 수만 있고 이 변수의 값을 바꾸는 것은 허용하지 않는다는 것을 의미한다. 아래의 코드에서 final로 선언된 메소드 인자 k를 메소드 내에서 변경할 수 없는 것을 보였다.

```
class A {
   int f(final int k) {
      k= 100;                    // 오류! k는 변경불가임
      return k;
   }
   int g(final int k) {
      return k+100;              // O.K! k 값을 읽어 연산하는 것은 가능
   }
}
```

JDK가 제공하는 클래스들 중에 final로 지정되어 있는 것이 많은데 이것의 의미는 이 클래스는 설계가 완성된 것이므로 사용자가 설계 내용을 임의로 바꿀 수 없도록 하기 위해서이다.

메소드를 final로 선언하는 데에는 두 가지 목적이 있다. 먼저 이 메소드와 같은 모양의 메소드를 하위 클래스에서 중복정의하는 것을 허용하지 않기 위해서이다. final 메소드를 사용하는 두 번째 목적은 컴파일 시에 메소드 내용이 메소드를 호출하는 곳에 직접 inline 코드로 삽입되도록 하여 메소드 처리 속도를 높이기 위해서이다. 일반적인 메소드의 경우는 메소드가 호출되면 함수 호출 방식 즉, 각종 변수를 스택에 저장하였다가 다시 읽어오는 방식으로 처리되나, final 메소드는 메소드 호출시 실행될 코드를 필요한 곳에 직접 코드로 삽입한다. 이렇게 하는 이유는 메소드의 내용이 더 이상 바뀌지 않을 것이므로 실행 속도를 증가시키기 위해서이다.

private로 선언된 메소드는 실제로는 앞에서 설명한 final 메소드와 동일한 성격을 갖는다. 왜냐하면 private 메소드는 외부에서 일체 접근할 수 없으며 이를 중복정의할 수도 없기 때문에 효과적으로 final의 성격을 갖게 된다.

클래스를 final로 선언하면 자신을 누군가 상속하는 것을 허용하지 않는 것을 나타낸다. final 클래스를 사용하는 주 이유는 클래스의 설계가 완성된 것을 분명히 밝히고 그 설계 내용을 변경하지 못하게 하기 위해서이고 또 다른 이유는 이 final 클래스 내에 있는 메소드들의 실행속도를 빠르게 하기 위해서이다. final 클래스는 상속을 허용하지 않으므로 자연히 final 클래스 내의 메소드들도 중복정의가 허용되지 않으며 따라서 final 클래스 내의 메소드들은 효과적으로 모두 final 메소드가 된다.

뒤에서 설명할 static으로 선언된 메소드도 자동적으로 final 메소드가 되며 따라서 static이나 private로 선언된 메소드를 하위 클래스에서 중복선언하면 컴파일 오류가 발생한다.

abstract

abstract는 클래스나 메소드에 대하여만 선언할 수 있으며 변수는 abstract로 선언할 수 없다. abstract의 의미는 "클래스 또는 메소드의 겉 모양만 정의하고 내용은 아직 구현되지 않은 것"을 뜻한다.

구현 내용이 없는 메소드 즉, 메소드의 모양만 선언한 경우에 이 메소드는 반드시 abstract로 선언되어야 한다. 역으로 abstract로 지정된 메소드는 구현 내용을 가지고 있어서는 안 된다. 아래는 myMethod()라는 abstract 메소드를 정의하는 문장인데 인자 타입과 리턴 타입은 지정하였으나 메소드의 구현 내용은 없는 것을 알 수 있다.

```
abstract double myMethod(int i);
```

abstract 메소드를 사용하는 이유는 어떤 클래스를 설계할 때 메소드의 모양만 설계하고 그 구체적인 구현 내용은 이 클래스를 상속한 각 하위 클래스에서 만들도록 하기 위해서이다. 물론 이 abstract 메소드의 구현 내용은 각 하위 클래스마다 다를 수 있다.

한편 abstract 메소드를 가지고 있는 클래스는 반드시 abstract로 선언되어야 한다. 정확히 말하면 다음과 같은 조건 중 하나라도 해당되는 클래스는 반드시

abstract로 선언되어야 한다.

- 하나 이상의 abstract 메소드를 가지고 있는 경우
- 하나 이상의 abstract 메소드를 가지고 있는 클래스를 상속하였으나 그 메소드의 내용을 모두 구현하지 않은 경우
- 어떤 인터페이스를 구현(implements)한다고 선언하였으나 그 인터페이스의 모든 메소드 내용을 구현하지 않은 경우

abstract 클래스는 자신의 타입의 객체를 만드는 것을 허용하지 않는다. 다시 말하면 abstract 클래스를 new문을 사용하여 객체화하는 것은 컴파일 오류를 발생한다. abstract 클래스는 반드시 상속을 한 다음에 하위 클래스에서 모든 abstract 메소드들의 내용을 중복정의 방식으로 구현하여야 비로소 abstract가 아닌 클래스가 될 수 있고, 이 하위 클래스를 객체화하는 것만 허용한다.

abstract 메소드를 포함하고 있지 않아도 클래스를 abstract로 선언할 수 있는데, 이것의 의미는 이 클래스를 바로 객체화하는 것을 허용하지 않고 하위 클래스를 만든 다음에만 객체화하라는 의미이다.

abstract는 final의 반대 개념이라고 할 수 있다. 예를 들어, final 클래스가 더 이상의 상속을 허용하지 않는 반면 abstract 클래스는 반드시 상속한 후에만 객체를 만들 수 있는 클래스이다.

static

static은 변수와 메소드 그리고 {}로 묶인 코드 블록에만 지정할 수 있다. static으로 지정하는 것의 기본적인 의미는 "클래스 로드 시에(또는 컴파일 시에) 이 부분을 메모리에 잡아두라"는 것이다.

static을 사용하는 목적은 다음과 같이 두 가지로 나누어 볼 수 있다. 첫째 목적은 static으로 선언된 변수나 메소드가 각 객체별로 따로 메모리가 잡히는 것이 아니라 이 클래스를 사용하는 전체 객체들이 공유하도록 한다. 따라서 한 객체에서 static 변수의 내용을 바꾸면 다른 객체에서도 바뀐 값을 액세스하게 된다. static으로 선언된 변수를 클래스 변수라고 하고 static으로 선언된 메소드를 클래스 메소드라고도 한다.

static을 사용하는 두 번째 이유는 이 클래스를 객체화하지 않고도 외부에서 바로 호출할 수 있도록 하기 위해서이다. 대표적인 예로 java.lang.Math 클래스가 제

공하는 sqrt(), sin()과 같은 각종 수학 계산을 지원하는 메소드들은 static으로 되어 있으므로 java.lang.Math 클래스의 객체를 만들지 않고도 다음과 같이 사용할 수 있는 것이다.

```
doubel x = Math.sqrt(7);
```

synchronized

메소드나 코드 블록에 대해서 선언할 수 있으며 이 메소드 또는 코드 블록에 어느 한 순간에 한 스레드만 접근할 수 있음을 나타낸다. 이것은 스레드들에게 동기화를 제공하기 위하여 사용되는 데 자세한 내용은 2.4절에서 소개한다.

```
synchronized void importantMethod();
```

synchronized를 static과 함께 선언할 수 있는데 static으로 선언된 synchronized 블록은 그 클래스로부터 만들어진 "모든" 객체를 대상으로 하여 단 하나의 스레드만 접근을 허용한다는 뜻이다.

표 2-1에 각 변경자를 선언할 수 있는 대상을 클래스, 변수, 메소드(생성자) 그리고 코드 블록으로 나누어 정리하였다. 주의할 것은 클래스에 대하여 사용할 수 있는 접근 변경자는 public, friendly 뿐이다.

표 2-1 변경자를 선언할 수 있는 대상

변경자	클래스	변수	메소드(생성자)	코드 블록
public	o	o	o	x
protected	x	o	o	x
(friendly)	o	o	o	x
private	x	o	o	x
final	o	o	o	x
abstract	o	x	o	x
static	x	o	o	o
synchronized	x	x	o	o

2.2.4 인터페이스

자바에서 어떤 개념을 설계할 때 클래스를 사용하며 클래스에는 상태를 나타내기 위하여 멤버 변수를, 동작 내용을 기술하기 위하여 메소드를 포함한다. 클래스 설계 시에 멤버 변수의 초기치를 줄 수도 있고 메소드의 내용을 구현해 둘 수도 있다.

한편, 자바에서는 프로그램의 단순한 그리고 안전한 작성을 위하여 C++ 언어와 달리 다중 상속(multiple inhritance)을 지원하지 않는다. 즉, 동시에 두 개 이상의 상위 클래스를 상속받는 것을 허용하지 않으며 예를 들어, 아래 같은 코드는 오류이다.

```
class A { }
class B { }
class C extends A, B { }            // 컴파일 오류 !
```

그런데 클래스를 작성하다 보면 두 개 이상의 상위 클래스의 속성을 동시에 같이 상속받으면 편리한 경우가 자주 발생한다. 자바에서는 이러한 기능을 제공하기 위하여 인터페이스(interface)를 사용한다. 인터페이스는 클래스와 마찬가지로 "별도로 만들어 사용하는 개념 단위"인데 클래스와 달리 다음과 같은 특징을 가지고 있다.

- 인터페이스에서는 메소드의 모양 선언만 가능하며 내용을 구현하면 안된다. 즉, 모든 메소드가 abstract이어야 한다.
- 인터페이스에서 변수를 선언한 경우에는 모두 자동으로 static이며 final로 취급되어 상수가 된다.
- 인터페이스의 변수나 메소드는 모두 자동으로 public한 속성을 갖는다.

클래스에서는 메소드의 선언과 구현을 모두 할 수 있지만 인터페이스는 메소드의 모양 선언만 가능하며 내용을 구현하면 안 된다. 인터페이스가 변수를 포함하는 경우도 있는데 이때 변수는 모두 상수(final)로 취급되며 static이 되어 이 인터페이스를 사용하는 모든 클래스에서 동일한 값을 가지게 된다. 인터페이스 내에서 메소드를 abstract라고, 또는 변수를 final이나 static이라고 명시할 필요는 없으며 자동으로 이러한 속성을 가지는 것이다.

예를 들어, 아래에서는 한국의 도시를 여행하는 데 관련된 정보와 방법을 가지고 있는 인터페이스 TravelKorea를 선언하였다.

```
interface TravelKorea {
   int no_city_Korea = 250;       // 한국의 도시 수(final, static임)
   void travelKorea();            // 한국의 여행 방법(메소드 선언만 해야 함)
}
```

아래는 일반적인 여행의 종류에 관련된 정보를 가지고 있는 인터페이스 TravelWay를 선언하는 예이며 여행에 필요한 두 가지 메소드의 모양만 선언하고 있다.

```
interface TravelWay {
   void schedule();               // 여행 스케줄 작성
   void trans();                  // 운송 수단의 선택
}
```

예를 들어 위의 두 인터페이스에 설계되어 있는 메소드들을 이용하는 프로그램인 MyTravel을 설계하려면 아래와 같이 두 인터페이스를 implements한다고 선언하면 된다. implements는 인터페이스를 구현하겠다는 것을 나타내며 두 개 이상의 여러 개의 인터페이스를 나열할 수도 있다.

```
class MyTravel implements TravelKorea, TravelWay {
   void travelKorea() { }         // 한국의 여행 방법 구현
   void schedule() { }            // 여행 스케줄 작성 구현
   void trans() { }               // 운송 수단의 선택 구현
   . . .
 }
```

한편 어떤 클래스에서 인터페이스를 구현한다고 하였으면 그 인터페이스의 모든 메소드를 구현해야 한다. 따라서 위의 경우도 두 개의 인터페이스가 가지고 있던 세 개의 메소드를 모두 구현해야 한다.

2.3 예외 처리

C 언어에서는 어떤 함수(function)를 처리하는 도중에 비정상적인 결과가 나오면

이를 함수 리턴값을 통하여 알리는 방법을 많이 사용하고 있다(예를 들어, 리턴값이 -1이면 오류). 이러한 방식의 프로그램에서는 함수의 리턴값에 따른 처리 내용이 달라지면 해당 부분의 코드를 모두 다시 바꾸어 주어야 하므로 프로그램의 유지 보수가 불편하였다. 또한, 어떤 종류의 오류는 프로그래머가 처리할 기회도 없이 프로그램을 종료시켜 버리는 경우도 있어 안정적인 프로그램을 작성하기가 곤란하였다. 자바에서는 이러한 문제점을 개선하여 각종 오류의 처리를 간편하게, 체계적으로 그리고 상황의 변화에 따라 다양하게 대처하기 위하여 예외라는 개념을 도입하였다

2.3.1 Error와 Exception

자바에서 프로그램이 비정상적으로 실행되면 이를 시스템에게 알려주는 방법으로서 Throwable 타입의 객체를 던지도록(throw)하고 있으며 프로그램에서는 필요하다면 이렇게 던져진 객체를 잡아서(catch) 처리함으로써 문제를 피해갈 수 있도록 하고 있다. Throwable의 하위 클래스는 Error와 Exception 클래스로 크게 나누어진다. 자바는 매우 다양한 Throwable 타입의 클래스들을 제공하는데 그 이유는 프로그램 시 발생하는 오류 또는 예외를 구체적으로 관리하기 위해서이다.

자바는 오류를 다루기 위하여 Error 클래스를 사용하는데 예를 들면, 메모리의 부족(OutOfMemoryError), 클래스 정의 없음(NoClassDefFoundError), 잘못된 접근 변경자의 사용(IllegalAccessError) 등이 해당된다. 오류는 대부분 프로그램을 계속 실행하기에는 문제가 있는 상황이므로 오류 발생 시에는 프로그램을 종료시키는 것이 안전하다(어떤 오류가 발생했었는지는 Error 객체를 잡아서 확인해 볼 수 있다).

예외는 프로그램 실행중에 어떤 환경 조건에 문제가 있어 발생하는 비정상적인 동작을 말한다. 예외는 실행시간 예외(runtime exception)와 비실행시간 예외로 나뉘는데 비실행시간 예외를 확인예외(checked exception)라고도 부른다.

확인예외란, 예를 들어, 없는 메소드를 호출한 경우(NoSuchMethodException), 입출력 예외(IOException) 등을 말한다. 대표적인 IOException으로는 잘못된 URL을 사용한 경우(MalformedURLException), 파일을 열려고 했으나 해당 파일이 없는 경우(FileNotFoundException), 소켓 연결이 안되는 경우(ConnectException) 등이 있다.

확인예외에서 "확인"의 의미는, 이 예외의 발생을 프로그램에서 반드시 확인하

고 그 처리 방법을 구현해 두어야 한다는 것을 의미한다. 다시 말하면 확인예외가 발생할 가능성이 있는 코드 블록은 반드시 예외에 대한 대책이 있어야 하며 이러한 대책 코드가 없으면 컴파일이 안된다. 이것은 어떻게 보면 불편해 보이지만 자바가 처음부터 안전한 프로그래밍을 요구하는 것이라고 할 수 있다.

한편 자바에서는 시스템에 정의된 예외 뿐 아니라 프로그래머가 임의의 예외를 새로 정의하여 이용할 수도 있다.

2.3.2 확인예외의 처리

자바에서는 예외를 체계적으로 처리하는 기능을 제공하고 있다. 예외가 발생하는 것을 자바에서는 "던진다(throw)"라고도 표현하며 발생된 예외를 처리하는 것을 "잡는다(catch)"라고도 표현한다.

어떤 메소드에서 예외가 발생하면 이를 try/catch문을 이용하여 잡아서 처리해 주거나 아니면 자신을 호출한 메소드(이 메소드를 편의상 "상위 메소드"라고 부르겠다)에게 이 예외의 처리를 다시 던져야 한다. 후자의 경우는 예외의 처리를 상위 메소드에게 위임한 것이라고 할 수 있다. 즉, 확인예외를 처리하는 방법에는 다음과 같이 두 가지가 있다.

- try/catch문을 사용하여 예외를 직접 처리
- 예외를 상위 메소드로 다시 던짐

확인예외는 프로그램을 오류 없이 작성하였어도 발생할 가능성 있는 예외이며, 모든 발생 가능한 확인예외에 대하여 위에 언급한 두 가지 중 하나의 방법으로 처리해 두어야 컴파일이 된다. 그러나 실행시간 예외는 프로그램을 완벽하게 작성하였다면 발생하지 않는 예외이다. 따라서 실행시간 예외의 명시적인 처리를 자바가 반드시 요구하지는 않는다. 즉, 실행시간 예외에 대하여 try/catch문을 쓰거나 상위 메소드로 던지도록 코딩하지 않아도 컴파일은 된다. 그러나 프로그램 실행중에 실행시간 예외가 발생하면 프로그램은 종료되므로 이것을 피하려면 발생이 예상되는 실행시간 예외는 처리해 두는 것이 안전하다.

try/catch

어떤 메소드 또는 코드 블록을 실행하는 도중에 발생하는 확인예외를 처리하는 방법으로 try/catch문이 사용된다. 아래는 try/catch문의 기본적인 사용 형태이다.

```
try {
    // 예외가 발생할 수 있는 코드 블록
    // 예외가 발생하지 않으면 이 부분을 정상적으로 실행한다
}
catch ( /* catch할 예외의 종류*/ ) {
    // 위의 try 블록에서 예외 발생 시 수행할 코드
}
finally {
    // 예외 발생과 관계없이 항상 수행시킬 코드
}
```

try문 뒤의 블록은 예외가 발생할 가능성이 있는 코드 블록으로 이 블록 내에서 발생하는 예외들을 처리하겠다는 것을 나타낸다. 만일 try 블록 내에서 아무 예외도 발생하지 않으면, 이 블록은 정상적으로 실행된다. 그러나 try 블록 내에서 어떤 예외가 발생하면 프로그램은 catch()문으로 바로 이동한다. 이때 발생한 예외의 타입을 catch()문의 인자로 미리 선언해 둔 경우에는 catch()문 뒤에 오는 코드 블록(이것을 단순히 catch 블록이라고 하겠다)이 실행된다. 그러나 발생한 예외의 타입이 catch()문의 인자로 선언된 것이 아닌 경우에는 예외가 catch되지 못한 것이 되며 상위 메소드에게 이 예외가 그대로 던져진다.

finally 블록은 예외 발생과 관계없이 항상 수행되는 부분인데 예외가 발생하지 않은 경우는 try 블록을 수행한 후에 finally 블록을 수행하며 예외가 발생하고 이것이 catch된 경우는 catch 블록을 수행한 후에 finally 블록을 수행한다. 주의할 것은 예외가 발생하였으나, catch가 안된 경우에도 finally 블록은 수행된다는 것이다. finally문은 옵션이므로 사용하지 않아도 된다. 즉, try/catch문만 사용해도 된다.

경우에 따라서는 finally 블록이 미처 수행되지 못하는 특별한 경우가 있는데 이 경우는 다음과 같다.

- try/catch문 실행 도중에 프로그램이 외부 원인으로 종료된 경우
- try나 catch 블록 내에서 System.exit()를 호출한 경우
- finally 블록 내에서 또 다른 예외가 발생한 경우

catch()문에서 잡을 수 있는 예외의 범위는 catch()문의 인자에서 지정한 예외의 종류 뿐만 아니라, 그 하위 클래스의 모든 예외를 포함한다. 예를 들어, catch (IOException e)라고 한 경우에 IOException의 하위 클래스에 속하는 모든 종류의 예외를 이곳에서 catch할 수 있다.

catch()문에서 처리할 예외의 종류가 두 개 이상인 경우에는 필요한 수만큼 catch()문과 catch 블록을 여러 개 둘 수 있다. 그런데 두 개 이상의 catch()문이 있으면서 각 catch()문이 처리할 예외의 타입이 서로 상속의 관계인 경우에는 반드시 하위 클래스의 예외가 먼저 나타나도록 해야 한다.

예를 들어, 아래의 코드에서 InterruptedException은 IOException의 하위 클래스이므로 catch(InterruptedExceptione e)문이 catch(IOExceptione e)문보다 먼저 나타나야 하며 이 순서가 바뀌면 컴파일 오류가 발생한다.

```
void m() {
      try {
         // 블록 1
      } catch (InterruptedException e) {
         // 블록 2
      } catch (IOException e) {
         // 블록 3
      } finally {
         // 블록 4
      }
         // 블록 5    try/catch와 관계없는 코드 부분
}
```

위의 블록 1에서 발생하는 예외의 종류에 따라 실행되는 블록은 각각 다음과 같이 다르다. 단 블록 1은 예외가 발생하지 않은 경우는 모두 실행되지만 어떤 예외가 발생하면 발생하기 직전 문장까지만 실행된다.

- 아무 예외도 발생하지 않은 경우 : 블록 4, 5가 실행됨
- InterruptedException이 발생한 경우 : 블록 2, 4, 5가 실행됨
- IOException이 발생한 경우 : 블록 3, 4, 5가 실행됨
- 위의 두 가지 이외의 예외가 발생한 경우 : 블록 4가 실행됨

위의 마지막 경우 즉, catch()문에서 지정하지 않은 종류의 예외(예를 들어, 실행시간 예외)가 발생하면 블록 5가 실행되지 않는데 왜냐하면 예외가 catch되어 처리되지 않았으면 프로그램은 try 블록을 처리하던 도중에 finally 블록만 처리하고 종료되기 때문이다.

아래는 try-catch-finally 블록을 사용하는 예제 코드이다.

```
class FinallyExample {
   public static void main(String[] args) {
      try {
         throw new NullPointerException();
      }
      finally {
         System.out.println("finally-clause executed.");
      }
   }
}
```

위의 프로그램을 실행 결과는 다음과 같다.

```
Exception in thread "main" java.lang.NullPointerException
at FinallyExample.main(FinallyExample.java:6)
finally-clause executed.
```

앞에 설명한 것처럼 예외를 try/catch로 처리해 주면, 외부에서 볼 때 마치 "예외가 발생하지 않은 것" 처럼 된다. 즉, 프로그램은 예외의 발생과 관계없이 계속 정상적으로 진행된다. 따라서 만일 심각한 예외가 발생하면 catch() 블록에서 다음과 같이 프로그램을 종료시키는 것이 안전하다.

```
try { . . . }
catch (Exception e) {
      System.out.println("Exception 발생" + e);
      System.exit(0);                          // 프로그램 종료
}
```

예외 처리의 위임

앞 절에서 예외가 발생한 것을 try/catch로 처리하는 방법을 소개하였다. 예를 들어, 아래의 Test 클래스의 go() 메소드에서 클래스 A의 메소드 m()을 호출하고 있는데, m()은 실행되는 도중에 발생할 수 있는 예외를 try/catch로 잡아주고 있다. 따라서 try 블록 내에서 IOException이 발생하더라도 프로그램은 정상적으로 계속 동작한다.

```
class Test {
   void go() {
      new A().m();      // A 타입 객체의 m()을 호출
   }
}
class A {
   void m() {
      try {
                        // I/O 예외가 발생할 수 있는 작업
      }
      catch (IOException e) { }
   }
}
```

그런데 앞 절에서 예외를 현재 메소드에서 처리하지 않고 상위 메소드에게 위임하는 방법이 있다고 하였다. 예를 들어, 위의 코드에서 클래스 A의 메소드 m()에서 예외를 처리하고 싶지 않을 때가 있는데, 이때는 메소드 m()이 예외를 처리하지 않고 외부로 던진다는 것을 throws를 사용하여 선언해 두면 된다. 그러나 이때는 던져진 예외를 이 메소드를 호출한 곳에서 try/catch로 처리해 주어야 한다. 예를 들어, 위의 코드를 아래와 같은 방법으로 작성할 수 있다.

```
class Test {
   void go() {
         try {
               new A().m();        // 이곳에서 예외가 발생
      }
      catch (IOException e) { }
   }
}
class A {
   void m() throws IOException { // 예외의 처리를 위임함
               // I/O 예외가 발생할 수 있는 작업
   }
}
```

위에서 메소드 m()의 실행 도중에 IOException 타입의 예외가 발생하더라도 이를 “정상적으로” 메소드 m() 밖으로 던지겠다는 것을 의미하며, 던져진 예외는 이 메소드를 호출한 곳에서 즉, Test의 go() 내에서 처리하여야 한다.

위의 메소드 m() 정의문에서 throws를 사용하여 "이 메소드에서 예외가 발생할 수 있다"는 것을 선언하는 것의 의미는 이 메소드를 호출할 상위 메소드에서 이 예외를 처리할 대책을 세우라는 뜻이다.

같은 논리로 Test의 go() 메소드도 예외를 go() 내부에서 처리하지 않고 위임할 수 있는데 이때는 다음과 같이 메소드 go()를 정의하면 된다.

```
void go() throws IOException { . . . }
```

이때 go()가 던진 예외는 go()를 호출한 곳에서 try/catch로 잡아서 처리해 주거나 또 다시 예외의 처리를 상부로 위임할 수 있는 것이다.

그러면 이러한 예외 처리의 위임은 언제 사용하는가? 첫 번째 경우로, 확인예외가 발생할 가능성이 있는 코드 블록을 포함하고 있는 메소드가 이 예외를 try/catch로 처리하지 않는 경우에는 반드시 메소드 선언문에 throws를 사용하여 예외가 내부에서 처리되지 않고 자신을 호출한 상부로 던져진다는 것을 선언하여야 한다. 두 번째 경우는 어떤 메소드 내에서 예외를 고의로 만들어 발생시키는 것이 필요한 때가 있는데 이때 메소드 선언문에 이러한 사실을 throws로 명시하여야 한다.

2.3.3 예외의 발생

프로그래머가 메소드 내에서 고의로 예외를 발생시킬 수가 있는데, 이렇게 하는 주된 이유는 프로그램 실행 중에 어떤 문제가 발생하였고 이를 상위 메소드에게 알려주기 위해서이다.

예외를 발생시키려면 먼저 발생시킬 예외의 객체를 new로 만든 후, throw 키워드를 사용하면 된다. 아래에서는 IOException 객체를 하나 만든 후 이것을 발생시키는 것을 보였는데 IOException 클래스의 생성자 인자인 "I am depressed!"는 새로 만들어지는 예외 객체의 제목이 된다.

```
void m() throws IOException {
   . . .
   throw new IOException ("I am depressed!");
   . . .
}
```

위의 코드를 보면 예외를 고의로 발생시키는 문장을 포함하는 메소드 정의문에 앞의 예외 처리의 위임의 경우와 같이 throws 절이 선언되어 있는 것을 알 수 있다.

한편 메소드 정의문에서 throws로 어떤 예외 타입을 던진다고 선언한 경우에, throws 절에 선언한 예외 뿐만 아니라, 그 예외의 하위 클래스 예외들도 모두 던져진다.

이상의 내용을 정리하면 메소드 선언문에서 throws를 명시해야 하는 경우는 다음과 같이 두 가지가 있다.

- 메소드 내부에서 발생한 확인예외를 try/catch로 잡지 않고 상부로 던지는 경우
- 프로그래머가 예외 객체를 새로 만들어 발생시키는 경우

아래의 메소드 m()에서는 두 가지의 예외가 발생할 수 있음을 throws를 이용하여 선언하고 있다. EOFException은 이 메소드 내에서 직접 발생되는 예외이고, MalformedURLException은 URL() 생성자를 호출하는 도중에 발생될 수 있는 예외인데 이 예외가 발생하면 이를 메소드 m() 내에서 try/catch로 처리하지 않고 상위 메소드로 즉, 메소드 m() 밖으로 던지겠다는 것을 선언하는 것이다.

```
public void m() throws EOFException, MalformedURLException {
   if (some_error) {
      throw new EOFException ("File Error!");
   }
   URL url = new URL(destURL);    // MalformedURLException 위임
   . . .
}
```

메소드 선언문에서 예외가 발생될 수 있다는 것을 나타낼 때 사용하는 키워드 throws는 예외 객체를 생성하여 실제로 발생시킬 때 사용하는 키워드 throw와 철자가 다른 것을 주의하여야 한다.

예외 발생 예제

지금까지 설명한 예외 처리에 관한 예제 프로그램을 소개하겠다. 아래 클래스 MyExceptionTest에서 메소드 m()을 호출하는 데 m() 내에서는 Exception과 MyException 두 가지 타입의 예외가 발생될 수 있다. 여기서 MyException은 사용자가 정의한 예외이며 프로그램 아래 부분에 MyException 클래스의 정의가 있다.

```
public class MyExceptionTest {
    public static void main(String[] args) {
        try {
            (new MyExceptionTest()).m(args.length);
        } catch (MyException e) {            // catch문의 순서 주의
            System.out.println("MyException occured !");
        } catch (Exception e) {
            System.out.println("Exception occured !");
        }
        finally { System.out.println("Finally. . . "); }
    }
    void m(int i) throws MyException, Exception { //예외가 발생하는메소드
        if (i==0) throw new Exception();
        if (i==1) throw new MyException();
        if (i==2) { }
    }
}

class MyException extends Exception { }     // MyException의 정의
```

메소드 m()에서는 m()의 인자값이 0이면 Exception 예외를 발생시키고, 1이면 MyException 예외를 발생시키며, 2이면 예외를 발생시키지 않는다. m()의 인자값으로는 Test 실행시 입력하는 명령문 인자의 개수(arg.length)를 사용하였다.

아래는 MyExceptionTest의 실행 결과들인데 인자 개수를 다르게 하였을 때 각각 발생하는 예외가 다른 것을 알 수 있다.

```
(실행)  MyExceptionTest
(결과)  Exception occured !
        Finally. . .

(실행)  MyExceptionTest 1
(결과)  MyException occured !
        Finally. . .

(실행)  MyExceptionTest 1 2
(결과)  Finally. . .
```

위의 MyExceptionTest에서 MyException을 잡는 catch문이 Exception을 잡는 catch문 앞에 있는데 이 순서가 바뀌면 컴파일 오류가 발생한다.

한편 JDK가 제공하는 클래스들의 메소드 정의문을 보면 확인예외를 발생시킬 수 있는 메소드는 반드시 그 사실이 메소드 정의문에 throws로 명시되어 있는 것을 알 수 있는데 예를 들어, Thread 클래스가 제공하는 메소드 sleep()은 InterruptedException 예외를 발생시킬 수 있으므로 다음과 같이 선언되어 있다.

```
public static void sleep(long ms) throws InterruptedException
```

따라서 sleep()을 사용하려면 try/catch로 예외 처리를 해주든가, 아니면 throws를 사용하여 예외 처리를 상위 메소드로 던져야 한다. 아래에 try/catch를 사용하여 sleep()을 이용하는 예를 보였다.

```
try {
      t.sleep(1000);                    // 1초간 쉰 후, 예외가 발생
} catch (InterruptedException e) {
      System.out.println("1000 ms elapsed !");
}
```

위에서 t는 스레드 타입의 객체이다. 아래는 예외 처리를 위임하는 방법을 사용하는 예제 코드이다.

```
try {
   m();                                 // 확인예외가 발생될 수 있는 메소드
} catch (InterruptedException e) {
   System.out.println("1000 ms elapsed !");
}
. . .
void m() throws InterruptedException {   // 예외의 처리를 위임함
   t.sleep(1000);                       // 1초 간 쉰 후 예외가 발생
}
```

만약 try/catch로 예외를 처리하였어도 이 예외를 자신을 호출한 상위 메소드에게 알려줄 필요가 있을 때에는 다음과 같이 catch 블록 안에서 잡았던 예외 객체를 throw로 다시 던지면 된다.

```
try {                                       // try/catch로 예외를 처리한다
   t.sleep(1000);
} catch (InterruptedException e) {
     // 예외 발생 시 할 일
     throw e;                               // 예외 객체를 다시 던진다
}
```

2.3.4 중복정의와 예외

앞 절에서 메소드 선언 시에 throws가 필요한 경우에 대하여 배웠다. 그런데 이와 같은 throws 절이 있는 메소드를 하위 클래스에서 중복정의하는 경우에 예외의 처리는 어떻게 될까? 결론적으로 말하면 중복정의한 메소드에서는 원래의 메소드에서 throws 했던 것과 같은 타입의 예외 또는 그 하위 클래스의 예외만을 throws할 수 있다(또는, 아무 예외도 throws 하지 않아도 된다). 즉, 중복정의(overriding)된 메소드에서 새로운 타입의 예외를 추가로 발생시키거나, 보다 상위의 예외를 발생시키는 것은 허용되지 않는다.

예를 들어, 아래와 같은 클래스 A가 있을 때,

```
public class A {
      public void m() throws IOException { }
}
```

클래스 A를 상속한 하위 클래스에서 다음과 같이 메소드 m()을 중복정의하는 것은 허용된다.

```
public void m() { }                                       // O.K.
public void m() throws IOException { }                    // O.K.
public void m() throws FileNotFoundException { }          // O.K.
```

그러나 다음과 같이 중복정의하는 것은 상위의 예외 또는 다른 타입의 예외를 throws하려고 하므로 컴파일 오류가 발생한다.

```
public m() throws Exception { }                        // 오류(상위 예외)
public m() throws IllegalAccessException { }           // 오류(다른 종류 예외)
```

위에서 설명한 예외 발생 범위 제한은 확인예외에 대해서 만이며, 실행시간 예외를 중복정의된 메소드에서 추가로 throws한다고 선언하는 것은 아무런 제한이 없다.

```
public m() throws SecurityException { }        // O.K. 실행시간 예외
public m() throws ArithmeticException { }      // O.K. 실행시간 예외
```

2.4 스레드

네트워크 응용 프로그램에서는 여러 개의 작업을 병행하여 처리해야 할 경우가 많다. 예를 들어 키보드 입력을 하면서 웹 페이지를 본다든지 또는 음악 파일을 실행시키는 작업을 병행할 수도 있다. 이러한 병렬 작업을 처리하기 위해서 C나 C++에서는 운영체제가 제공하는 멀티 프로세싱 기능을 이용하여야 하나 자바는 프로그램 언어 차원에서 즉, 운영체제와 무관하게 멀티 스레드 프로그래밍 기능을 제공한다. 자바는 멀티 스레드를 지원함으로써 병렬 처리 작업을 플랫폼 독립적으로 작성할 수 있는데 여기서는 자바가 제공하는 멀티 스레드 프로그래밍 방법을 소개한다.

2.4.1 프로세스와 스레드

멀티 프로세스

운영체제는 컴퓨터 전체의 동작을 관리하며 응용 프로그램들의 실행도 관리한다. 운영체제가 여러 개의 프로그램을 동시에 실행시키는 작업을 멀티 프로세싱(multi processing)이라고 하며 유닉스, 리눅스, 윈도우 등 대부분의 운영체제는 멀티 프로세싱을 지원한다. 하나의 응용 프로그램에서 동시에 여러 작업을 병행하여 수행하기 위해서 다수의 프로세스를 생성하는 경우가 있으며 이를 위해서는 운영체제가 제공하는 멀티 프로세싱을 기능을 이용하여야 한다.

일반적으로 운영체제는 자신이 관리하는 모든 프로세스들을 일정한 시간 단위로 교대로 실행시키는데 예를 들어 10개의 프로세스가 실행 중이면 운영체제는 10개의 프로세스를 순차적으로 돌아가면서 CPU의 서비스를 받도록 한다. 각 프로세스들은 CPU 서비스를 받는데 있어서 우선순위가 같을 수도 있고 각각 다른 수준의 우선순위를 배정받을 수도 있다.

이와 같이 운영체제가 여러 프로세스들이 하나의 CPU의 서비스를 교대로 받도록 하는 작업을 전환작업(context switching)이라고 한다. 전환작업을 위해서는 프로세스가 사용하던 변수 값, 프로그램 카운터 값, 스택 정보 등을 메모리에 저장하고 읽는 작업을 반복하여야 하므로 전환작업 자체는 많은 시간과 메모리를 필요로 한다. 즉, 많은 프로세스가 실행중이면 운영체제는 상당한 부담을 갖게 되므로 운영체제는 자신이 관리할 수 있는 최대 프로세스 수를 제한한다. 따라서 병렬로 처리할 일이 작업의 수가 클 때에는 멀티 프로세싱을 이용하는데 문제가 발생한다.

멀티 스레드

멀티 스레드는 한 "프로세스" 내에서 여러 개의 작업을 스레드로 나누어 병행하여 진행시키는 것을 말한다. 스레드란 한 프로세스 내에서 독립적으로 수행되는 하나의 순차적인 제어의 흐름(flow of control)이다. 스레드는 프로세스보다 작은 규모의 작업 실행 단위라고 볼 수 있는데 프로세스가 서로 완전히 독립적으로 수행되는 것에 비하여 한 프로세스 내의 스레드들은 서로 완전히 독립적이 아니어서 연관이 있는 작업을 나누어 처리하기에 유리하다. 왜냐하면 한 프로세스 내의 스레드들은 모두 한 "프로세스"에 속해 있으므로 쉽게 변수를 공유하거나 통신을 할 수 있기 때문이다.

자바는 프로그램 언어 차원에서 즉, 운영체제와 무관하게 멀티 스레드 프로그래밍을 지원하는데 이로 인해 병렬 처리 작업을 플랫폼 독립적으로 작성할 수 있게 한다. 멀티 스레드로 프로그램을 작성하면 전체적으로 생성되는 프로세스의 수가 줄게 되어 처리지연이나 CPU 사용 시간, 메모리 이용면에서 효율이 좋게 된다. 그러나 한 프로세스 내에서도 너무 많은 스레드를 생성하면 스레드 간의 전환작업이 빈번하게 일어나서 효율이 떨어질 수 있다는 것을 주의해야 한다.

참고로 멀티 스레드는 자바에서만 제공되는 것은 아니며 유닉스에서도 멀티 스레드 프로그래밍을 제공한다. 유닉스 멀티 스레드 프로그램에서도 각 스레드 간에 밀접한 통신이 가능할 뿐 아니라 메모리나 CPU 사용 시간 등 시스템의 자원 이용을 줄일 수 있다.

2.4.2 스레드의 구현

자바의 스레드에는 크게 나누어 데몬 스레드와 사용자 스레드가 있다. 데몬 스레드는 JVM이 실행시키는 스레드로서 각종 입출력 처리, 가비지 수집(gc), 사용자 스레드의 구동 등을 지원한다(데몬 스레드를 시스템 스레드라고도 부른다). 사용자 스레드는 일반 프로그램 실행시에 만들어지는 스레드이다. 예를 들어, 자바 애플리케이션에서 main() 메소드가 구동될 때 하나의 사용자 스레드가 만들어진다.

프로그램에서 사용자 스레드를 추가로 만드는 방법에는 크게 두 가지가 있다. 하나는 Thread 클래스를 상속하여 하위 클래스를 만드는 방법이고, 다른 방법은 Runnable 인터페이스를 구현하는 방법이다.

Thread 클래스 상속

사용자는 Thread 클래스를 상속받아 새로운 스레드를 만들 수 있다. 예를 들어, 아래의 클래스 A는 Thread 클래스를 상속받았는데 Thread에 선언되어 있는 메소드 run()을 중복정의함으로써 원하는 동작을 시킬 수 있다.

```
class A extends Thread {                // Thread를 상속한 클래스 A의 정의
      public void run() {               // 스레드 시작 시 실행되는 메소드
         System.out.println("Thread A is running now...");
      }
}
```

run() 메소드는 Thread 타입의 객체가 구동될 때 처음 실행되는 메소드이므로 스레드에서 해야 할 일을 사용자가 run() 메소드에 구현해 두면 된다. 그런데 실제로 run()이 실행되는 시점은 Thread가 제공하는 start()라는 메소드가 호출될 때이다.

아래의 코드에서는 Thread를 상속한 클래스 A의 객체를 만들고 Thread가 제공하는 start() 메소드를 호출하고 있는데 이때 클래스 A의 스레드가 만들어지면서 위에 중복정의한 run()이 실행된다.

```
public class ThreadTest {
   public static void main(String[] args) {
         new A().start(); // 스레드 타입의 클래스 A의 객체를
   }                      // 생성한 후 start() 호출
}
```

주의할 것은 start()를 호출한다고 즉시 run()이 실행되는 것이 아니며 그 스레드가 실행될 차례가 되어야 run()이 실행된다는 것이다.

Runnable 인터페이스 구현

스레드를 생성하는 두 번째 방법으로 클래스 정의시에 Runnable 인터페이스를 구현한다고 선언하고 이 클래스의 객체를 인자로 하여 Thread 객체를 하나 만든 후 그 Thread 객체에서 start()를 호출하면 된다.

아래에 이러한 방식으로 스레드를 생성하는 프로그램을 소개했는데, 클래스 A에서 Runnable 인터페이스를 구현한다고 선언하고 스레드 실행 시에 할 일을 run() 메소드에 정의해 두고 있다. 클래스 Test에서 A 타입의 객체를 만든 후 이것을 생성자 Thread()의 인자로 주어 Thread 객체를 만든 다음 start()를 호출하면 스레드가 하나 생성된다. 이 스레드는 클래스 A에 정의된 run()의 내용을 실행하게 된다.

```
class A implements Runnable {
      public void run() {
         System.out.println("Thread A is running now...");
      }
}
public class RunnableTest {
      public static void main(String[] args) {
         Thread t = new Thread(new A());
         t.start();
      }
}
```

위에서 클래스 A가 Thread를 상속받은 것이 아니므로 start()를 직접 호출할 수 없다. 따라서 Thread 타입의 객체 t를 만든 후에 t의 start()를 호출하는 것을 알 수 있으며 Thread 객체의 생성시 인자로 A 타입의 객체를 넘겨주고 있다. 이때 인자로 사용된 A 타입의 객체를 스레드 t의 target이라고 한다.

위에서 Thread 객체를 생성하는 문장 Thread t = new Thread(new A())는 다음과 같이 두 문장으로 나누어 쓸 수 있고, 여기서 Runnable 타입의 객체 r이 스레드 t의 target이 되는 것이다.

```
Runnable r = new A();              // Runnable 타입의 객체 r을 만든다
Thread t = new Thread(r);          // Thread()의 인자로 r을 사용한다
```

앞에서 소개한 두 가지 스레드 작성 방법을 정리하면 다음과 같다.

- Thread의 하위 클래스를 만들고 run()의 내용을 중복정의하는 방법
- Runnable을 구현하는 클래스를 만들고 이 클래스의 객체를 Thread() 생성자의 인자(target)로 전달하는 방법

스레드를 생성하는 데 이와 같이 두 가지 방식이 있는 이유는 자바가 단일 상속만 지원하기 때문에 어떤 클래스가 Thread를 상속받으면 다른 꼭 필요한 클래스를 상속받는 것이 불가능하기 때문이다. 즉, 다른 클래스를 상속받아야 하면서 동시에 스레드를 이용하려면 Runnable 인터페이스를 구현하는 방식을 사용할 수밖에 없는 것이다.

Thread 클래스를 직접 상속받는 것은 달리 표현하면 Thread 클래스 속성을 부여받기 위한 것이며 Runnable 인터페이스를 구현하는 방식은 단순히 "스레드로서 실행 가능한 객체를 생성"하겠다는 의미가 있다. 따라서 스레드로서의 구동만이 목적이라면 Runnable 인터페이스를 사용하는 것이 바람직하다.

스레드의 상태

스레드는 다음의 네 가지 상태중 하나의 상태를 갖는다.

- new
- runnable
- dead
- block

스레드가 객체가 처음 만들어지면 이 스레드는 new 상태가 된다. new 상태는 스레드 객체만 만들어진 상태이고 아직 스레드가 실행되지는 않고 있는 상태이다.

new 상태의 스레드 객체에 start()가 호출되면 runnable 상태로 된다. runnable 상태란 이 객체가 CPU 시간이 배정되면 실행될 수 있는 상태를 말하는데 실제로 CPU 서비스를 받지 않는 시간에는 서비스를 기다리는 대기 상태로 있게 된다. runnable 상태란 다시 말하면 CPU의 서비스를 "돌아가면서" 받는 상태라고 할 수 있다.

스레드의 실행이 종료되면 스레드는 dead 상태로 간다. 스레드의 실행이 정상적으로 종료되는 가장 일반적이며 안전한 방법은 스레드의 실제 작업 내용을 처리해주는 메소드인 run() 메소드가 리턴(종료)되는 때이다. 즉, run()에서 return을 수행하는 때에 스레드는 종료된다.

스레드가 실행중에 즉, 종료되어 dead 상태로 가지 않은 상태에서, 스레드는 runnable 상태에서 block 상태로 갈 수 있다. block 상태란 CPU의 서비스를 받을 수 없는 상태를 말하는데 block 상태에서는 시스템 스케줄러가 이 스레드에게 CPU 시간을 배정하지 않는다.

block 상태

스레드가 블록 상태로 갈 수 있는 경우는 다음과 같다.

1) sleep 상태

sleep() 메소드를 호출하여 스레드를 강제로 sleep 상태로 보낼 수 있다. sleep 상태란 이 스레드 객체가 CPU의 서비스를 받지 않고 잠자고 있는 상태를 말한다.

2) suspend 상태

suspend() 메소드를 호출하여 스레드를 블록 상태의 일종인 suspend 상태로 강제로 보낼 수 있다. suspend 상태란 스레드의 동작을 멈추게 한 상태인데 suspend()는 스레드가 스스로 호출할 수도 있고 다른 스레드에서 호출할 수도 있다. 스레드가 suspend 상태에서 ready 상태로 가려면 이 스레드 객체에 대해서 resume() 메소드를 외부에서 호출해 주어야 한다(자신을 스스로 호출할 수 없음). 그러나 스레드가 suspend 되는 시점에서 사용하던 변수나 객체들이 어떤 상태에 있는지 알 수 없으며 따라서 프로그램이 오동작할 가능성이 있으므로 suspend()는 사용하지 않는 것이 좋다.

3) waiting 상태

스레드를 블록 상태의 일종인 waiting 상태로 보낼 수 있다. waiting 상태의 스레드가 runnable로 돌아오기 위해서는 notify()나 notifyAll() 메소드가 호출되어야 한다. wait-notify는 스레드들 사이에 동기화를 제공하기 위하여 사용되는데, 동기화에 대한 자세한 내용은 뒤에서 설명하겠다.

4) I/O 블록 상태

예를 들어, 어떤 스레드가 네트워크로부터 데이터 수신을 기다리고 있는데 외부에서 데이터가 도착하지 않아서 기다려야 한다면 이 스레드는 블록될 수 있다. 또는 데이터를 네트워크를 통해 전송하려고 하는데 아직 네트워크로 데이터를 전송할 수 있는 여건이 되지 않아도 이 스레드는 블록될 수 있다. 즉, CPU에 비하여 처리 속도가 느린 입출력 처리를 위해서 스레드가 오랜 시간 동안을 기다리게 되면 JVM이 이 스레드를 자동으로 블록 상태로 보낸다. 나중에 데이터 입출력이 이루어질 때 스레드는 다시 runnable 상태로 이동한다.

스레드의 상태 이동

JVM은 runnable 상태에 있는 스레드들에게 순차적으로 돌아가면서 CPU 서비스 시간을 배정해준다. 어떤 스레드 객체에서 sleep, wait, I/O 블록 등이 발생되면 이 스레드를 runnable 상태가 아닌 블록 상태로 바꾸고 CPU 스케줄링 대상에서 제외하였다가 블록되었던 스레드가 다시 runnable 상태로 되돌아오면 CPU 스케줄링의 대상으로 처리하게 된다.

sleep 사용 예

어떤 스레드 객체가 스스로 일정한 시간 동안 sleep 상태로 갔다가 다시 runnable 상태로 돌아오려면 sleep()메소드를 호출하면 된다. 이때 sleep할 시간을 인자로 지정해 줄 수 있다.

```
sleep(long milliSec);                    // 인자가 하나이면 ms 단위
sleep(long milliSec, int nanoSec);       // 인자가 둘이면 ms와 ns 단위
```

인자가 하나이면 ms 단위 시간 동안 sleep하며 인자가 둘이면 각 인자는 ms와 ns 단위 시간을 나타내고 두 인자가 나타내는 시간의 합 만큼 sleep된다.

아래 코드에서는 스레드 A가 구동되면 2.5ms 동안 sleep한 후 runnable 상태로 돌아와서 다음 작업을 처리한다.

```
class A extends Thread {
      public void run() {
         try {
```

```
            sleep(2, 500);                   // 2.5 ms 동안 sleep한다
            System.out.println("Thread A is running now...");
        } catch (InterruptedException e) {/* 인터럽트 처리 */ }
        // 2.5ms 이후에 할 일
    }
}
```

sleep()을 사용할 때에는 반드시 InterruptedException을 잡아서 처리해야 하는데 sleep 되는 동안 이 스레드에 대해서 어떤 인터럽트가 발생할지 모르기 때문에 이에 대한 대책을 마련해두기 위해서이다.

스레드 우선순위

CPU의 서비스를 받으려는 스레드가 하나만 있다면 이 스레드가 계속 CPU의 서비스를 받겠지만 여러 개의 스레드가 runnable 상태에 있다면 시스템 데몬 스레드는 이 스레드들이 적절한 시간 간격으로 CPU의 서비스를 받게 한다.

그런데 스레드에는 우선순위가 있어 스레드들 중에 우선순위가 높은 스레드가 먼저 서비스를 받도록 되어 있다. 우선순위는 1부터 10까지의 값을 가지는데(큰 값이 높은 우선순위임) 초기의 디폴트 우선순위 값은 5이다. 우선순위는 스레드를 처음 만들 때 생성자에서 임의의 값으로 지정할 수는 없으며, 우선순위를 바꾸려면 일단 디폴트 우선순위로 스레드를 생성한 후에 setPriority() 메소드를 이용하여 바꾸어야 한다(우선순위의 확인은 getPriority()로 한다). 동일한 우선순위의 스레드들은 랜덤하게 선택되어 실행된다.

예를 들어, 스레드 MyThread의 우선순위를 하나 올리는 코드는 다음과 같다.

```
int oldP = MyThread.getPriority();
int newP = Math.min(oldP + 1, Thread.MAX_PRIORITY);
MyThread.setPriority(newP);
```

위에서 Thread 클래스가 제공하는 상수 MAX_PRIORITY를 사용하고 있는데, 이 값은 10이며 MIN_PRIORITY는 1, NORM_PRIORITY는 5의 값을 갖는다. 일반적으로 사용자의 입력을 처리하는 스레드에는 높은 우선순위를 주며 파일 복사 등의 배치 작업을 하는 스레드는 낮은 우선순위를 준다.

높은 우선순위를 갖는 스레드와 낮은 우선순위를 갖는 스레드가 runnable 상태

에 공존하고 있을 때 낮은 우선순위를 가진 스레드가 전혀 서비스를 받지 못하는 것은 아니며, 우선순위가 낮으면 CPU 사용 시간이 전체적으로 적게 배정될 뿐이다. 한편, 스레드에 우선순위가 적용되는 구체적인 방법은 플랫폼마다 조금씩 다를 수 있다.

yield()

runnable 상태에서 CPU의 서비스를 받고 있던 스레드가 스스로 CPU 서비스를 받지 않는 상태로 잠시 이동하는 메소드로서 다른 runnable 상태의 스레드가 CPU 서비스를 즉시 받을 수 있게 양보하는데 사용된다.

yield()를 사용하는 이유는 어떤 스레드가 CPU 시간을 독점할 우려가 있을 때 이를 방지하기 위해서 또는 스레드 간에 원활한 CPU 이용 기회를 보장하거나 논리적으로 다른 스레드가 어떤 작업을 먼저 처리해주어야만 전체적으로 일이 수월하게 진행될 수 있을 때 잠시 CPU 사용 권한을 양보하는데 사용된다. 이론적으로는 자바의 멀티 스레드 프로그램에서 yield()가 꼭 필요한 것은 아니다. yield()를 사용하지 않아도 프로그램은 오류 없이 수행되어야 하나, 어떤 시간 관계가 미묘하게 개입된 통신 프로그램이나, 두 스레드가 서로 교대로, 신속하게 작업을 나누어 수행해야 하는 경우에 yield()를 사용함으로써 성능을 높일 수 있다.

yield()는 static 메소드이므로 객체를 만들지 않고 Thread.yield()와 같이 클래스명으로 직접 호출할 수 있다.

2.4.3 스레드 응용 예

스레드의 이해를 돕기 위해 간단한 스레드 응용 프로그램을 만들어 보겠다. 예제에서는 스레드를 두 개 만들고 각 스레드는 평균 500ms 간격으로 랜덤하게 자신의 이름을 화면에 출력한다. 아래의 ThreadAppTest에서 클래스 A의 객체를 두 개 만드는데, 생성자에서 스레드 이름을 인자로 주고 있다. 클래스 A의 생성자에서는 인자로 받은 스트링을 사용하여 Thread 객체를 만들고 start()를 호출한다.

```
public class ThreadAppTest {
   public static void main(String[] args) {
      new A("First");      // A 타입의 객체를 생성
      new A("Second");
   }
```

```
}
class A implements Runnable {              // Runnable을 구현한다고 선언
   Thread t;
   public A(String s) {    // 스레드 이름을 인자로 받음
      t = new Thread(this, s); // Thread 객체 생성(이름 지정)
      t.start();            // 스레드를 시작
   }
public void run() {         // 스레드의 동작 내용
      while(true) {
         System.out.println("I am = " +
         Thread.currentThread().getName());
         try {
            t.sleep((long) (Math.random()*1000.0));
         } catch (InterruptedException e) { }
      }
   }
}
```

위 프로그램에서는 각 스레드가 자신의 이름을 화면에 출력한 후 sleep()을 호출하는데, 0과 1초 사이의 랜덤한 시간을 sleep한다. Math.random()은 0과 1 사이의 double 값을 랜덤하게 발생시키는 메소드이며 sleep()은 인자로 long 타입을 요구하므로 (long)으로 캐스팅하였다.

위 프로그램의 실행 결과 예는 다음과 같다.

```
I am First
I am First
I am Second
I am First
I am Second
I am Second
I am First
. . .
```

다음의 예제는 두 개의 스레드가 각각 독립적으로 실행되고 있을 때 이들의 동작 시간을 관리하기 위하여 별도의 스레드를 하나 더 만들어 사용하는 예이다. 아래의 프로그램에서는 한 스레드가 1초 동안 250ms 간격으로 I study hard!를 4번 출력하고 다음 1초는 쉬며, 이 동안에는 다른 스레드가 250ms 간격으로 Good!을 4번 출력하는 프로그램이다.

프로그램 실행 결과는 다음과 같다.

```
I study hard!
I study hard!
I study hard!
I study hard!
Good!
Good!
Good!
Good!
I study hard!
. . .
```

위와 같은 동작을 하는 프로그램을 아래에 나타냈는데, 아래에서 화면 출력을 하는 스레드 두 개는 t1과 t2이며, 스레드 t3은 t1과 t2의 동작을 관리하기 위하여 만든 스레드이다. 앞의 예제 프로그램과 달리 클래스 A의 생성자에서 스레드를 만들지 않고 메소드 m() 내에서 스레드를 만들어 보았다.

```
public class ThreadAppTest2 {
      public static void main(String[] args) {
         Thread t1 = (new A()).m("I study hard!");
         Thread t2 = (new A()).m("Good!");
         Thread t3 = new Thread();                    // 타이머용 스레드
         t1.start();
         t2.start();
         while(true) {
            try {
               t2.suspend();                          // t2 정지
               t3.sleep(1000);                        // 1초 간 휴식
               t2.resume();                           // t2 시작

               t1.suspend();                          // t1 정지
               t3.sleep(1000);                        // 1초 간 휴식
               t1.resume();                           // t1 시작
            } catch (InterruptedException e) { }
         }
      }
}
class A implements Runnable {
      Thread t;
      String display;                               // 화면에 출력할 스트링
```

```
        public Thread m(String s) {                // Thread 타입을 리턴
            t = new Thread(this);                  // 스레드 생성
            this.display = s;
            return t;
        }
        public void run() {
            while(true) {
                System.out.println(display);       // 화면에 메시지 출력
                try {
                    t.sleep(250);                  // 250ms 휴식
                } catch (InterruptedException e) { }
            }
        }
    }
```

2.4.4 동기화 문제

어떤 메소드를 여러 스레드가 공동으로 액세스할 수 있을 때 한 스레드가 이 메소드를 수행하는 도중에 다른 스레드가 이 메소드를 액세스하면 멤버 변수 값 등이 명확한 상태에 있지 않고 예상치 못한 값을 가지고 있을 수가 있다. 이를 동기화 문제라고 하는데 자바의 멀티 스레드 프로그램에서 어떻게 동기화 문제를 해결하는지와 synchronized 키워드, wait(), notify()의 사용법을 소개하겠다.

개요

동기화 문제를 해결하기 위한 한 방법으로 플래그를 사용하는 것을 생각할 수 있는데 이는 실제로 안전한 동기화를 제공하지는 못한다. 예를 들어, 어떤 공동 작업 부분을 여러 스레드가 동시에 접근하는 것을 피하기 위하여 boolean 타입의 변수(예를 들어 available이라고 하자)를 만들고, 이 값이 true일 때만 스레드가 공동 작업 부분을 실행할 수 있다고 하자. 즉, 어떤 스레드가 공동 작업 부분을 실행하는 동안은 available을 false로 하여 다른 스레드들이 이 부분을 접근하지 못하게 하며 작업을 마치면서 available을 true로 변경하는 것이다.

그러나 이 방법은 문제가 있는데 예를 들어, 어떤 스레드가 available이 true인 것을 확인하고 공동 작업 부분을 실행하는 루틴으로 들어간 후 available을 false로 하기 직전에 만일 다른 스레드도 available 값을 체크하였다면 available 값이 아직

true로 남아 있을 것이다. 이러한 경우는 공동 작업 부분을 두 개의 스레드가 동시에 실행하는 오류가 발생하게 된다.

위와 같은 문제를 피하려면 어떤 변수, 메소드 또는 코드 블록을 한 순간에는 한 스레드만 액세스하도록 하는 근본적인 방안이 필요한데 이에 대하여 다음과 같은 순서로 설명하겠다.

- 동기화를 사용하지 않는 경우
- lock을 사용하는 방법
- wait()와 notify()를 사용하는 방법

동기화를 사용하지 않은 경우

자바가 제공하는 동기화 기능을 사용하지 않고 앞에 언급한 플래그 방식을 사용하면 어떤 문제가 발생하는지를 살펴보겠다.

두 개의 스레드 A와 B가 있어 A는 Access 객체의 count 값을 1 증가시키며 B는 같은 count 값을 1 감소시키는 작업을 한다고 하자. 이러한 기능을 위하여 Access 클래스는 멤버 변수 count를 가지고 있으며, count를 1 증가, 또는 1 감소시키는 작업을 하는 메소드 UpDown()을 정의하고 있다. 이러한 예에서 공동 작업 부분은 UpDown() 메소드라고 할 수 있다. 한편, 두 스레드가 동시에 UpDown()을 실행하지 못하도록 하기 위하여 플래그 변수 available을 정의하였다. 즉, available이 true일 때만 A 또는 B가 UpDown() 메소드를 실행할 수 있다고 하자.

아래에 이러한 기능을 시뮬레이션하기 위한 클래스 Access를 정의하였다. Access는 정수형의 변수 count를 가지고 있고 UpDown() 메소드를 제공하는데 UpDown()의 첫 번째 인자가 true이면 (A에 의해서) 1 증가를 실행하고 false이면 (B에 의해서) 1 감소를 수행한다. UpDown()의 두 번째 인자는 스레드 타입인데, 이것은 단순히 sleep()을 실행하기 위한 것이다.

아래의 예제에서는 이러한 문제가 발생할 확률을 고의로 높이기 위하여, 스레드가 available 변수가 true인 것을 확인하여 Access 객체를 사용하려고 한 후에 available을 즉시 false로 하지 않고 1ms 기다린 후에 false로 바꾸도록 하였다. 이를 위하여 sleep()을 아래와 같이 사용하였다.

```
try {
    t.sleep(1);                              // 고의로 둔 지연 1ms
} catch(InterruptedException e) { }
```

만일 이 고의로 만든 지연 시간 동안에 다른 스레드가 available을 확인한다면 true로 보일 것이며 그 때 두 스레드가 UpDown()을 동시에 이용하는 오류가 발생할 것이다.

```
class Access {
   int count;                              // 카운터 값
   int now_count;                          // 현재의(정확한) 카운터 값
   boolean available = true;

   public void UpDown(boolean b, Thread t) {    // 공동 작업 부분
      if(available == true) {              // 접근 가능
         now_count = count;                // 현재 값을 임시 저장

         try {
            t.sleep(1);                    // 고의로 둔 지연
         } catch(InterruptedException e) { }
         available = false;                // 독점하기 위하여 false로

         if(b == true) {                   // 1 증가 작업(A가 수행)
               // 예상치 출력
            System.out.println("A:count will be "+ (++now_count));
            count++;                       // 1 증가
            available = true;              // 독점을 풀어줌
         }
         else {                            // 1 감소 작업(B가 수행)
                                           // 예상치 출력
           System.out.println("B:count will be "+ (--now_count));
            count--;                       // 1 감소
            available = true;              // 독점을 풀어줌
            }

         try {
            t.sleep(2);                    // 임의의 작업 시간
         } catch(InterruptedException e) { }
                                           // 실제 count 값을 확인
         if(b == true)
            System.out.println("\t\t\tA:count is "+count);
         else
            System.out.println("\t\t\tB:count is "+count);
      }
   }
}
```

위에서 now_count는 어떤 스레드가 Access 객체를 액세스한 순간의 정확한 count 값을 임시로 저장한 확인용 변수이다. 정상적으로 자신이 Access를 독점하여 증가 또는 감소를 실행하였다면 이 now_count 값을 기준으로 증가 또는 감소된 값이 나타나야 할 것이다. 이를 실제 결과와 비교하기 위하여 다음과 같이 출력하였다(A의 경우).

```
System.out.println("A:count will be "+ (++now_count));
```

문제가 발생하는 현상을 확인하기 위하여 증가 또는 감소 작업을 마친 후 실제로 남아있는 count 값을 아래와 같이 화면에 출력하였다(A의 경우).

```
System.out.println("\t\t\tA:count is "+count);
```

즉, 위의 두 화면 출력 문장의 결과값이 같으면 정상적으로 UpDown()을 한 번에 한 스레드만 사용한 것이고, 이들의 값이 다르면 한 스레드가 UpDown()을 실행하는 도중에 다른 스레드가 동시에 UpDown()을 잘못 실행한 것이다.

아래는 Access 클래스를 이용하려는 두 개의 스레드 A와 B의 정의이다. A와 B는 공동 작업이 무엇인지 알기 위하여 생성자의 인자로 Access 타입의 객체 access를 받는다. A와 B는 access의 UpDown() 메소드를 각각 5회씩 실행하는 데 증가 작업을 하기 위해서 A는 true를, 감소 작업을 하기 위해서 B는 false를 각각 UpDown()의 첫 번째 인자로 넘겨준다. 또한, 자신(스레드)을 두 번째 인자로 사용하였다.

```
class A extends Thread {                    // 클래스 A 정의(증가 작업)
   private Access access;
   public A(Access access) {                // A 생성자
      this.access = access;
   }

   public void run() {
      for(int i = 0; i < 5 ; i++) {
         access.UpDown(true, this);         // 증가 작업 실행
         try {
            sleep((int)(Math.random()*10));
         }
```

```
            catch(InterruptedException e) { }
        }
    }
}

class B extends Thread {                    // 클래스 B 정의(감소 작업)
    private Access access;
    public B(Access access) {               // B 생성자
        this.access = access;
    }
public void run() {
        for(int i = 0; i < 5 ; i++) {
            access.UpDown(false, this);     // 감소 작업 실행
            try {
                sleep((int)(Math.random()*30));
            }
            catch(InterruptedException e) { }
        }
    }
}
```

위의 코드를 보면 A는 평균 5ms의 랜덤한 시간 간격으로 증가를 반복하며 B는 평균 15ms 간격으로 감소를 반복한다. 이렇게 시간 차이를 둔 것은 다음의 예에서 필요하기 때문이며 여기서는 특별한 의미는 없다.

이제 Access 객체를 공동으로 이용하려는 스레드 A와 B가 동시에 실행되면 어떤 결과가 나타나는지를 실험하는 프로그램을 아래에 작성하였다. 아래에서 A와 B가 같은 Access 객체를 액세스하기 위해서, 하나의 Access 타입의 객체 access를 A와 B 클래스 생성자의 인자로 같이 사용하였다.

```
public class ThreadSyncTest {
        public static void main(String[] args) {
            Access access = new Access();              // 공동의 객체

            A a = new A(access);
            B b = new B(access);
            a.start();
            b.start();
        }
}
```

다음은 ThreadSyncTest를 실행한 결과 예이다. 아래 첫 라인에서 스레드 A가 UpDown()을 먼저 실행한 것을 알 수 있다. 초기의 count 값은 0이고, A가 이 값을 1로 바꿀 것으로 예상하고 있다. 그런데 고의로 만든 지연 시간 1ms 동안 available 변수는 true로 남아 있으므로, A의 작업 중에 스레드 B가 끼어들어 동시에 작업을 수행하였으며 A가 작업을 하는 동안 count 값이 1이 아니라, 0으로 되어 있었던 것을 알 수 있다(세 번째 라인에서 count가 0임).

```
A:count will be 1
B:count will be 0                  // A가 UpDown() 실행 중에 B가 끼어듦
          A:count is 0             // 오류 !
          B:count is 0
A:count will be 1
          A:count is 1
A:count will be 2
          A:count is 2
B:count will be 1
          B:count is 1
B:count will be 0
A:count will be 1                  // B가 UpDown() 실행 중에 A가 끼어듦
          B:count is 1             // 오류 !
          A:count is 1
A:count will be 2
          A:count is 2
B:count will be 1
          B:count is 1
B:count will be 0
          B:count is 0
```

위의 결과를 보면 count 값을 A와 B가 각각 5회 증가 및 감소시켰으므로 결과적으로 count는 0이 되어 있기는 하나, 공동 작업 부분인 UpDown()을 두 스레드가 동시에 사용하는 문제가 발생하는 것을 알 수 있다(위에서는 두 번 발생함).

이러한 문제를 해결하기 위하여 자바가 제공하는 동기화 기능을 설명하겠다.

Lock 사용

자바에서는 스레드 간의 동기화를 정확히 제공하기 위하여 모든 객체에게 lock 플래그를 내부적으로 제공하고 있다. 즉, 어떤 객체의 lock 플래그를 어떤 스레드가 잡고 있으면 다른 스레드는 이 객체를 사용할 수 없도록 한 것이다. 이 플래그는 앞

에서 소개한 available과 유사하지만 사용자가 직접 액세스할 수 있는 플래그가 아니라 시스템이 객체별로 하나씩 관리하는 내부적인 플래그라고 할 수 있다(lock을 모니터(monitor)라고도 한다).

어느 메소드 또는 코드 블록이 synchronized로 선언되어 있을 때 이 부분을(이것을 동기화 부분이라고 부르겠다) 어떤 스레드가 실행하려면 먼저 그 객체의 lock 플래그를 잡아야 한다. 즉, 객체의 lock 플래그를 점유한 스레드만 이 동기화 부분을 실행하도록 하여 한 순간에 한 스레드만 동기화 부분을 액세스하게 제한하는 것이다.

먼저 메소드를 synchronized로 선언하려면 클래스의 메소드 선언문에서 다음과 같이 synchronized를 선언한다.

```
synchronized void m() { }
synchronized void m2() { }
```

한 객체 내에 synchronized로 선언된 메소드가 둘 이상이 있는 경우에도 객체의 lock은 하나뿐이므로 한 메소드를 사용 중이면 다른 메소드를 다른 스레드가 호출할 수 없다. 예를 들어 위와 같이 한 객체 내에 동기화 메소드가 둘일 때 어떤 스레드가 m()을 호출하여 실행 중이면 다른 스레드가 m2()를 호출할 수 없다.

어떤 객체의 lock을 한 스레드가 잡고 있을 때 이 동기화 부분을 액세스하려는 다른 스레드는 block 상태로 가게 되며, lock을 사용할 수 있게 되었을 때 ready 상태로 돌아오게 된다. 한편, lock를 잡고 있던 스레드는 동기화 부분을 다 처리하고 나면 자동으로 lock을 놓도록 되어 있다.

메소드 전체가 아니라 메소드 내의 일부 코드 블록을 synchronized로 선언하는 방법은 다음과 같다.

```
synchronized(this) {
    // 동기화 부분
}
```

메소드를 synchronized로 선언할 때와 달리 코드 블록을 synchronized로 선언할 때에는 synchronized()의 인자에 "어떤 객체"의 lock을 잡을지를 명시해야 하는데, 현재 자기가 속한 객체의 lock을 잡으려면 위와 같이 this를 쓰고, 만일 다른 객체의 lock을 잡으려면 그 객체의 참조 변수를 쓰면 된다.

앞에서 lock은 객체별로 하나씩 존재한다고 했다. 그런데 동기화 부분을 객체별로 관리하는 것이 아니라 클래스 차원에서 동기화를 지정할 수도 있다. 즉, 이 클래스로부터 생성된 모든 객체가 단 하나의 lock을 공동으로 사용함으로써 이 클래스로부터 만들어진 모든 객체를 대상으로 단 하나의 스레드만이 이 메소드를 호출하도록 제한하는 것이 가능하다. 이를 위해서는 클래스를 정의할 때 클래스 차원에서 동기화할 부분을 synchronized 키워드를 선언하면 된다.

참고로 synchronized로 선언된 메소드나 블록 처리하는 데에는 오버헤드가 발생하므로 처리속도 등 성능이 중요한 경우에는 가능하면 synchronized로 선언되는 영역을 좁게 잡는 것이 좋다.

예제

다음은 synchronized를 이용하여 앞에 소개한 플래그 사용 시의 동기화 문제를 해결하는 것을 확인해 보겠다. 자바의 동기화 기능을 이용하기 위해서는 Access 클래스의 메소드 UpDown()을 다음과 같이 synchronized로 선언하기만 하면 된다.

```
public synchronized void UpDown(boolean b, Thread t)
```

다음은 위와 같이 UpDown()를 synchronized로 선언하였을 때, 실험 결과 예이다. 아래를 보면 A와 B가 동시에 UpDown()을 이용하는 현상이 없어진 것을 알 수 있으며 count 값은 정상적으로 1씩 증가 또는 감소하고 있다.

```
A:count will be 1
          A:count is 1
B:count will be 0
          B:count is 0
A:count will be 1
          A:count is 1
B:count will be 0
          B:count is 0
A:count will be 1
          A:count is 1
A:count will be 2
          A:count is 2
A:count will be 3
          A:count is 3
```

```
B:count will be 2
          B:count is 2
B:count will be 1
          B:count is 1
B:count will be 0
          B:count is 0
```

synchronized를 사용하면 어떤 동기화 부분을 한 순간에 한 스레드만 사용하게 하는 목적은 달성할 수 있는데 만일 예를 들어 count를 한 번 증가하면 반드시 다음에는 한 번 감소하도록 하려면, 즉, 스레드 A와 B가 한 번씩 교대로 UpDown()을 실행하도록 하는 것과 같은 동작을 시키려면 어떻게 하여야 할까? 이를 위해서는 스레드 간의 통신이 필요하다. 즉, A가 작업을 마치면 이 사실을 B에게 알려주고 B도 작업을 마치면 A에게 결과를 알려줄 수 있으면 이러한 동작의 동기화를 만족시킬 수 있다.

자바에서는 이러한 기능을 위하여 wait(), notify() 그리고 notifyAll() 메소드를 제공하고 있는데 이에 대하여 설명하겠다.

wait-notify를 사용한 동기화

wait()와 notify()는 스레드들 사이에 동기화 동작을 위하여 사용된다. 예를 들어, 어떤 스레드가 동기화(synchronized) 메소드 또는 코드 블록 내에서 다른 동기화 부분을 액세스하여야 하는데, 그 부분이 다른 스레드에 의하여 사용중이면 wait()를 호출하여 자신을 waiting 상태로 보낸다. 이후에 그 동기화 부분을 사용하던 메소드가 동기화 부분을 나오면서 notify()를 호출하면 이 notify()를 받은 스레드는 waiting 상태에서 나와 ready로 갈 수 있게 함으로써 스레드 간의 통신 기능을 구현할 수 있다.

아래에서는 앞의 예제를 변경하여, 증가와 감소가 교대로 한 번씩 반복되도록 하는 프로그램을 작성하였는데, Access 클래스만 다음과 같이 수정하면 된다(변경된 부분을 주석문에 표시하였음).

```
class Access {                          // 스레드 간에 동기를 맞추는 예
   int count, now_count;
   public synchronized void UpDown(boolean b, Thread t) {
      now_count = count;
```

```
        try {
          t.sleep(10);
        } catch(InterruptedException e) { }
        if(b == true) {                    // 증가 작업
          if(count != 0) {                 // wait 조건
            try {
              wait();                      // wait() 호출
            } catch(InterruptedException e) { }
          }
           System.out.println("A:count will be "
          + (++now_count));
          count++;
          notify();                        // notify() 호출
        }
        else {                             // 감소 작업
          if(count != 1) {                 // wait 조건
            try {
              wait();                      // wait() 호출
            } catch(InterruptedException e) { }
          }
           System.out.println("B:count will be "+ (--now_count));
          count--;
          notify();                        // notify() 호출
        }
        if(b == true)
          System.out.println("\t\t\t\tA:count is "+count);
        else
          System.out.println("\t\t\t\tB:count is "+count);
      }
    }
```

위에서 변경된 부분은, A의 경우에 count 값이 0이어야만 증가가 가능하도록 하기 위하여(count != 0)이면 wait()를 호출하고 있다. B의 경우도 count 값이 1이어야만 감소가 가능하도록 하였고, 이 조건이 안 맞으면 wait()를 호출한다. 상대방 스레드에 의해 count 값이 변경되고 notify()가 호출되면 waiting 상태에 있던 스레드가 ready 상태로 가며 작업을 시작할 수 있게 된다.

다음은 Access 클래스를 wait()와 notify() 메소드를 사용하여 위와 같이 변경한 경우의 ThreadSyncTest를 실행시킨 결과 예이다.

```
A:count will be 1
          A:count is 1
B:count will be 0
          B:count is 0
A:count will be 1
          A:count is 1
B:count will be 0
          B:count is 0
A:count will be 1
          A:count is 1
B:count will be 0
          B:count is 0
A:count will be 1
          A:count is 1
B:count will be 0
          B:count is 0
A:count will be 1
          A:count is 1
B:count will be 0
          B:count is 0
```

위의 결과를 보면 A는 평균 5ms 간격으로 1 증가를, B는 평균 15ms 간격으로 1 감소를 시도하고 있으나, A와 B가 서로 통신을 하여 교대로 UpDown() 작업을 하므로 count 값은 1과 0이 규칙적으로 반복되는 것을 알 수 있다.

notify()는 어떤 객체의 lock을 기다리고 있는 "하나의" 스레드에게 lock을 사용할 수 있게 된 사실을 알려주며, notifyAll()은 "모든" 스레드에게 이 사실을 알려준다. 그런데 만일 waiting 상태에서 기다리는 스레드가 둘 이상인 경우에 어떤 스레드가 notify() 또는 notifyAll()을 받고 ready 상태로 갈지는 순서가 정해져 있지 않다. 또한, 주의할 것은 notify의 실행 횟수는 축적되지 않는다는 것이다. 즉, notify는 한 번 알리면 그만이고 과거의 notify 발생 횟수는 기록되지 않는다.

wait-notiy 특징

주의할 것은 sleep()이나 suspend()를 호출한 경우는 그 객체의 lock(모니터)을 놓지 않고 계속 잡고 있지만 wait()를 호출한 경우는 그 객체의 lock을 잡고 있지 않다는 것이다. 따라서 어떤 스레드 객체가 wait 상태에 있는 동안에도 (lock을 잡고 있지 않으므로) 그 객체 내의 다른 synchronized 메소드가 (다른 메소드에 의해서) 호출되어 실행될 수 있다.

wait를 호출할 때에는 notify가 호출될 때까지 무한정 기다릴 수도 있지만 ms 단위로 기다리는 시간을 인자로 지정할 수도 있다.

wait(), notify(), notifyAll()은 Thread 클래스가 아니라 Object 클래스에 정의되어 있다. 따라서 모든 자바 객체는, 스레드가 아니더라도, wait-notify를 기본적으로 사용할 수 있다(참고로 sleep()은 Thread가 제공하는 static 메소드였으므로 스레드 객체만 사용할 수 있었다).

중요한 것은 wait()와 notify()는 모두 synchronized로 선언된 부분(즉, 동기화 부분) 내에서만 호출할 수 있다는 것이다. 즉, 모니터를 잡은 후에만 이 메소드들을 호출할 자격이 있는 것이다. 보통 wait()는 어떤 조건이 만족되는 것을 기다리는 조건문 내에서 호출하며, notify()는 블록 내의 임의의 곳에서 호출해도 된다. 한편 wait()는 기다리는 중에 notify를 받으면 InterruptedException이 발생하므로 아래와 같이 이를 처리해 주어야 한다.

```
try {
   wait();
} catch(InterruptedException e) { }
```

wait()를 호출하는 순간 호출한 스레드에서 이루어지는 작업을 정리하면 다음과 같다.

- CPU의 사용을 중단하고 waiting 상태로 간다
- 객체 모니터(lock)를 놓는다
- 객체의 waiting 큐로 들어간다

notify()나 notifyAll()을 호출하는 순간 이루어지는 작업은 다음과 같다.

- 어떤 스레드 하나가 waiting 큐에서 나와 ready 상태로 갈 수 있다
- notify를 받은 스레드는 반드시 lcok을 얻어야만 계속 진행될 수 있다

즉, notify되었다고 바로 스레드가 실행되는 것은 아니다. wait()와 notify()는 자신의 lock을 처리할 수만 있으며 다른 객체의 lcok을 다룰 수는 없다.

deadlock

두 개 이상의 동기화 부분이 있는 복잡한 프로그램에서는 프로그램이 실행되면서

데드락(deadlock)이 발생할 수가 있다. 데드락이란, 각 동기화 부분이 상대방이 동기화 부분의 lock을 서로 기다리는 상태 즉, 두 스레드가 모두 영원히 기다리는 현상을 말한다. 이러한 데드락 문제는 lock을 사용하는 것만으로는 해결할 수 없으며, 어떤 동기화 부분의 사용을 마친 스레드가 이 사실을 다른 스레드에게 알려주는 기능 즉, wait()와 notify()를 이용하여 해결할 수 있다. 그러나 wait-notify를 사용하더라도 데드락은 발생할 수 있으므로 논리적으로 데드락이 발생하지 않도록 프로그램 구조를 설계하는 것이 필요하다.

2.5 연습문제

1. 메소드의 모양(signature)은 어떤 내용들로 구성되는가?
2. 메소드 다중정의(overloading)와 중복정의(overriding)의 차이점을 설명하고 각각 어떤 목적으로 사용되는지 설명하시오.
3. 자바에서 접근 변경자를 사용하는 이유는 무엇인가?
4. static 변경자를 사용하는 이유는 무엇인가?
5. 자바에서 새로운 기능을 설계할 때 클래스를 상속하는 방법과 인터페이스를 구현(implement)하는 방법의 차이를 설명하시오.
6. 자바에서 예외 객체를 만들어 처리하는 방식의 장점을 설명하시오.
7. IOException에는 어떤 종류가 있는지 조사하시오.
8. 숫자를 0으로 나눌 때 어떤 예외가 발생하는지 알아보고, 이 예외를 잡아서 처리하는 코드를 작성하시오.
9. 간단한 작업(예를 들어 화면에 특정 문자를 1초 간격으로 계속 출력)을 수행하는 스레드를 계속 만드는 프로그램을 작성하고 자신의 PC에서 스레드가 몇 개까지 정상적으로 생성되는지를 확인해 보시오.
10. wait-notify를 이용하여 스레드 간 작업 동기화를 수행하는 예제를 작성하시오.

03

스트림과 입출력

자바에서는 키보드 입력과 화면 출력과 같은 표준 입출력을 위하여 System.in과 System.out 클래스를 제공하고 있다. 자바는 이러한 표준 입출력을 포함하여 파일의 입출력, 소켓(socket) 통신 인터페이스 등 다양한 데이터 입출력을 지원하기 위해 스트림(stream) 클래스를 제공하는데 3장에서는 스트림의 개념과 사용법을 소개한다.

3.1 자바 스트림 개요

자바는 프로그램에서 이루어지는 모든 데이터 입출력(I/O)을 위해서 스트림 객체를 사용한다. 실제로 I/O 동작 내용은 모두 스트림 객체가 내부적으로 처리해주므로 프로그래머는 필요한 스트림만 적절히 선택하여 사용하면 편리하게 입출력 프로그램을 작성할 수 있다.

자바는 매우 세분화된 스트림 관련 클래스를 제공하고 있어 스트림의 개념을 처음 배우는 사람에게는 스트림이 복잡해 보이는 면이 있다. 그러나 여러 가지 스트림 클래스들을 만들게 된 배경과 각각의 원칙을 체계적으로 이해하면 스트림을 쉽게 사용할 수 있을 것이다.

스트림에는 크게 나누어 두 가지 그룹이 있는데 바이트(byte) 단위의 입출력을 지원하는 "바이트 스트림" 이 있고, 유니코드(unicode) 즉, 16비트 단위의 입출력을 지원하는 "문자(character) 스트림" 이 있다. 다시 말하면 입출력의 기본 단위를 8비트(byte)로 하는지 아니면 16비트(char)로 하는지에 따라 두 가지 스트림 그룹으로 나누어진다.

- 바이트 스트림: 바이트 단위의 입출력을 지원하는 스트림
- 문자 스트림: 문자 단위의 입출력을 지원하는 스트림

바이너리 파일, 이미지, 비디오와 같이 메모리에 잡혀 있는 데이터나 파일을 입출력할 때에는 바이트 스트림이 주로 사용되며 char나 String과 같이 유니코드로 구성된 문자열 또는 문서의 입출력에는 문자 스트림이 사용된다(참고로 문자열을 나타내는 String 객체는 unicode 문자들의 집합으로 구성된다).

자바에서는 데이터의 입출력을 저수준(low-level)과 고수준(high-level)으로 나누어 지원하고 있는데 저수준 입출력이란 바이트 또는 문자 단위로 입출력되는 기본적인 입출력 방법을 말하고 고수준 입출력이란 int, long, boolean 등 자바의 변수 단위로 입출력하거나 버퍼링 등 부가 기능이 추가된 입출력을 말한다. 고수준 입출력을 이용하면 프로그램 작성이 쉽고 내부 버퍼링을 이용함으로써 입출력 처리 속도를 빠르게 하는 등 여러 가지 자바 스트림의 장점을 이용할 수 있다.

주의할 것은 모든 스트림은 단방향의 데이터 전송만 지원한다는 것이다. 따라서 스트림을 통해 송수신을 하려면 출력용과 입력용 두 개의 스트림을 만들어야 한다.

자바에서는 파일 입출력을 편리하게 이용할 수 있도록 하기 위하여 다음과 같은 파일 관련 클래스들을 제공한다. 파일에 대해서는 스트림의 개념을 배운 뒤에 자세히 다루겠다.

- File 클래스: 파일의 경로(path)를 다루는 클래스
- FileDescriptor 클래스: 파일의 속성을 다루는 클래스
- RandomAccessFile 클래스: 일반적인 파일 입출력을 지원하는 클래스

3.2 바이트 스트림

저수준 바이트 스트림의 기본이 되는 클래스로, 입력을 위한 InputStream 클래스와 출력을 위한 OutputStream 두 가지가 중심이 된다. InputStream과 Output-Stream을 각각 상속받아 고수준 스트림인 FileInputStream, FileOutputStream 등이 정의되어 있다.

3.2.1 저수준 입출력

저수준 입력 즉, 바이트 단위의 읽기는 InputStream 클래스를 이용하여 이루어지는데 InputStream은 다음과 같은 메소드를 제공한다.

```
public int read()                  // 한 바이트를 읽는다
public int available()             // 블록되지 않고 읽을 수 있는 바이트 수
                                      를 리턴
public long skip(long offset)      // offset 바이트만큼 지나간다(skip)
public void close()                // 스트림을 닫는다
```

OutputStream 클래스는 스트림으로 바이트(혹은, 바이트 어레이)를 출력하기 위하여 다음과 같은 메소드를 제공한다.

```
public void write()                // 한 바이트를 쓴다
public void flush()                // 버퍼에 있는 데이터를 출력한다
public void close()                // 스트림을 닫는다
```

아래는 InputStream과 OutputStream의 일종인 표준 입력(키보드)과 표준 출력(모니터)을 이용하는 예제인데 키보드에서 글자를 입력하면 이들을 스트링 버퍼에 저장하며 종료 문자인 〈Ctrl+Z〉[1]를 입력하면 입력된 문자들을 화면에 출력한다.

```
import java.io.*;
class StdInputTest {
      public static void main(String[] args) {
```

1) 〈Ctrl+Z〉는 윈도우 운영체제에서, 〈Ctrl+D〉는 유닉스 운영체제에서 각각 종료 문자에 해당된다.

```
        StringBuffer buf = new StringBuffer();
        int ch = 0;
        try {
            while((ch = System.in.read()) != -1) { // 한 바이트씩 읽음
                buf.append((char)ch);             // 스트링 버퍼에 추가
            }
        } catch (IOException e) { }
      System.out.println(buf);                    // 표준 출력
    }
}
```

컴퓨터마다 하드웨어적으로 표준 입출력을 구현하는 방법은 다르겠지만 자바에서는 System.in과 System.out를 제공함으로써 추상화를 통해 표준 입출력에 대한 공통적인 인터페이스를 제공하고 있다.

3.2.2 File 스트림

파일을 스트림으로 취급하기 위하여 InputStream과 OutputStream의 하위 클래스로 FileInputStream과 FileOutputStream을 각각 정의하였는데 이것은 파일을 통하여 바이트 단위의 입출력을 할 수 있도록 해준다.

다음은 파일의 크기를 바이트 단위로 세는 예제 프로그램인데 프로그램 실행 인자로 받은 파일 이름(args[0])을 인자로 하여 FileInputStream 객체를 만들고 InputStream 클래스가 제공하는 read() 메소드를 사용하여 한 바이트씩 파일의 크기를 세도록 하였다.

아래에서 InputStream is의 생성자로 FileInputStream의 생성자를 사용하는 것이 가능한 것은 InputStream이 FileInputStream의 상위 클래스이기 때문이다.

```
import java.io.*;
class FileStrInputTest {
    public static void main(String[] args) throws IOException {
        InputStream is = new FileInputStream(args[0]);
        int total = 0;
        while(is.read() != -1) total++;
        System.out.println("The file has " + total + " bytes.");
    }
}
```

FileInputStream의 생성자는 다음과 같이 세 가지가 있는데, 인자로 파일명을 String 타입으로 직접 지정할 수도 있고, 뒤에서 설명할 File 객체 또는 FileDescriptor 객체를 사용할 수도 있다.

```
FileInputStream(String filename)
FileInputStream(File file)
FileInputStream(FileDescriptor fd)
```

다음의 예는 FileInputStream의 read() 메소드로 input.txt 파일의 데이터를 읽고 이를 다시 FileOutputStream의 write() 메소드를 이용하여 파일 output.txt에 쓰는 예제이다. 즉, 파일 복사 기능을 수행한다.

```
import java.io.*;

class FileCopyTest {
  public static void main(String args[]) {
        try {
        FileInputStream fis = new FileInputStream("input.txt");
        FileOutputStream fos = new FileOutputStream("output.txt");
        int c;
          while ((c = fis.read()) != -1) {
          fos.write(c);
          }
          fis.close();
          fos.close();
        } catch (FileNotFoundException e) {
          System.err.println("FileStreamsTest: Error" + e);
        } catch(IOException e) {
          System.err.println("IOException Error" + e);
        }
    }
}
```

3.2.3 고수준 입출력

고수준의 입출력 스트림은 FilterInputStream과 FilterOutputStream으로부터 상속된 하위 클래스들이 제공하는데, 편리한 입출력을 위하여 어떤 필터링 기능을 추가로 제공하는 스트림이다. 고수준 입출력을 위한 스트림의 종류는 다음과 같다.

FilterInputStream의 하위 클래스

BufferedInputStream

DataInputStream

LineNumberInputStream

PushbackInputStream

FilterOutputStream의 하위 클래스

BufferedOutputStream

DataOutputStream

PrintStream

주의할 것은 Filter 스트림 자체는 abstract 클래스이므로 바로 객체화할 수 없고, Filter 스트림의 하위 클래스인 Buffered 스트림 또는 Data 스트림 중 적절한 것을 선택하여 사용하여야 한다는 것이다.

3.2.4 Buffered 스트림

BufferedInputStream과 BufferedOutputStream은 자바가 내부적인 버퍼링을 제공하는 스트림이다. 예를 들어 일반 출력용 스트림에서는 출력할 때 어떤 이유로 데이터를 출력할 수 없는 상황이면 출력은 블록된다. 입력 스트림의 경우도 읽을 데이터가 없으면 프로그램이 블록된다. 이러한 현상을 피하기 위하여 Buffered 스트림은 내부적으로 버퍼를 제공하며 입출력이 완료되기를 기다리지 않고 바로 다음 명령문을 수행하도록 하여 프로그램 실행 속도를 향상시킬 수 있다.

주의할 것은 고수준의 입출력 스트림은 직접 만들 수는 없고, 반드시 저수준의 입출력 스트림을 먼저 만든 후, 이것을 인자로 하여 고수준의 입출력 스트림을 만들어야 한다. 즉, Buffered 스트림 생성자의 인자로는 InputStream 또는 OutputStream 타입의 객체만 사용할 수 있다.

아래는 BufferedOutputStream 생성자의 인자로 OutputStream 타입의 객체를 사용하는 예를 보였다.

```
File file = new File("myfile");
OutputStream out = new FileOuputStream(file);
OutputStream os = new BufferedOuputStream(out);
```

Buffered 스트림으로 데이터를 출력하였어도 이 데이터가 출력용 버퍼에만 들어 있고 실제로는 출력이 안되고 기다리는 경우가 있다. 이때 버퍼에 들어 있는 데이터를 강제로 바로 출력시키려면 BufferedOutputStream이 제공하는 flush() 메소드를 이용하면 된다.

3.2.5 Data 스트림

고수준의 입출력 스트림중에 DataInputStream과 DataOutputStream이 있는데 이것은 boolean, char, short, int, long, float, double 등의 기본 타입 단위로 데이터를 바로 입출력하도록 해 준다. 자바의 기본 데이터 타입을 바로 처리할 수 있는 메소드들을 정의하고 있는 인터페이스로 DataInput과 DataOutput 인터페이스가 있는데 이 인터페이스를 각각 구현한 클래스가 DataInputStream과 DataOutput Stream이며 두 인터페이스를 모두 구현한 것이 RandomAccessFile이다.

앞에서 설명한 Buffered 스트림과 마찬가지로 고수준 스트림인 Data 스트림을 만들려면 생성자 인자로 반드시 저수준 스트림을 사용해야 한다.

예를 들어, 파일에서 float 단위로 데이터를 읽으려면 먼저 저수준의 입력 스트림인 FileInputStream을 만들고 이것을 인자로 하여 DataInputStream을 만든 후 DataInputStream이 지원하는 readFloat()를 사용하면 된다. 이때 FileInputStream이 중간에 필요한 이유는 파일을 대상으로 바이트 단위의 입력을 수행하기 위해서이다.

위에서 설명한 저수준과 고수준의 스트림을 연결하여(chain) 사용하는 것을 그림 3-1에 나타냈는데, 그림의 윗 부분은 상위 클래스를 나타내며 아랫 부분은 데이터를 읽는 기본 단위를 나타냈다.

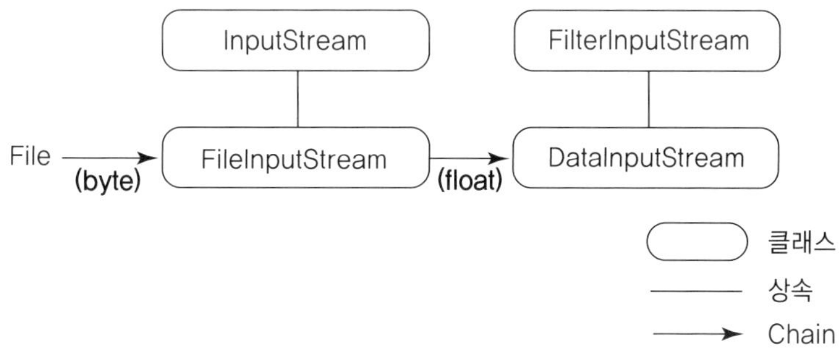

그림 3-1 고수준과 저수준의 입력 스트림 사용 예

지금까지 설명한 내용의 예제로 test.txt 파일에 int 타입으로 3을 쓰고, 이를 다시 int 타입으로 읽어 화면에 출력하는 프로그램을 아래에 보였다(즉, 한 번에 4바이트씩 읽고 쓴다).

```
import java.io.*;

class DataStreamTest {
   public static void main(String [] args) throws IOException {
      File f = new File("test.txt");      // File 객체 생성
      FileOutputStream fos = new FileOutputStream(f);
      DataOutputStream dos = new DataOutputStream(fos);
      FileInputStream fis = new FileInputStream(f);
      DataInputStream dis = new DataInputStream(fis);
      dos.writeInt(3);                    // int 타입으로 쓰기
      int x = dis.readInt();              // int 타입으로 읽기
      System.out.println(x);              // 화면 출력
   }
}
```

DataInputStream이 제공하는 메소드들을 아래에 소개했다. 자바의 기본 타입을 한번에 입력할 뿐 아니라 readLine()을 사용하면 한 라인의 문장도 한번에 입력할 수 있다.

```
readByte()        // 한 바이트(8비트)를 읽는다
readChar()        // 한 문자(16비트)를 읽는다
readLong()        // long 데이터(64비트)를 읽는다
readDouble()      // double 데이터(64비트)를 읽는다
readLine()        // 한 라인('\n'까지)을 읽는다
close()           // 스트림을 닫는다
```

스트림에서는 임의의 갯수의 Filtered 스트림들을 계속 연결하여(chain) 사용하는 것이 가능하며 이렇게 연결된 스트림은 각각의 스트림의 속성을 모두 갖게 된다. 생성된 스트림을 닫을 때에는 close()를 사용하는데 프로그램에서 스트림을 생성한 역순으로 닫아주어야 한다.

3.3 문자 스트림

3.3 문자 스트림은 Reader와 Writer 두 가지로 나누어지는데 이들은 unicode 단위의 읽기와 쓰기를 제공하는 abstract 클래스이다. 문자 스트림도 바이트 스트림의 경우와 마찬가지로 저수준과 고수준의 입출력을 각각 지원한다.

3.3.1 저수준 입출력

Reader와 Writer는 저수준의 입출력을 담당하는 스트림인데 이들은 문자 단위의 입출력 메소드만 제공한다. 문자 스트림을 이용할 때에는 저수준 입출력 스트림은 거의 이용하지 않고 다음에 소개하는 고수준 입출력 스트림을 주로 이용한다.

3.3.2 고수준 입출력

Reader와 Writer의 하위 클래스가 모두 고수준의 입출력 스트림이 된다. 고수준 스트림을 생성하려면 생성자의 인자로 Reader 또는 Writer 객체를 필요로 한다. 대표적인 고수준의 문자 스트림 클래스는 다음과 같다.

BufferedRreader와 BufferedWriter는 내부에 버퍼를 가지고 있어 데이터의 입출력을 빠르게 처리할 수 있다.

InputStreamReader는 바이트 스트림으로부터 읽은 데이터를 문자 스트림으로 바꾸어 주는 스트림이다. 반대로 문자 스트림으로 출력되는 것을 바이트 스트림으로 다시 바꾸어주기 위해서 OutputStreamWriter가 사용된다. 이 두 가지 스트림이 필요한 경우는 프로그램 내부에서는 문자(16비트) 단위로 처리되나 프로그램 외부로의 입출력은 바이트 단위로 처리하는 것이 필요한 경우이다.

FileReader와 FileWriter는 문자 단위의 편리한 파일 입출력을 위하여 사용된다. 앞에서 소개한 바이트 스트림인 DataInputStream을 이용하여 test.txt 파일의 내용을 문장 단위로 읽어 화면에 쓰는 코드는 다음과 같다.

```
String filename = "test.txt";
FileInputStream fis = new FileInputStream(filename);
DataInputStream dis = new DataInputStream(fis);
String s;
```

```
while ((s=dis.readLine()) != null) {
      System.out.println(s);
}
```

위의 코드를 BufferedReader를 사용하는 것으로 작성하면 다음과 같다.

```
String filename = "test.txt";
FileReader fr = new FileReader(filename);
BufferedReader br = new BufferedReader(fr);
String s;
while ((s=br.readLine()) != null) {
      System.out.println(s);
}
```

만일 InputStream의 하나인 System.in으로부터 읽은 바이트 단위의 데이터를 고수준 문자 스트림인 BufferedReader 타입의 스트림에서 읽으려면 InputStreamReader()를 이용하여 전환하는 것이 필요하다(출력의 경우도 마찬가지임).

```
BufferedReader br = new BufferedReader(new InputStreamReader
                                        (System.in));
BufferedWriter bw = new BufferedWriter(new OutputStreamWriter
                                       (System.out));
```

다음은 BufferedReader가 제공하는 readLine() 메소드를 이용하는 예제로 키보드에서 한 라인씩 읽고 이를 다시 화면에 출력하는 코드이다.

```
import java.io.*;

class Test {
   public static void main(String[] args) throws IOException {
      String s;
      BufferedReader br =
        new BufferedReader(new InputStreamReader(System.in));
      while((s = br.readLine()) != null) {
         System.out.println("One Line Read : " + s);
      }
   }
}
```

아래는 키보드에서 입력한 데이터를 바로 화면에 출력하는 에코 프로그램을 InputStreamReader를 이용하여 구현하였다.

```
import java.io.*;

class ReaderTest {
      public static void main(String[] args) {
         StringBuffer buf = new StringBuffer();
         InputStreamReader in = new InputStreamReader(System.in);
      int ch = 0;
         try {
            while((ch = in.read()) != -1) {
               buf.append((char)ch);
            }
         } catch (IOException e) { }
         System.out.println(buf);
      }
}
```

위에서 InputStreamReader는 인자로 InputStream 객체를 필요로 하는데 System.in은 InputStream의 일종이므로 인자로 사용이 가능하였다.

다음은 키보드에서 입력하는 문자를 모두 파일에 쓰는 프로그램으로, 출력할 파일 이름을 명령문 인자인 args[0]으로 주고 있으며 'q' 자를 입력하면 프로그램이 멈추도록 하였다.

```
import java.io.*;

class InputStreamReaderTest {
   public static void main(String [] args) throws IOException {
      char c;
      Reader r = new InputStreamReader(System.in);
      Writer w = new FileWriter(args[0]);
      while ((c = (char)r.read()) != 'q') {      // 종료 문자 확인
         w.write(c);
         w.flush();
      }
      w.close();
   }
}
```

위의 코드에서 Writer 대신에 FileOutputStream 객체를 다음과 같이 사용하여도 결과는 같게 된다. 왜냐하면 이 프로그램은 단순히 텍스트만 출력하기 때문이다.

```
FileOutputStream w = new FileOutputStream(args[0]);
```

출력 속도 향상을 위하여 BufferedOutputStream 객체를 사용할 수 있으며, 이때는 다음과 같이 바꾸면 된다.

```
FileOutputStream fos = new FileOutputStream(args[0]);
BufferedOutputStream w = new BufferedOutputStream(fos);

while ((c = (char)r.read()) != 'q') {
     w.write(c);
}
w.flush();
w.close();
fos.close();
```

3.4 File 클래스

File 클래스는 파일 자체를 다루는 것이 아니라 파일의 위치를 지정하는 데 사용되는 경로(path)를 다룬다. File 객체를 만들면 이것은 파일의 경로를 가리키는 객체를 만들뿐이며 실제로 파일을 만들거나 open하지는 않는다. File 객체는 이미 존재하는 파일에 대해서도 만들 수 있으며 아직 만들어지지 않은 파일에 대하여도 만들 수 있다.

3.4.1 File 객체 생성

File 클래스 타입의 객체와 실제 "파일(file)"은 분명히 다른데 File 객체를 사용하는 이유는 이 객체를 통하여 파일 지우기(delete), 이름 변경(rename), 디렉터리 생성, 디렉터리 정보 얻기, 파일 존재 확인 등의 작업을 편리하게 할 수 있기 때문이다.

File 클래스 생성자는 다음과 같이 네 가지가 있다.

```
File(String path)
File(String dir, String file)
File(File dir, String file)
File(URL uri)
```

첫 번째 생성자는 문자열 path로 지정한 File 객체를 만드는 생성자이고, 두 번째와 세 번째 생성자는 디렉터리 이름과 파일명을 구분하여 지정하는 생성자이다. 네 번째 생성자는 URL로 파일 경로를 지정하는 경우에 사용된다.

File 클래스가 제공하는 대표적인 메소드는 다음과 같다.

```
boolean exists()              // 파일이 존재하는지 확인
boolean canRead()             // 파일을 읽을 수 있는지 확인
boolean canWrite()            // 파일에 쓸 수 있는지 확인
boolean delete()              // 파일을 삭제
boolean renameTo()            // 파일의 이름을 변경
boolean equals()              // path가 서로 같은지를 비교
boolean isFile()              // File 객체인지 확인
boolean isDirectory()         // 디렉터리인지 확인
long length()                 // 바이트 단위로 파일 크기를 리턴
long lastModified()           // 변경된 시간을 리턴(상대 시간)
boolean mkdir()               // 디렉터리를 생성
String getName()              // 파일의 이름을 리턴
String getPath()              // 디렉터리의 상대적 경로를 리턴
String getAbsolutePath()      // 디렉터리 절대 경로를 리턴
String getParent()            // 상위 디렉터리 이름을 리턴
String[] list()               // 디렉터리 내의 파일과 서브 디렉터리 이름들을
                              // 스트링 어레이로 리턴(없으면 null 리턴)
```

File 객체에서 어떤 디렉터리 내의 파일 또는 하위 디렉터리 목록을 얻기 위해서는 list()를 사용한다. 다음은 list()를 사용하는 예제인데 현재 디렉터리의 정보를 얻기 위해서는 System.getProperty("user.dir")를 사용하고 있다.

```
import java.io.*;
public class DirList {
   public static void main(String args[]) {
      File currentDir =
```

```
            new File(System.getProperty("user.dir"));
        String dirList [] = currentDir.list();
        for(int i=0; i< dirList.length ; i++) {
            System.out.println(dirList[i]);
        }
    }
}
```

3.4.2 File 객체와 파일

파일을 새로 만들거나 이미 만들어져 있던 파일을 open하려면 FileInputSteam, FileOutputSteam 또는 RandomAcccessFile과 같은 클래스를 사용하여야 한다. 파일의 생성 예는 다음과 같다.

```
FileOutputStream fos = new FileOutputStream("test.txt");
```

파일 이름을 직접 주는 대신 다음과 같이 File 객체를 인자로 주어 파일을 생성할 수도 있다.

```
File f = new File("test.txt");                    // File 객체만 만듦
FileOutputStream fos = new FileOutputStream(f); // 파일을 생성함
```

다음은 한 파일에서 256바이트씩 읽어서 다른 파일에 쓰는 프로그램이다. 읽을 파일을 FileInputStream로, 쓸 파일을 FileOutputStream로 만들었으며 파일명은 프로그램 명령인자 args[0]과 args[1]로 각각 주었다.

```
import java.io.*;

public class Test {
        public static void main(String[] args) {
            final int max = 256;
            byte buf[] = new byte[max];
            try {
                FileInputStream in = new FileInputStream(args[0]);
                in.read(buf, 0, max);
                FileOutputStream out = new FileOutputStream(args[1]);
```

```
            out.write(buf);
        } catch (IOException e) {
            System.out.println ("Error: " + e.toString());
        }
    }
}
```

디렉터리 구분자('/', '\', ':' 등)는 각 운영체제마다 다를 수가 있는데 File 객체는 구분자(separator)를 표시하기 위해서 static 변수 separatorChar를 제공한다. 다음 예제는 File과 경로(path)에 대한 구분자를 얻는 예제이다. 각각에 대해서 File 클래스의 static 변수의 값을 통해서 얻는 것과 시스템 프로퍼티 값을 얻는 방법을 소개하였다.

```
import java.io.*;

public class ViewSeparator {
    public static void main(String args[]) {
        System.out.println("Path Separator      =" + File.pathSeparator);
        System.out.println("Path Separator      ="
                + System.getProperty("path.separator"));
        System.out.println("Path Separator Char =" + File.pathSeparatorChar);
        System.out.println("File Separator      =" + File.separator);
        System.out.println("File Separator      ="
                + System.getProperty("file.separator"));
        System.out.println("File Separator Char =" + File.separatorChar);
    }
}
```

3.4.3 RandomAccessFile

자바는 편리한 파일 입출력을 제공하기 위하여 RandomAccessFile 클래스를 제공하는데 RandomAccessFile를 이용하면 파일 내의 임의의 위치를 찾아가거나 자바의 기본 타입으로 데이터를 입출력하는 것이 가능하다.

RandomAccessFile은 "스트림 타입이 아니며" 평범한 파일처럼 다룰 수 있다는 것이 특징이다. RandomAccessFile의 생성자는 다음과 같다.

```
RandomAccessFile(String filename, String mode)
RandomAccessFile(File filename, String mode)
```

생성자의 첫 번째 인자는 파일의 이름으로, 스트링 타입으로 이름을 직접 주거나, File 타입으로 path를 지정할 수도 있다. 두 번째 인자인 mode는 "r" 또는 "rw" 두 가지 중 하나만 가능하며 각각 읽기 전용, 읽기 및 쓰기를 나타낸다("w"와 같은 쓰기 전용은 허용하지 않는다).

RandomAccessFile 객체는 파일 내에서 포인터의 위치를 이동시키는 기능을 제공하는 데 이를 위하여 다음과 같은 메소드를 지원한다(모든 메소드는 IOException을 발생시킬 수 있다.).

```
getFilePointer();          // 현재의 포인터의 위치를 리턴(바이트 단위)
seek(long pos);            // 포인터 위치를 지정(0이 처음 위치임)
length();                  // 파일의 길이를 리턴(바이트 단위)
```

예를 들어, 아래와 같은 코드는 포인터를 파일의 끝으로 이동시킨다.

```
seek(length());
```

RandomAccessFile 클래스는 데이터 읽기를 위하여 다음과 같은 메소드들을 제공하는 데 이들은 모두 실제로 읽은 바이트 수를 리턴하며 오류가 발생하는 경우에는 -1을 리턴한다.

```
int read()                     // 한 바이트를 읽는다
int read(byte buffer[])        // buffer에 채워질 때까지 읽는다
int readInt()                  // 파일로부터 int 단위로 읽는다
short readShort()              // 파일로부터 short 단위로 읽는다
float readFloat()              // 파일로부터 float 단위로 읽는다
String readLine()              // 파일에서 한 라인을 읽어온다
int readUnsignedByte()         // unsigned byte 단위로 읽어온다
```

RandomAccessFile이 제공하는 데이터 쓰기에 관한 메소드도 위에서 소개한 읽기용 메소드에 대응하는 것들이 각각 제공된다.

3.5 연습문제

1. 바이트 스트림과 문자 스트림의 차이는 무엇인가? 그리고 이렇게 두 가지 종류의 스트림이 필요한 이유는 무엇인가?
2. 저수준 입출력과 고수준 입출력이란 무엇인가? 자바가 이렇게 두 가지 입출력을 제공하는 이유는 무엇인가?
3. Buffered 스트림과 Data 스트림의 차이를 설명하시오.
4. 자바에서 File 클래스를 사용하는 이유는 무엇인가?
5. 3.4.2절의 파일 복사 프로그램을 RandomAccessFile 클래스를 이용하여 작성하시오.

04 인터넷 프로토콜의 이해

컴퓨터 네트워크 프로그램을 잘 작성하기 위해서는 인터넷을 구성하는 표준 통신 프로토콜인 TCP/IP의 동작을 분명하게 이해하고 있어야 하며 이 장에서는 TCP/IP를 자세히 소개한다. TCP/IP를 잘 이해하고 있는 독자는 4장을 읽지 않아도 될 것이다.

4.1 네트워크 액세스 계층

네트워크 액세스 계층은 IP 데이터그램을 실제로 전달하는 서브네트워크, 예를 들면 LAN, ADSL(Asymmetric Digital Subscriber Line), X.25 패킷망 등을 이용하기 위한 인터페이스를 정의한다. 여기서는 현재 가장 널리 사용되는 서브네트워크인 이더넷, 그리고 ADSL 등에서 사용되는 PPP(Point-to-Point Protocol)를 소개하겠다.

4.1.1 이더넷

그림 4-1에 이더넷 프레임 구조를 나타냈다. Preamble(8바이트)은 수신 측에서 하

8	6	6	2	46~1500	4 [byte]
Preamble	DA	SA	Type	Info	FCS

D A : Destination Address
S A : Source Address
Info: User Information
FCS: Frame Check Sequence

그림 4-1 이더넷 프레임 구조

1	1	22	24 [bit]
0	0	기관별 ID	기관에서 배정하는 카드 ID

그림 4-2 MAC 주소 구조(48비트)

드웨어 비트 동기를 맞추기 위한 준비 신호이다. DA(Destination Address)와 SA(Source Address)는 각각 6바이트로 된 수신지 및 송신지의 MAC 주소인데 MAC 주소는 이더넷 카드마다 유일하게 지정되는 고유번호이다. MAC 주소를 물리 주소(physical address)라고도 부른다. 그림 4-2에 MAC 주소의 구조를 보였는데 처음의 두 비트는 항상 0이고, 그 다음 22비트는 LAN 카드 제조 회사별로 할당된 주소이며, 뒤의 24비트는 LAN 카드마다 유일하게 제조사가 부여하는 번호이다.

그림 4-1에서 Type 필드는 이더넷 프레임에 실려 있는 상위 계층의 프로토콜을 구분하는 데 사용된다. 예를 들어, Type이 0x0800이면 상위 계층 즉, Info 부분에 실려있는 데이터의 프로토콜이 IP 프로토콜이고, 0x0806이면 ARP 프로토콜임을 나타낸다. Info는 상위 계층에게 전달될 데이터 부분이다.

이더넷은 CSMA/CD(Carrier Sense Multiple Access/Collision Detection) 프로토콜을 매체 접근 제어(MAC: Media Access Control) 프로토콜로 사용하는데, 프레임을 전송하려는 스테이션은 먼저 채널감지(CS: carrier sense)를 통하여 다른 장비가 전송 중인지 확인하고 채널이 사용 중이 아닌 때에만 전송을 시도한다. 프레임 전송 중에도 혹시 다른 장비가 전송을 하여 충돌이 나는지를 감시하여(CD: collision detection) 충돌이 나면 즉시 전송을 중지한다.

이더넷 케이블로 널리 사용되는 category 5 UTP(Unshielded Twisted Pair) 케이블은 4pair(8가닥)로 되어 있는데 10Mbps 기본 이더넷(10BaseT)에서는 두 pair만 사용한다. 이더넷의 동작 속도를 100Mbps로 높인 고속 이더넷(100Base4T)에서는 4pair를 모두 사용하는데, 한 pair는 충돌 감지용으로 사용하고 나머지 3pair는 각각 33.3 Mbps 속도로 데이터를 전송한다.

CSMA/CD와 같은 MAC 프로토콜은 하나의 전송 매체를 여러 장비가 공유하기 위한 프로토콜이었다. 그런데 이더넷 허브(hub)의 기능을 개선하여 허브에서 각 장비를 연결하는 UTP 케이블의 대역 전체를 한 장비가 전용으로 사용하도록 한다면 MAC 프로토콜은 필요 없게 된다. 따라서 매체의 채널 대역을 한 장비가 모두 사용할 수 있고 전송 거리를 길게 하여도 된다.

스위칭 이더넷은 일반 LAN 허브를 스위칭 허브로 교체하여 허브에 연결된 장비가 각각 매체의 대역폭을 모두 사용할 수 있도록 하는 방식이다. 스위칭 이더넷의 전송 속도는 100Mbps인 것이 널리 사용되고 있고 지금은 이를 더욱 개선하여 전송 속도가 1Gbps 또는 10Gbps로 확장된 기가 비트 이더넷도 사용되고 있다.

4.1.2 PPP

PPP(Point-to-Point Protocol)는 전화 회선, DSL(Digital Subscriber Line)과 같이 일 대 일로 연결된 회선을 통하여 IP 데이터그램을 송수신하는 통신 프로토콜이다. 그림 4-3에 PPP 프레임의 구조를 나타냈는데 프레임의 시작과 끝을 표시하는 플래그로 0x7E를 사용한다. Address와 Control은 각각 0xFF와 0x03으로 고정되어 있고 Protocol 필드는 상위 계층에 전달하는 정보(Info)의 종류를 구분하는 데 사용된다. 예를 들어, Protocol 필드가 0x0021이면 IP 데이터그램을 나타낸다. FCS(Frame Check Sequence)는 프레임 전송 중에 발생하는 비트 오류를 검출하기 위한 오류 검출 코드이다.

1	1	1	2	0~1500	2(4)	1 [byte]
Flag (7E)	Address (FE)	Control (03)	Protocol	Info	FCS	Flag (7E)

그림 4-3 PPP 프레임 구조

4.2 IP 프로토콜

IP(Internet Protocol) 계층은 서브네트워크를 이용하여 IP 데이터그램을 호스트들 사이에 전달하는 기능을 수행한다. OSI 7계층 관점에서 보면 IP 계층은 주소와 라우팅을 담당하므로 OSI 계층 3에 해당한다.

IP는 "best effort"로 데이터그램을 전달한다고 하는데 이것의 의미는 IP는 비연결형 방식으로 데이터그램을 전달하며 데이터그램의 분실, 중복 데이터그램 전달, 데이터그램 전달 순서의 바뀜, 비트 오류 등이 발생하더라도 IP 계층에서 데이터그램 오류 확인이나 재전송 등을 하지 않는다는 것을 말한다. 즉, IP 계층은 데이터그램을 단순히 목적지로 전달하려고 최대한 노력만 할 뿐 전송 결과를 IP 계층에서 확인해 주는 기능은 없다. 종점 호스트 사이에 통신이 잘 이루어지고 있는지는 상위 계층인 트랜스포트 계층(TCP 또는 UDP)에서 담당한다.

IP 프로토콜의 가장 큰 특징은 전세계에 흩어져 있는 임의의 호스트를 4바이트의 IP 주소만으로 쉽게 찾을 수 있고 그곳으로 데이터그램을 전달할 수 있다는 것이다. IP 프로토콜의 주요 내용을 살펴보겠다.

4.2.1 IP 데이터그램 구조

IP 헤더

IP 데이터그램의 구조를 그림 4-4에 나타냈고 헤더의 각 필드의 기능을 표 4-1에 정리하였다. 그림 4-4에서 한 줄(row)은 4바이트(32비트) 크기이다. IP 헤더는 보통 20 바이트로 구성되고 IP가 전달하는 데이터 즉, TCP나 UDP 또는 ICMP 메시지는 IP 헤더 뒤에 연속하여 전송된다.

Ver(Version)은 IP 버전 값을 표시하는데 현재는 4이다. IHL(Internet Header Length)은 헤더 길이를 4바이트 단위로 표시하는데 최소 값은 5이다(즉, 헤더의 최소 크기는 20바이트가 된다).

Total Length는 헤더를 포함한 IP 데이터그램의 전체 크기를 바이트 단위로 나

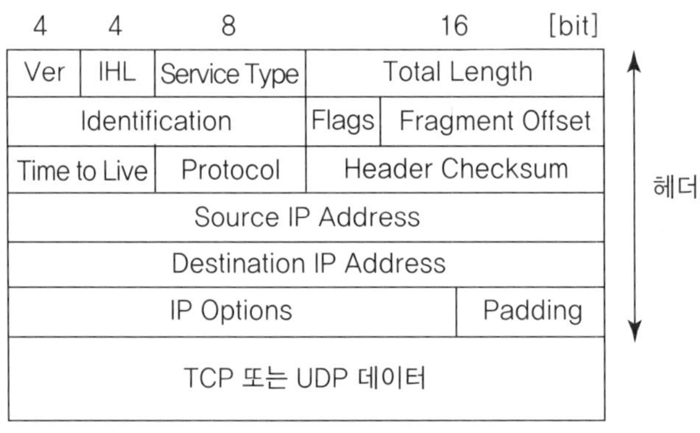

그림 4-4 IP 데이터그램 구조

표 4-4 IP 데이터그램 헤더

필드명		길 이 (비트)	기 능
Ver(Version)		4	IP 버전 값을 표시(현재는 4임)
IHL		4	4바이트 단위로 헤더 길이를 표시(최소 값은 5)
Service Type		8	서비스 클래스 지정(보통 0으로 지정)
Total Length		16	IP 데이터그램 크기(바이트 단위이며 최대 값은 65535)
Identification		16	데이터그램을 유일하게 구분하는 번호
Flags	미사용	1	미사용(항상 0)
	DF	1	단편화 금지 플래그(0: 허용, 1: 금지)
	More	1	More 비트(0: 마지막 데이터그램, 1: 연속되는 데이터그램)
Fragment Offset		13	전체 메시지 중 이 데이터그램의 위치를 표시(8바이트 단위)
TTL(Time To Live)		8	데이터그램이 통신망 내에서 계속 돌아다니는 것을 방지하기 위하여 사용되며 보통 hop counter 값을 사용한다
Protocol		8	데이터를 전달할 상위 계층 프로토콜을 지정 (1: ICMP, 6: TCP, 17:UDP)
Header Checksum		16	헤더 부분의 오류 검출
Source IP Address		32	송신지 IP 주소
Destination IP Address		32	수신지 IP 주소
IP Options		가변	옵션 선택(보통 사용하지 않는다)
Padding		가변	32비트 단위로 헤더의 길이를 맞춤(보통 사용하지 않는다)

타내는데 16비트로 표현하므로 최대 값은 65535가 된다.

Identification은 상위 계층이 전송한 큰 메시지가 여러 데이터그램으로 단편화(fragmentation)되어 전송되었을 때 수신 측에서 원래 메시지를 재구성할 때 사용하는 번호이다. 한 메시지를 구성하는 데이터그램들은 모두 같은 Identification 값을 갖는다.

Flags는 세 비트로 구성되는데, 첫 번째 비트는 사용하지 않으며 항상 0이어야 한다. 두 번째 비트는 단편화 금지 플래그 DF(don't fragment)인데 DF=0이면 이 데이터그램의 단편화를 허용하는 것이며 중간의 라우터가 필요에 따라 이 데이터그램을 단편화하는 것을 허용한다는 뜻이다. DF =1이면 중간의 라우터가 이 데이터그램을 단편화하는 것을 허용하지 않는다.

Flags의 세 번째 비트는 More 비트인데 More=1이면 이 데이터그램과 다음에 전송되는 데이터그램이 트랜스포트 계층에서는 원래 하나의 메시지였으나 단편화되어 전송된다는 것을 나타낸다. 따라서 한 메시지의 마지막 부분을 구성하는 데이터그램, 또는 메시지가 한 데이터그램으로 구성된 경우의 More 비트는 0이 된다.

More 비트는 라우터가 More=1인 데이터그램들을 재조립하여 더 큰 크기의 IP 데이터그램으로 만들어 전송할 때 사용되는데 More=0인 데이터그램까지가 재조립의 대상이 된다.

TTL(Time To Live)은 데이터그램이 인터넷 내에서 계속 돌아다니는 것을 방지하기 위하여 사용되며 최대 hop counter(노드를 지나는 횟수) 값을 사용한다. 즉, 데이터그램이 한 노드를 지나갈 때마다 TTL 값이 1씩 감소하고 TTL이 0이 되는 노드에서 이 데이터그램을 제거한다.

TTL 값을 너무 크게 정하면 목적지 주소에서 오류가 발생한 경우에 데이터그램이 네트워크 내에 불필요하게 오래 남아 있게 되어 트래픽이 증가할 수 있고, TTL 값이 너무 작으면 데이터그램이 먼 거리를 돌아가게 되었을 때 목적지에 도착하지 못할 수가 있다.

TTL 값은 디폴트로 64를 사용하는데 멀티캐스트나 방송형 서비스와 같이 트래픽이 많이 발생할 가능성이 높은 경우에는 TTL을 가능한 작게 정하는 것이 안전하다.

Protocol은 이 데이터그램에 실려 있는 데이터를 처리할 상위 계층 프로토콜을 지정하는데 TCP이면 6, UDP이면 17, ICMP이면 1이다.

Header Checksum은 IP 헤더에서의 비트 오류 검출을 위해 사용되는데, 헤더를 16비트 단위 크기로 나누고 각 16비트를 숫자로 취급하여 차례로 더한 값을 Header Checksum에 실어 보낸다. 덧셈은 one' s complement로 계산하며 수신 측에서도 같은 첵섬 계산을 하여 두 결과가 다르면 전송중에 헤더에서 오류가 발생한 것이므로 이 데이터그램을 버리게 된다.

송신지와 수신지의 IP 주소는 헤더의 네 번째와 다섯 번째 줄에 들어간다.

IP Options은 IP 프로토콜에서 옵션을 지정할 때 사용되는데 실제로는 거의 사용하지 않는다. IP 데이터그램에 옵션이 들어 있는지는 Length 필드 값을 보고 알 수 있는데 Length가 5이면 옵션이 없는 것이다.

IP 주소

IP 주소는 4바이트 크기이다. IP 주소를 보기 쉽게 표시하기 위하여 IP 주소를 구성하는 4바이트를 10진수로 표시하는 dotted decimal 표현 방식이 널리 사용되고 있는데, 예를 들어, IP 주소 10000001 00001010 0000110 0000111을 dotted decimal IP 주소로 표현하면 129.10.6.7이 된다.

IP 주소는 네트워크를 구분하기 위한 netid 필드와 한 네트워크 내에서 호스트를 구분하기 위한 hostid 필드 두 부분으로 구성되며 각 필드에서 사용하는 비트 수의 크기에 따라 그림 4-5와 같이 네 가지 클래스로 구분된다.

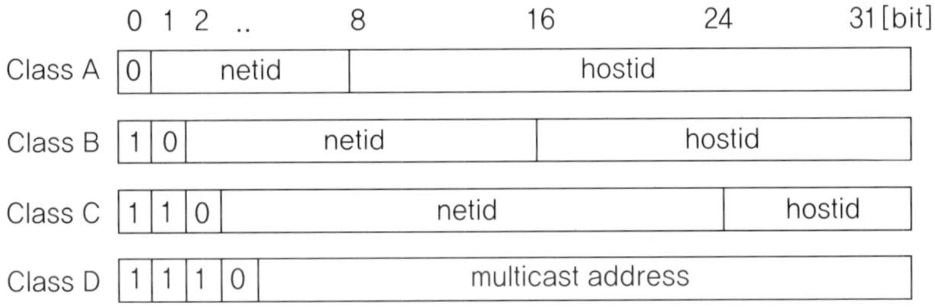

그림 4-5 IP 주소의 종류

1) 클래스 A 주소 : IP 주소 첫 번째 바이트의 첫 비트가 0이고 나머지 7비트가 netid이다. 뒤의 세 바이트가 hostid이므로 클래스 A 주소의 한 netid는 약 2^{24} 대의 호스트를 수용할 수 있다.
2) 클래스 B 주소 : IP 주소 첫 번째 바이트의 처음 두 비트가 10이고 나머지 6비트와 두 번째 바이트가 netid이다. 뒤의 두 바이트가 hostid이므로 클래스 B 주소의 한 netid는 약 2^{16} 대의 호스트를 수용할 수 있다.
3) 클래스 C 주소 : IP 주소 첫 번째 바이트의 처음 세 비트가 110이고 나머지 5비트와 2, 3 번째 바이트가 netid이다. 마지막 한 바이트가 hostid이므로 클래스 C 주소의 한 netid는 254(2^8-2) 대의 호스트를 수용한다.
4) 클래스 D 주소 : IP 주소 첫 번째 바이트의 처음 네 비트가 1110이다. 이것은 멀티캐스트 주소로 사용된다.

클래스 C 인터넷 주소에서, 8비트의 hostid로 구분할 수 있는 총 2^8=256 개의 호스트 주소 중에 hostid가 모두 1 또는 모두 0인 것은 각각 방송용과 자기 자신을 가리키는 주소로 지정되어 있으므로 이 두 개를 제외한 254개의 주소만 사용 가능하다.

IP 주소 체계의 가장 큰 문제점은 IP 주소가 netid와 hostid 두 부분으로 구성되어 있다는 것인데, 예를 들어, 어떤 호스트가 다른 네트워크로 이동하면 netid 부분이 새로 접속된 네트워크의 netid로 변경되어야 하고 따라서 이 컴퓨터의 IP 주소가 달라져야 한다.

4.2.2 IP 계층 기능

MTU

IP 계층의 기본 기능은 상위 계층으로부터 받은 메시지에 IP 헤더를 붙여 IP 데이터그램을 만들고 이를 전송하는 것이다. 데이터그램을 실제로 전달할 통신망 즉, 서브네트워크가 한 번에 전달할 수 있는 데이터그램의 최대 크기를 MTU(Maximum Transmission Unit)라고 하는데 예를 들어, 이더넷을 사용하는 경우 MTU는 1500바이트이다(그림 4-1참조). PPP의 MTU는 전송 매체에 따라 가변적인데 전화선을 사용하는 경우 576바이트를 주로 사용한다.

두 호스트가 인터넷으로 연결되기 위해서 중간에 여러 개의 서브네트워크를 경유할 수가 있다. 이 서브네트워크들의 MTU 중 최소 값을 두 호스트 사이의 path MTU라고 한다. 예를 들어, 어떤 두 호스트가 이더넷, PPP, 이더넷 세 개의 서브네트워크로 연결된 경우 PPP의 MTU가 576 바이트였으면 이 두 호스트 사이의 path MTU는 576 바이트가 된다.

IP 계층은 상위 계층으로부터 받은 메시지의 크기가 path MTU보다 큰 경우에 이를 여러 개의 IP 데이터그램으로 단편화하여 전송하고 수신 측에서는 재조립을 한다.

어떤 메시지가 단편화된 경우에는 이 단편화된 다수의 패킷들로부터 원래의 메시지를 재구성할 수 있도록 하기 위해서 하나의 메시지를 구성하는 데이터그램의 Identification 필드에 동일한 값이 지정된다.

만일 전체 메시지를 구성하는 데이터그램 중 하나라도 분실되면 일반적으로 수신 측에서는 전체 메시지를 버리게 된다. 메시지의 재조립은 라우터에는 실행되지 않고 최종 수신 측에서만 이루어진다.

path MTU

IP 헤더의 플래그 DF를 1로 세트하면 단편화 금지를 나타내는데 DF=1이면 송신 호스트나 중간의 라우터가 이 데이터그램을 단편화하지 못하도록 한다. 따라서 DF=1이면서 IP 데이터그램의 크기가 path MTU보다 큰 경우에는 중간의 라우터에서 오류가 발생하며 송신 측에게 이를 알려주게 된다. 일반 데이터그램의 DF 비트는 항상 0으로 하여 필요시 라우터에서 단편화가 이루어지게 하여야 한다. DF 비트는 path MTU의 크기를 알아내는 path MTU discovery 프로토콜에서 사용되는데 예를 들어, TCP 계층에서 일정 크기의 데이터그램을 DF=1로 하여 전송했을 때, 이

것이 목적지에 전달되지 못하고 오류가 발생하면 데이터그램의 길이를 조금씩 줄여서 다시 전송하는 과정을 전송이 성공할 때까지 반복하여 path MTU를 찾을 수 있다.

라우팅

인터넷의 규모가 매우 커졌지만 지금과 같이 널리 사용될 수 있는 이유는 바로 인터넷 라우팅이 안정적으로 동작하고 있기 때문이다.

라우팅이란 IP 데이터그램이 목적지 호스트까지 전달되기 위해서 어떤 라우터들을 거쳐서 찾아갈지를 정해주는 기능을 말한다. 라우팅을 처리하는 장비를 라우터라고 한다. 최적의 라우팅 경로 즉, 가장 빠르게 목적지에 도달할 수 있는 경로를 알아내기 위해서 "라우팅 알고리즘"이 사용되며 라우팅 알고리즘으로 얻은 라우팅 정보를 정리한 것을 "라우팅 테이블"이라고 한다. 호스트와 라우터에서는 데이터그램을 전송할 때마다 라우팅 테이블을 보고 IP 데이터그램을 어떤 링크로(즉, 어떤 인접한 라우터로) 전송(forwarding)할지를 판단한다.

ARP

ARP(Address Resolution Protocol)는 LAN 내에서 특정 IP 주소를 가지고 있는 호스트의 MAC 주소를 알아내는 프로토콜이다. ARP 프로토콜이 필요한 이유는 LAN에서는 모든 데이터가 MAC 프레임에 실려서 전달되며 이때 IP 주소가 아니라 48 비트의 MAC 주소가 사용되기 때문이다. 따라서 LAN에 접속된 어떤 호스트에게 IP 데이터그램을 전달하려면 먼저 그 장비의 MAC 주소를 알아야 하는데, 이때 IP 주소로부터 그 호스트의 MAC 주소를 알아내는 절차를 ARP라고 한다.

ARP의 동작 순서는 다음과 같다(그림 4-6 참조).

1) 예를 들어, telnet cc.kangwon.ac.kr이라는 명령을 내리면 응용 프로그램 telnet은 먼저 cc. kangwon.ac.kr 호스트의 IP 주소가 192.203.144.11인 것을 찾는다. 이를 네임 서비스라고 한다.
2) telnet은 위에서 알아낸 IP 주소를 TCP에게 알려주고 이곳으로 접속을 하도록 요청한다.
3) IP 계층은 목적지 호스트의 netid가 자신의 netid와 같은지를 비교하여 목적지가 같은 LAN 내에 있으면 LAN을 통하여 바로 telnet 서비스 요청을 전송한다. 이때 목적지의 MAC 주소를 알아내기 위하여 ARP를 구동한다.

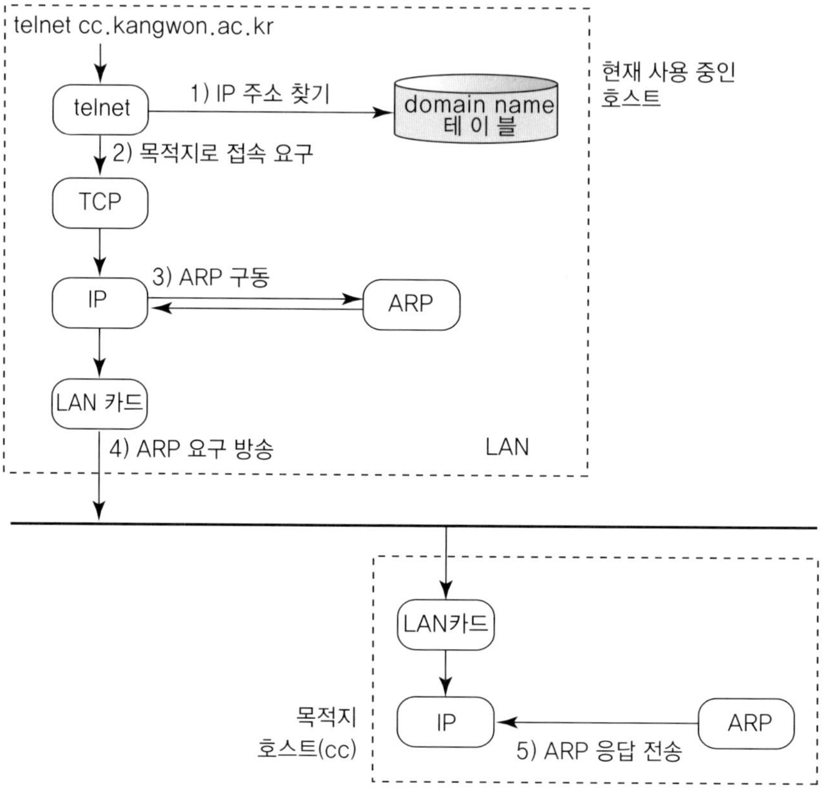

그림 4-6 ARP의 동작

4) ARP에서는 목적지 호스트의 MAC 주소를 찾기 위하여 ARP request 패킷을 LAN 내의 모든 장비에게 방송한다.
5) 목적지 호스트(cc.kangwon.ac.kr)만 ARP request에 응답을 하며 이때 자신의 MAC 주소를 알려온다.
6) 목적지가 같은 LAN 내에 있지 않은 경우에는 telnet 서비스 요청을 디폴트 게이트웨이로 전송하여 외부로 나가도록 한다.

동일한 목적지 호스트에 IP 데이터그램을 연속하여 보낼 때 매번 ARP를 사용하면 ARP를 처리하기 위한 트래픽이 증가하게 된다. 이러한 문제를 피하기 위하여 ARP로 얻은 최근의 정보는 캐시에 기록되어 있어 이를 잠시 동안 재사용한다.

ARP의 역과정, 즉 48비트 MAC 주소로부터 그 장비의 IP 주소를 알아내는 프로토콜을 RARP(Reverse ARP)라고 한다.

4.3 TCP 프로토콜

TCP/IP의 트랜스포트 계층에는 연결형 서비스를 제공하는 TCP와 비연결형 서비스를 제공하는 UDP가 있다. 먼저 TCP 프로토콜을 설명하겠다.

TCP를 사용하여 종점 호스트 사이에 연결이 설정되면 연속된 바이트 전송을 보장하는 스트림(stream)이 제공된다. TCP는 종점 호스트 사이에 신뢰성 있는 스트림 채널을 제공함으로써 상위 계층(응용 프로그램) 사이에 투명한(transparent) 데이터 전달을 제공한다. 즉, TCP는 신뢰성 있는 데이터 전달 서비스가 필요할 때 사용되며 파일 전송 프로토콜(ftp), telnet, mail, http 등에서 TCP를 사용한다.

4.3.1 TCP의 특징

TCP는 다음과 같은 기능을 종점 호스트 사이에 제공한다.

- 연결형 서비스 제공
- 신뢰성 있는 데이터 전달 보장
- 스트림 제공

연결형 서비스 제공

TCP는 종점 호스트 사이에 일 대 일 연결을 제공한다. TCP는 연결형 서비스이므로 연결 설정 과정, 데이터 송수신 과정, 그리고 연결 종료 과정이 각각 필요하다. 두 호스트 사이에 TCP 연결설정이 이루어지면 그림 4-7과 같이 두 개의 스트림이 생성되어 양방향 통신이 가능해진다. 즉, 호스트 A가 호스트 B로 연결요청을 한 경우라도 호스트 B가 호스트 A로 데이터를 보낼 수 있는 스트림이 만들어진다.

신뢰성 있는 데이터 전달

TCP는 신뢰성 있는 종점 간 데이터 송수신을 보장한다. 이를 위해서 TCP는 확인응답(Ack)의 사용, 책섬, 재전송, 흐름제어 등을 사용한다.

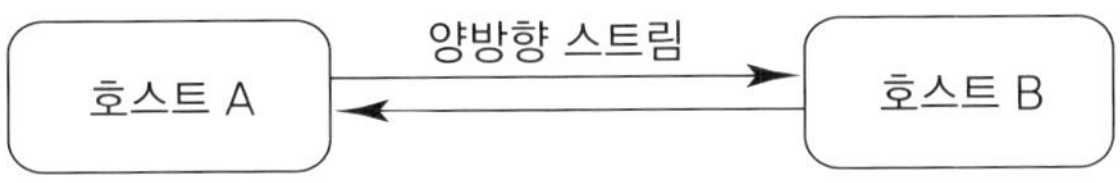

그림 4-7 TCP 연결은 양방향 스트림을 생성한다

확인응답이란 데이터가 목적지 즉, 상대방 TCP에게 잘 전달되었는지를 확인하기 위해 사용하는데 데이터를 수신한 상대방은 데이터가 오류 없이, 순서에 맞게 도착하는지를 확인하여 문제가 없으면 송신 측으로 Ack를 보낸다. 오류를 확인하기 위하여 첵섬을 사용하고 데이터의 전달 순서를 확인하기 위해 순서번호를 사용한다.

수신 측에서 데이터를 받을 때마다 Ack를 보내면 불필요하게 많은 Ack가 발생하게 된다. 이러한 Ack의 빈번한 전송을 최소화하기 위해서 수신 측은 데이터를 받는 즉시 Ack를 전송하지 않고 약간의 지연을 둔 후에 전송하는데, 이 지연 시간동안에 마침 자신도 상대방으로 데이터를 보낼 것이 있으면 그 데이터에 Ack 기능을 추가로 포함시켜 보냄으로써 독립적인 Ack의 발생량을 줄이도록 한다. 이러한 기능을 piggyback이라고 한다.

수신 측에서는 첵섬을 이용하여 데이터 전송 중에 발생하는 오류를 검출하는데 만일 수신 측에서 첵섬 오류를 발견하면 이 데이터를 버리고 Ack를 하지 않음으로써 송신 측이 재전송하도록 한다. 즉, 오류가 발생했다는 사실을 송신 측으로 알려주는 기능은 없다(데이터그램 분실 시에도 마찬가지이다). 대신 수신 측은 최근까지 정상적으로 수신한 데이터에 대한 Ack를 반복하여 보냄으로써 송신 측이 그 이후의 데이터에서 오류가 발생한 것(또는 데이터그램이 분실된 것)을 알 수 있도록 하고 재전송하도록 한다.

송신 측은 일정한 시간 내에 Ack가 오지 않으면 전송했던 데이터를 재전송한다. 재전송을 하기 위해서 송신 측은 타이머를 사용하는데, 데이터를 전송할 때마다 TCP는 전송 타이머를 새로 구동하고 이 타이머 시간동안 상대방 TCP로부터 Ack가 오지 않으면 데이터 전송에 문제가 있는 것으로 판단하여 재전송을 한다. 전송 타이머 값은 종점 간 RTT(Round Trip Time)에 비례하여 정해지며 재전송을 하는 횟수에도 제한을 둔다. 즉, 일정 횟수 이상 재전송을 하여도 Ack가 없을 때에는 네트워크 내에 또는 상대방 호스트에 문제가 있는 것으로 판단하여 종점 간 연결을 종료한다.

신뢰성 있는 통신을 위해서 TCP는 종점 간 흐름제어를 하는데 이에 대해서는 뒤에서 자세히 설명하겠다.

스트림 서비스 제공

TCP는 스트림을 제공하는데 이것의 의미는 송신 측에서 전송된 데이터는 바이트 단위로 차례대로 수신 측에 전달된다는 것을 나타낸다. 예를 들어, 송신 측이 100

바이트 크기의 데이터를 다섯 번 전송하였다면 수신 측 TCP에는 모두 500바이트의 데이터가 차례로 읽을 수 있는 상태로 나타나게 된다. 이때 수신 측 TCP는 500바이트 데이터를 한 번에 읽을 수도 있고, 또는 50바이트씩 10번에 나누어 읽을 수도 있는데 이와 같이 송신된 데이터를 목적지에서 차례로 읽을 수 있게 제공되는 통신 채널 서비스를 스트림 서비스라고 한다.

이와 같은 스트림 채널의 특징은, 송신 측에서 write() 등을 호출하여 전송한 데이터들의 경계를 수신 측에서는 알 수 없다는 것이다. 예를 들어, 위의 예에서 송신 측은 100바이트 단위로 데이터를 전송하였지만 100바이트 단위의 데이터를 구분하는 어떠한 경계 식별자도 들어있지 않으므로 전송된 데이터들의 경계를 수신 측에서는 찾아낼 수가 없다. 만일 송신 측이 전송한 데이터 경계를 수신 측이 알려면 전송 데이터 크기를 미리 정하여야 한다.

4.3.2 TCP 헤더

세그먼트

TCP 계층이 IP 계층으로 내려보내는 데이터 단위를 세그먼트(segment)라고 부른다. 즉, 종점 간 TCP들 사이에 송수신되는 데이터의 단위가 세그먼트인데 세그먼트는 TCP 계층에서 프로토콜 처리를 위해 필요로 하는 헤더와 응용 프로그램로부터 받은 데이터로 구성된다. 그림 4-8에 TCP 데이터와 세그먼트 그리고 IP 데이터그램의 관계를 나타냈다. 인터넷을 통해 돌아다니는 데이터 단위는 IP 데이터그램이고 종점 간 TCP 계층이 서로 주고받는 데이터 단위는 세그먼트가 된다.

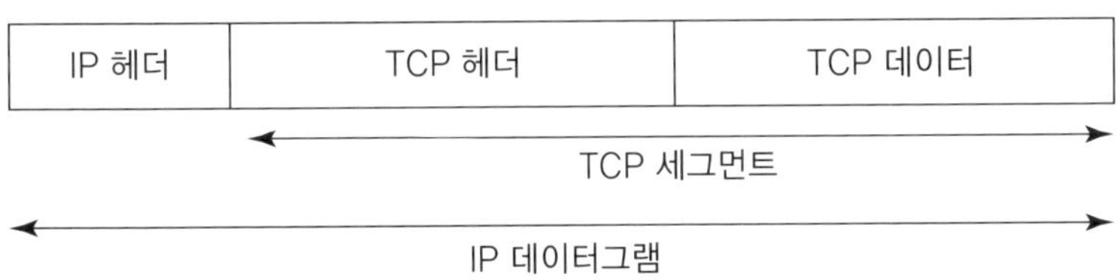

그림 4-8 IP 데이터그램과 TCP 세그먼트

TCP 세그먼트와 헤더

TCP 세그먼트를 그림 4-9에 나타냈으며 TCP 헤더 각 필드의 기능을 표 4-2에 정리하였다.

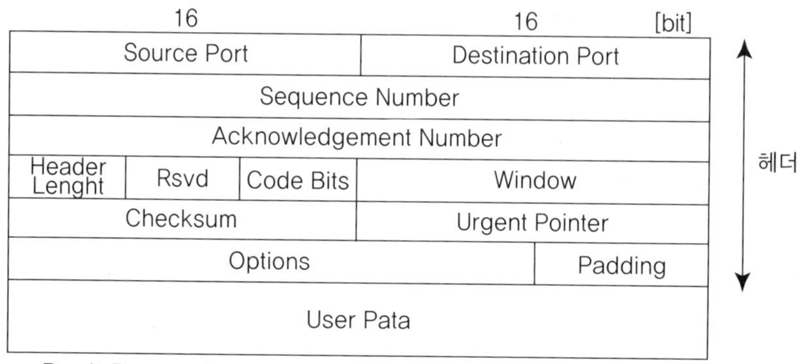

Rsvd: Reserved

그림 4-9 TCP 세그먼트와 헤더 구조

표 4-2 TCP 헤더 내용

필드명		길이(비트)	기능
Source Port		16	송신 측의 응용 프로세스를 구분하는 포트번호
Destination Port		16	수신 측의 응용 프로세스를 구분하는 포트번호
Sequence Number		32	송신 데이터의 순서번호(바이트 단위)
Ack Number		32	수신한 데이터의 순서번호+1(아래의 ACK=1일 때 의미가 있음)
Header Length		4	헤더 크기(4바이트 단위)로 보통 5가 된다
Rsvd		6	현재는 사용하지 않으며 0으로 세트한다
Code Bits	URG	1	긴급 데이터임을 표시(이때 Urgent Pointer 값이 유효하다)
	ACK	1	Ack Number 값이 유효함을 표시
	PSH	1	push 기능을 표시
	RST	1	연결을 리셋하는 데 사용
	SYN	1	연결요청 시 사용되며 Sequence Number가 초기값임을 알린다
	FIN	1	데이터 전송 종료
Window		16	흐름제어용 윈도우 크기(바이트 단위)
Checksum		16	TCP PDU 전체와 IP 계층의 헤더 중 후반부 12바이트(송수신지 IP 주소 등)에 대한 오류 검출 코드
Urgent Pointer		16	긴급 데이터가 들어 있는 위치를 표시

Source Port와 Destination Port는 각각 송신 및 수신 측의 포트번호를 기록한다. 예를 들어, 웹서버에 접속할 때에는 Destination Port가 80번이 되고 Source Port는 웹 브라우저가 사용하는 포트번호가 기록된다.

TCP는 바이트 스트림 서비스를 제공하며 전송하는 모든 데이터를 바이트 단위로 카운트해 준다. Sequence Number 필드에 이 세그먼트에 실려 있는 데이터의 첫 번째 바이트의 순서번호를 기록한다. 예를 들어, 어떤 세그먼트의 Sequence Number 값이 501이고 이 세그먼트에 100바이트의 데이터가 들어 있다면 다음에 전송되는 TCP 세그먼트의 Sequence Number는 601이 될 것이다. Sequence Number는 수신 측에서 데이터가 정상적으로 도착하는지 확인하는 데 사용된다.

Ack(Acknowledgement) Number는 내가 상대방으로부터 다음에 받고자 하는 순서번호를 기록한다. 예를 들어, 수신 측이 송신 측으로부터 Sequence Number가 501이고 데이터 크기가 100바이트인 세그먼트를 정상적으로 수신하였으면 Ack Number에는 다음에 받기를 희망하는 순서번호인 601을 기록하여 상대방으로 전송한다. 송신 측은 이 값을 보고 600번 순서번호까지의 데이터가 정상적으로 목적지에 도착한 것을 알게 된다(즉, Ack의 기능을 하게 된다).

Ack Number는 아래에서 설명할 ACK 플래그가 1로 세트되어 있을 때만 의미를 가지며 일반적으로 ACK 비트는 1로 세트되어 있다. 한편 수신 측에서는 수신한 데이터에서 오류가 발생하여도 이 사실을 송신 측에게 알려줄 방법이 없다. 즉, 수신 측에서는 오직 Ack를 이용하여 어떤 순서번호까지 잘 받았는지를 알려주는 기능밖에 없으며 오류를 송신 측으로 알려주지 않는다. 송신 측에서는 일정시간 내에 Ack가 오지 않으면 재전송을 하게 된다.

Header Length는 헤더의 크기를 4바이트 단위로 나타낸다. TCP에서 옵션을 사용하지 않는 경우 TCP 헤더의 크기가 20바이트이므로 이 값은 5가 된다.

Code Bits는 아래와 같이 6개가 있는데 이들의 자세한 용도는 TCP 연결 설정과 종료에서 설명하겠다.

- URG: Urgent Pointer가 유효한 값임을 나타낸다
- ACK: Ack Number에 들어 있는 값이 의미 있는 값임을 나타낸다
- PSH: 이 데이터를 가능한 신속히 응용에 전달하도록 한다
- RST: 연결을 reset할 때 사용된다
- SYN: TCP 연결을 시작할 때 사용된다
- FIN: TCP 연결을 종료(finish)할 때 사용된다

Window는 수신 측이 현재 수신 가능한 데이터 버퍼 크기를 바이트 단위로 나타낸다. Checksum은 TCP 세그먼트 전체와, IP 헤더의 후반부 12바이트(송수신지 IP 주소 등)로 구성되는 pseudo 헤더에 대한 첵섬이다. Urgent Pointer는 URG 비

트가 1인 때 의미를 가지며, 현재 세그먼트에 포함된 긴급 데이터의 마지막 위치를 가리키는 오프셋(offset)이 저장된다. 즉, 긴급 데이터는 Sequence Number 위치부터 시작하여 Urgent Pointer 바이트 만큼의 범위에 들어 있다.

4.3.3 TCP 연결 설정

TCP는 연결 설정을 하기 위해서 3-way 핸드쉐이크(handshake)를 수행한다. "3-way"라고 부르는 이유는 최초의 연결 요청에 대하여 상대방도 이를 확인하면서 다시 연결 요청을 하고 이에 대해 처음의 연결 요청 측에서 확인을 보내야 즉, 3회의 통신이 이루어져야 연결이 되기 때문이다. 그림 4-10에 3-way 핸드쉐이크 절차를 나타냈다.

연결을 요청하는 측에서 SYN 비트를 세트하고 순서번호를 랜덤한 정수인 X로 한 연결 요청(이를 편의상 SYN(X)라고 표현하겠다)을 보내면 상대방은 Ack를 하기 위해서 ACK 비트를 세트하고 Ack Number에 (X+1)을 기록하고, 동시에 SYN 비트도 세트한 다음 자신이 사용할 랜덤한 순서번호 Y를 지정하여 보내온다. 이것을 편의상 ACK(X+1)과 SYN(Y)를 보낸다고 하겠다. 최초의 연결 요청자가 이제 ACK(Y+1)로 응답하면 3-way 핸드쉐이크가 이루어진다. 여기서 SYN 세그먼트의 크기가 1 바이트이므로 X+1 또는 Y+1을 Ack하는 것이다.

위에서 X와 Y 값은 랜덤하게 정해지는데 그 이유는 예측 가능 일정한 값(예를 들어, 1)을 사용한다면 연결 설정 동안의 해킹 공격을 받기 쉽기 때문이다.

TCP 연결 요청(SYN)을 보냈는데 상대방이 ACK를 보내오지 않으면 잠시 기다린 후에 연결 요청을 다시 전송한다.

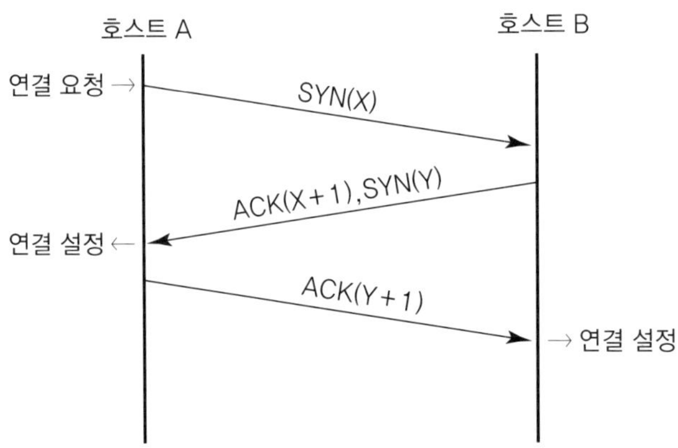

그림 4-10 TCP 연결 설정 절차

4.3.4 TCP 연결 종료

TCP 연결 종료란 설정되어 있는 종점 간 TCP 연결을 닫는 작업을 말한다. 연결 종료가 일어나는 원인은 TCP 응용 프로그램에서 해당 소켓에 대해 close()를 호출한 경우 또는 응용 프로그램이 종료된 경우 등이다.

연결 종료를 하려면 TCP는 상대방으로 FIN 플래그를 세트하여 전송한다. FIN을 보내는 것의 의미는 더 이상 전송할 데이터가 없다는 뜻이고 이에 대해 ACK를 받음으로써 이제 송신 측 방향의 채널이 닫히게 된다(이를 half close라고도 한다). FIN을 받은 측에서는 통상적으로 자신도 곧이어 FIN을 보냄으로써 양방향 채널을 모두 종료하도록 한다. 즉, TCP 연결은 양방향의 채널을 가지고 있으므로 TCP 연결 종료를 위해서는 그림 4-11과 같이 기본적으로 네 개의 세그먼트 전송이 필요하다.

연결 종료를 요청한 호스트는 FIN(K) 세그먼트를 보내는데 이 FIN을 받은 상대방 TCP는 응용 프로그램의 소켓으로 EOF(end-of-file)를 보냄으로써 마치 파일 입력이 종료된 것처럼 알려준다(실제로 EOF가 네트워크로 전송되어 오는 것은 아님). 상대방 호스트는 이 FIN(K)에 대하여 ACK(K+1)을 전송하고 조금 후에 자신도 FIN(L)을 상대방에게 전송하며 상대방 호스트(즉, 최초로 연결 종료를 요청한 호스트)가 이 FIN(L)에 대한 확인 ACK(L+1)을 전송하면 양방향 연결 종료가 이루어진다. 대부분의 경우는 ACK(K+1)과 FIN(L)을 한 세그먼트에서 묶어서 전송한다.

처음 FIN을 보낸 측(위에서 호스트 A)이 active close를 수행한다고 하고 이 FIN을 받은 측(호스트 B)은 passive close를 수행한다고 한다.

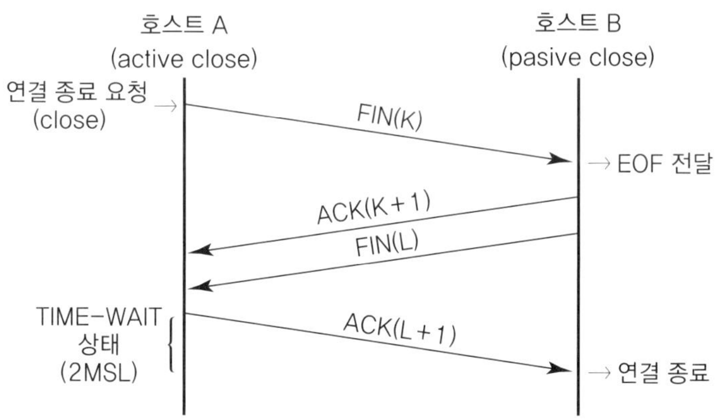

그림 4-11 TCP의 연결 종료 절차

TIME-WAIT 상태

Active close를 한 TCP는 상대방으로부터 FIN을 받고 이 FIN에 대한 ACK를 보내면서 TIME-WAIT 상태에 잠시 머물게 된다(그림 4-11 참조). TIME-WAIT 상태에 있는 동안에는 지금까지 사용했던 포트번호를 재사용할 수 없도록 제한한다. 즉, 이 포트번호를 다른 프로그램에서 사용하려고 하면 "이 주소는 이미 사용 중임"이라는 오류가 발생한다.

TIME-WAIT 상태를 두는 이유는 다음과 같다. 연결 종료를 신청한 측(active close)에서 ACK(L+1)까지 안전하게 전송하여야 양방향 채널이 모두 종료된다. 그런데 만일 어떤 이유로 ACK(L+1) 메시지가 중간에 사라지면 상대방은(passive close 측) FIN(L)을 재전송하게 되며 이때 TIME-WAIT 상태에 머물지 않았다면 FIN(L)에 대한 ACK(L+1)을 보낼 수가 없을 것이다. 즉, TIME-WAIT 시간은 종료를 모두 완료하기 위해서 기다리는 시간이다.

TIME-WAIT를 사용하는 또 다른 이유는, 연결 종료 직후에 같은 IP 주소와 포트번호로 새로운 연결 요청이 오는 경우에 이를 허용하면(즉, 포트번호를 즉시 재사용하게 하면) 과거의 연결에서 전송되었던 세그먼트가 어떤 이유로 늦게 도착하는 것을 잘못 수신할 수가 있기 때문이다. 이는 또한 고의적인 해킹 공격 방지를 위해서도 필요하다.

TIME-WAIT 상태를 2MSL 상태라고도 부르는데 그 이유는 TIME-WAIT 상태에서 기다리는 시간이 2*MSL(Maximum Segment Lifetime) 시간이기 때문이다. MSL은 네트워크 내에서 세그먼트가 남아있을 수 있는 최대 예상 시간을 말한다. 달리 표현하면 이 시간 이상 세그먼트가 네트워크 내에 남아 있을 수 없다는 뜻이다. 예를 들어, IP의 TTL 값을 최대 값인 255로 한 경우라도 2MSL 시간 이내에 모든 데이터그램은 목적지에 도착하거나 TTL에 의해 파기될 수 있도록 MSL은 충분히 큰 값이어야 한다. 대부분의 시스템은 30초에서 2분 사이의 값을 갖는다.

만약 TIME-WAIT 상태에 머물고 있는 동안에 과거에 전송된 세그먼트가 도착하였다면 이 세그먼트는 버려지고 2MSL 타이머는 처음부터 다시 시작된다. TIME-WAIT 시간 이후에 즉, 모든 연결이 종료된 이후에 도착하는 세그먼트는 무시되고 송신 측으로는 리셋(RST) 비트를 세트하여 전송한다.

Passive close 측에서는 TIME-WAIT 상태를 갖지 않는다. 즉, FIN(L)을 보낸 후에 상대방으로부터 ACK(L+1)을 받으면 TCP 초기 상태 즉, 연결이 되지 않은 상태로 간다.

클라이언트-서버 통신 모델에서 서비스 사용이 종료될 때 가능하면 클라이언트가 active close를 신청하는 것이 바람직하다. 그래야 서버측은 TIME-WAIT 상태에 들어가지 않고 바로 같은 포트번호를 사용해서 다른 서비스 요청에 응답할 수 있기 때문이다.

리셋

정상적인 TCP 연결 설정이 되지 않은 상태에서 데이터가 수신되면 TCP는 상대방으로 RST 비트를 세트하여 전송한다. 이러한 현상은 통신 중에 상대방 컴퓨터가 재부팅된 경우에도 발생할 수도 있다.

현재 연결 요청을 기다리고 있는 포트가 없는 상태(예를 들어, 서버 프로그램이 아직 실행되고 있지 않은 상태)에서 연결 요청이 들어와도 상대방으로 리셋을 전송한다.

연결을 즉시 종료하기 위해서도 리셋이 사용된다. 정상적인 연결 종료에서는 FIN을 사용하는데 FIN이 전송되기 전에 이미 전송된 일반 데이터는 송신이 보장된다(즉, 데이터 전송이 완료될 때까지 기다려준다). 그러나 RST을 사용하여 연결을 즉시 종료(abortive release)하게 되면 아직 전송되지 않은 데이터가 있더라도 이들이 안전하게 송신되는 것은 보장되지 않는다.

RST을 수신한 측에서는 ACK를 보내지 않아도 된다. 수신 측 TCP에서는 정상 종료가 아니라 오류에 의해 연결이 종료되었다고 응용 프로그램에 보고를 하게 된다(참고로 FIN을 수신했을 때에는 EOF를 수신한 것처럼 처리하였다).

TCP 연결 종료 시에 FIN대신 RST을 전송하려면 linger 소켓 옵션(SO_LINGER)을 사용하면 된다. SO_LINGER 옵션을 지정하면 연결 종료 시 즉시 또는 옵션에서 정한 일정한 시간 후에 FIN 대신 RST이 전송된다.

4.3.5 데이터 송수신

MSS

서브네트워크가 한 번에 전송할 수 있는 최대 데이터 크기를 MTU라고 하고 종점 호스트 사이에 존재하는 서브네트워크들의 MTU 중 최소 MTU 값을 Path MTU라고 한다. 만일 TCP에서 세그먼트의 크기를 조절하여 IP 데이터그램의 크기가 path MTU 이하가 되도록 하면 IP 계층에서의 단편화 및 재조립이 발생하지 않을 것이다. 즉, IP 계층 및 라우터에서 데이터그램을 단편화하는 일이 발생하지 않도록 하기 위해서 TCP에서는 종점 간의 path MTU를 미리 알아내고 세그먼트 크기를 "path MTU - IP와 TCP의 헤더크기"로 정하는 것이 최적의 선택이 된다. 이와 같이 IP 계층에서의 단편화를 피하기 위하여 지정한 최대 세그먼트 크기를 MSS(Maximum Segment Size)라고 한다. 예를 들어, 이더넷으로 연결된 경우에는 MSS가 1500-40=1460 바이트가 된다(TCP와 IP의 헤더가 각각 20 바이트인 경우).

MSS 값은 TCP 연결 설정 시에 상대방과 협약한다. 이를 위해서 SYN 전송 시에 자신이 원하는 MSS 값을 상대방에게 알려주고 상대방 호스트는 자신의 MSS 값과 이 MSS 값을 비교해서 두 MSS 값 중에 작은 값을 리턴해 준다. 만일 연결 설정 시에 상대방이 MSS 값을 알려오지 않으면 디폴트 MSS 값은 536 바이트로 선택된다(이 경우에 IP 데이터그램의 크기는 536+40= 576 바이트가 된다).

TCP 데이터 송수신

TCP는 송신 버퍼와 수신 버퍼를 각각 가지고 있다(이를 소켓 송신 버퍼와 소켓 수신 버퍼라고도 부른다). TCP의 데이터 송수신 형태를 다음과 같이 두 가지로 나누어 살펴보겠다.

- bulk 데이터 전송: ftp, mail, http 등
- interactive 데이터 전송: telnet 등

Bulk 데이터 전송

Bulk 데이터 전송의 예로서 예를 들어, 응용 프로그램에서 10000바이트의 데이터 송신을 위해 write() 또는 send()를 호출하면 아래와 같은 절차를 거쳐서 데이터가 전송된다. TCP는 송신 버퍼에 10000바이트를 복사한 후 이를 MSS 단위로 단편화하고 TCP 헤더 20바이트를 붙여 세그먼트로 만든 후 IP 계층으로 넘겨준다. 이러한 작업을 10000바이트를 다 전송할 때까지 반복한다. IP 계층에서는 각 세그먼트에 IP 헤더 20바이트를 붙이고 링크 계층으로 보내어 전송하도록 한다.

응용 프로그램에서 write()문은 전송할 데이터가 송신 버퍼에 복사만 되면 리턴된다는 것을 주의해야 한다. 즉, write()가 리턴되었다고 해서 데이터가 네트워크로 모두 송신된 것은 아니며 더욱이 목적지에 도착했는지도 알 수가 없다. 송신 버퍼가 충분히 커서 10000 바이트를 한 번에 수용할 수 있었다면 write()는 바로 리턴되는 것이다. 만일 송신 버퍼의 여유 공간이 부족하여 write() 문이 한 번에 데이터를 송신버퍼로 복사하지 못한 경우에는 write()가 블록 상태가 되어 대기한다.

전송한 데이터에 대해 상대방으로부터 Ack가 올 때까지 데이터는 송신 버퍼에 보관되어 있어야 한다. 이렇게 하는 이유는 상대가 Ack를 보내지 않으면 재전송해야 하기 때문이다. 참고로 UDP에서는 재전송을 하지 않으므로 버퍼링을 하지 않는다.

수신 측에서는 IP 계층에서 IP 헤더(20바이트)를 제거하고 TCP 계층으로 넘겨주며 TCP 계층에서는 TCP 헤더(20바이트)를 제거하고 수신 버퍼로 데이터를 복사한다.

Interactive 데이터 송수신

예를 들어, rlogin의 경우 기본적으로 키 입력 시마다 한 바이트씩 데이터를 전송한다. 서버에서도 기본적으로 글자 단위로 에코하므로 그림 4-12와 같이 한 글자 입력에 대해서 4개의 세그먼트 전송이 발생하게 된다. 이 때 서버가 보내오는 ACK와 에코는 한 세그먼트로 묶어서 전송될 수도 있다.

이처럼 TCP는 크기가 작은 데이터 송수신 시에 전송 효율이 매우 낮다는 것을 알 수 있다. 그러나 응용 계층에서는 즉각적인 반응을 원하므로 이러한 비효율성을 감수하고 있는 것이다. 한편 telnet의 경우는 한 라인씩 전송하도록 옵션을 정해줄 수 있다.

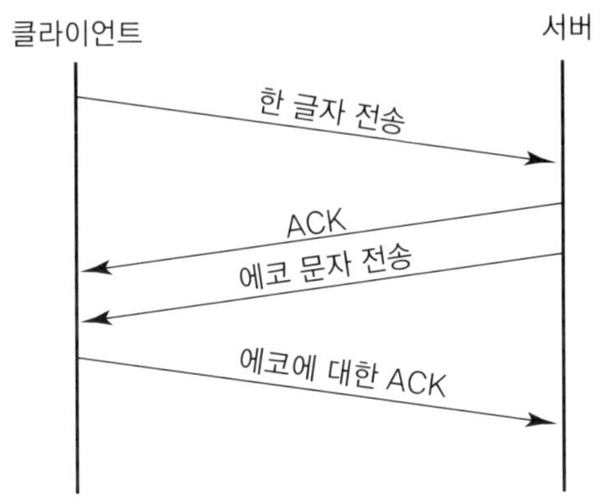

그림 4-12 rlogin에서 한 글자 전송 시의 메시지 송수신 절차

흐름제어

TCP의 흐름제어는 수신 측의 수신 버퍼에 의한 흐름제어와 송신 측의 송신 버퍼에 의한 흐름제어 두 가지가 있다. 먼저 수신 측의 사정에 의한 흐름제어를 설명하겠다.

수신 측에서는 수신 버퍼의 여유 크기를 고려하여 상대방이 전송할 수 있는 데이터 양을 바이트 단위로 알려줌으로써 상대방이 너무 많은 데이터를 보내지 못하도록 흐름제어를 한다. 이를 위해 수신 측은 수신할 수 있는 데이터 양을 윈도우(Window) 필드(16비트)를 통해 송신 측으로 알려주고 송신 측은 윈도우 크기 내에서만 TCP 데이터를 전송하게 된다.

이상의 설명은 수신 측의 상태에 따른 흐름제어였다. 송신 측에서는 송신 버퍼가 부족하면 write(), send()와 같은 쓰기 함수가 블록된다.

TCP가 사용하는 송신 및 수신 버퍼의 크기를 변경할 수 있는데 이를 위해서는 소켓 옵션을 변경하면 된다(단, TCP 연결이 성립되기 전에 변경해야 한다).

그러나 실제로는 송수신 측 호스트의 버퍼가 부족하여 흐름제어가 일어나는 경우는 많지 않다. 왜냐하면 송수신 호스트가 일반 PC라 하더라도 처리 속도가 네트워크 속도에 비하여 매우 빠르고 대부분 충분한 메모리를 가지고 있기 때문에 버퍼(메모리)가 부족하여 흐름제어가 일어나는 일은 거의 없다. TCP에서 데이터 송신이 제한되는 주된 이유는 다음에 설명할 네트워크(즉, 라우터와 링크)의 사정에 의한 혼잡제어에 의한 경우가 대부분이다.

혼잡제어

인터넷의 전송 용량의 한계로 인해 혼잡이 발생하면 송신 측의 전송 속도를 늦추어 네트워크 혼잡을 피하도록 하는데 이것을 혼잡제어(congestion control)라고 한다.

TCP에서는 혼잡제어를 하기 위해 혼잡 윈도우(congestion window)를 사용한다. 송신 측은 앞에서 설명한 흐름제어 윈도우(Window)와 혼잡 윈도우 중 작은 값을 최종 윈도우 크기로 정하고 이 범위 내에서만 송신을 할 수 있다.

송신 측 TCP는 수신 측으로부터 정상적으로 Ack가 오면 아직 네트워크의 처리 용량에 여유가 있는 것으로 판단하여 혼잡 윈도우를 1씩 증가시킨다. 이때 윈도우의 증가 단위는 MSS를 사용한다. 예를 들어, 정상적으로 Ack를 5회 받으면 혼잡 윈도우는 3 x MSS 값만큼 증가된다.

데이터가 정상적으로 송신되어 혼잡 윈도우가 계속 증가되다가 네트워크에 혼잡이 발생하면 혼잡 윈도우 값을 급격히 1로 줄여 송신 측의 전송량을 조정한다. 이때 네트워크에 혼잡이 발생한 것은 다음과 같은 현상이 발생하였을 때로 판단한다.

- 일정한 시간 내에 Ack가 오지 않아 재전송하는 경우
- 같은 메시지에 대해 Ack를 3회 이상 받는 경우

송신한 메시지에 대해 일정한 시간 내에 Ack가 오지 않으면 네트워크에 혼잡이 발생한 것으로 판단할 수 있다. 또한 어떤 메시지에 대해 수신 측 TCP가 Ack를 계속

보낸다는 것의 의미는 그 다음번에 도착해야 했을 메시지가 도착하지 않았거나 오류가 발생한 것을 나타낸다. 왜냐하면 TCP 수신 측에서는 특정 메시지가 분실된(또는 오류가 발생한) 사실을 송신 측으로 알려줄 수 있는 방법이 없으며 그 이전까지 정상적으로 받은 메시지에 대해 계속 반복하여 Ack를 보낼 수 밖에 없기 때문이다.

혼잡 윈도우 값이 1로 감소한 이후에 송신 측은 이제 정상적으로 송신이 이루어질 때마다 즉, Ack를 받을 때마다 혼잡 윈도우의 크기를 키워나간다. 그런데 혼잡 윈도우 값이 너무 천천히 증가하면 전송 효율이 떨어질 수 있으므로 혼잡 윈도우의 값이 1로 되기 직전의 혼잡 윈도우 값의 1/2이 될 때까지는 Ack가 올 때마다 혼잡 윈도우 값을 2배씩 증가하는 방법을 사용하고 있다. 예를 들어, 혼잡 윈도우가 현재 35*MSS일 때 혼잡이 발생하면 혼잡 윈도우를 1*MSS로 줄인다. 다음부터 Ack가 정상적으로 오면 혼잡 윈도우의 크기는 35/2가 될 때까지 2의 배수로 증가시킨다. 즉, 혼잡 윈도우는 2, 4, 8, 16까지는 2배씩 증가한 후에 17, 18, 19, ...에서는 1씩 증가한다.

4.4 UDP 프로토콜

UDP는 데이터의 분실 확인이나 전달 순서 보장을 해주지 않는다. 그러나 UDP는 TCP에 비하여 헤더의 크기가 작고 연결 지연이 없으므로 간단한 데이터를 주고받는 서비스에는 TCP보다 유리하다(실시간 서비스 등). 한편 방송(broadcast) 또는 멀티캐스트(multicast) 서비스를 위해서는 UDP를 사용해야 한다.

UDP 헤더

UDP의 헤더는 TCP 헤더보다 간단한데, 송신지와 수신지의 포트번호(16비트), 데이터그램 길이(16비트), 첵섬(UDP Checksum)으로 구성된다. UDP의 첵섬의 적용 범위는 TCP 세그먼트의 경우와 같다(그림 4-13 참조).

송신지 포트번호(Source Port)는 송신 측에서 수행되는 소켓을 구분하기 위한 번호이며 목적지 포트번호(Destination Port)는 목적지 소켓을 구분하기 위한 번호이다.

Length 필드는 헤더와 사용자 데이터를 합한 전체 길이를 바이트 단위로 나타낸다. Length는 16비트 크기이므로 65535 이내의 길이를 표현할 수 있다.

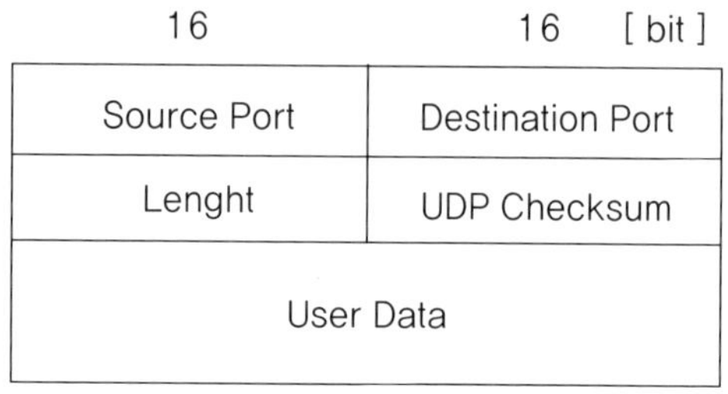

그림 4-13 UDP 프로토콜 데이터 단위

책섬은 헤더와 데이터를 모두 포함한 데이터그램 전체에 대해 오류를 탐지하기 위해서 사용된다.

UDP의 특징

UDP는 비연결형 트랜스포트 계층 서비스를 제공한다. 즉, UDP에서는 연결 설정 과정과 종료 과정이 없다. UDP는 스트림을 제공하지 않고 UDP 세그먼트 단위로 송수신이 이루어진다. 따라서 UDP는 TCP와 달리 전송하는 데이터의 경계를 송수신 측이 서로 알 수가 있는데 송신 측이 하나의 명령으로 보낸 데이터 단위(데이터그램)를 수신 측에서는 한 번의 read() 문으로 읽을 수 있다.

UDP는 프로토콜 헤더의 크기가 작고 연결 지연이 없으므로 간단한 세그먼트를 주고받는 경우에 유리하다. 한편 어떤 응용 서비스는 UDP를 사용해야만 하는 경우도 있는데 이러한 경우는 다음과 같다.

- 서버 프로그램이 UDP만을 사용하도록 작성되어 있는 경우
- 방송 또는 멀티캐스트해야 하는 경우
- 오버헤드를 줄이기 위한 실시간 스트리밍 서비스 등

UDP는 흐름제어나 Ack 기능을 제공하지 않으므로 데이터를 전송한 후 버퍼에 남겨두지 않는다. 그러나 UDP에서도 수신된 세그먼트에서 책섬으로 오류를 검사하며 오류 발생 시 이 데이터는 폐기된다.

UDP에서 큰 메시지를 송신하면 MTU 크기 제한에 의해 여러 개의 IP 데이터그램으로 단편화되어 전달된다. UDP는 전달 순서 확인이나 재전송 등을 하지 않으므로 가능하며 단편화를 피하는 것이 안전하다. 다시 말하면 UDP로 MTU 크기 이상의 메시지를 보내면 여러 데이터그램으로 단편화되고 이 데이터그램들 중 하나라도 오류가 발생하면 메시지 전체가 버려지게 되며 재전송도 이루어지지 않는다.

또한 UDP에서 수신 버퍼에 도착한 데이터를 응용 프로그램에서 읽을 때 작은 크기의 버퍼를 사용하면 데이터가 분실될 수 있다. 예를 들어, 10000바이트 크기의 UDP 데이터가 수신 버퍼에 도착했는데 응용 프로그램에서 1024바이트 크기의 버퍼로 데이터를 읽는다면 1024바이트 이후는 버려진다. 왜냐하면 UDP에서는 TCP처럼 루프를 돌면서 나머지 데이터를 읽을 수 없기 때문이다.

위의 두 가지 이유로 UDP에서는 가능한 단편화가 일어나지 않도록 해야 한다. 한편 모든 UDP 구현에서는 최소한 576 바이트 이상의 수신 버퍼를 사용하도록 약속되어 있으므로 UDP 송신 시에 576 바이트 크기 이하의 메시지에 대해서는 수신 버퍼가 부족하여 버려지는 일이 발생하지 않는다.

4.5 연습문제

1. TCP/IP 프로토콜 구조를 네 개의 계층으로 분류하고 각 계층별로 수행하는 주요 기능을 설명하시오.
2. 인터넷에서 well-known 포트 번호들을 미리 지정하는 이유는 무엇인가?
3. MTU(Maximum Transmission Unit)의 크기는 실제로 어떤 값으로 정해지는지 알아보시오.
4. IP 패킷 헤더에서 TTL(Time To Live)이 필요한 이유는 무엇인가?
5. IP, TCP, UDP의 헤더의 크기는 각각 몇 바이트인가?
6. LAN에서 ARP가 필요한 이유는 무엇인가?
7. TCP에서 제공하는 흐름제어의 원리를 설명하시오.
8. TCP의 TIME-WAIT 상태가 필요한 이유를 설명하시오.
9. MSS(Maximum Segment Size)의 최적의 값은 어떻게 정하는 것이 바람직한가?
10. TCP와 UDP는 각각 어떤 종류의 응용 프로그램에서 사용하는 것이 적절한가?

05 소켓과 네트워크 클래스

소켓(socket)은 TCP/IP를 이용하기 위한 통신 인터페이스를 말한다. 소켓 인터페이스를 사용함으로써 네트워크 프로그램을 편리하게 작성할 수 있는데 5장에서는 소켓의 개념과 특징을 소개하고 소켓을 지원하는 자바의 클래스들과 소켓 응용 프로그램 작성법을 소개하겠다.

5.1 소켓의 이해

소켓은 TCP/IP를 이용하는 API로서 인터넷을 이용하는 네트워크 응용 프로그램은 대부분 소켓 API를 이용해서 구현되어 있다. http 프로토콜을 사용하는 웹 서비스를 포함해서, ftp, e-mail 등의 인터넷 응용 프로그램도 내부적으로는 소켓을 이용하고 있고, 개발자가 임의로 작성하는 네트워크 서비스 응용 프로그램도 대부분 소켓 인터페이스를 이용해서 구현된다.

소켓 인터페이스는 유닉스, 윈도우, 자바 등 대부분의 컴퓨터 플랫폼에서 제공되고 있으며 모두 TCP/IP라는 표준 통신 프로토콜을 지원하고 있어 소켓 인터페이스를 이용한 프로그램 간에 상호 통신 호환성을 제공하게 된다. 즉, 유닉스, 윈도우, 자바 환경에서 각각 작성한 소켓 응용 프로그램들은 IP 패킷을 서로 주고받는

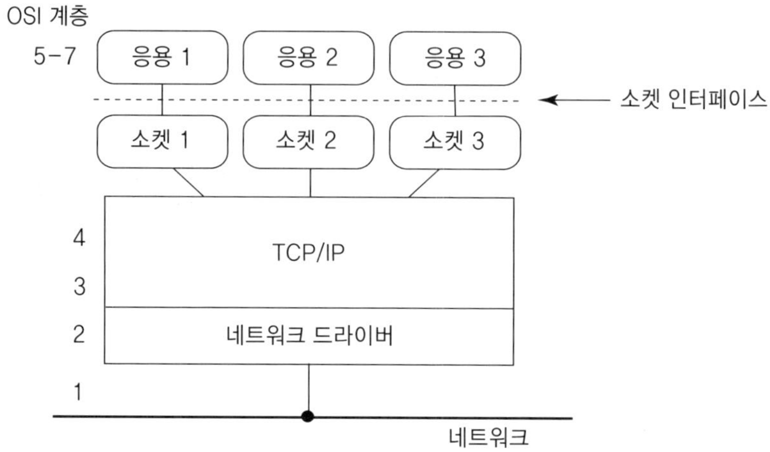

그림 5-1 소켓 인터페이스의 위치

데 아무런 문제가 없다.

그림 5-1에 세 개의 응용 프로그램이 각각 소켓을 통하여 TCP/IP를 이용하고 있는 것을 나타냈다. TCP나 UDP에서는 소켓을 구분하기 위해서 포트번호가 사용된다. 포트번호는 TCP와 UDP가 각각 배정하며 16비트로 표현되므로 각각 65535개의 포트를 구분할 수 있다.

응용 프로그램은 마치 파일에 데이터를 쓰고 읽듯이 소켓을 통해서 데이터를 쓰고 읽으며 이것은 TCP/IP 프로토콜을 이용하여 목적지 호스트로 송수신된다. 내부 파일로의 입출력과 달리 소켓을 통한 입출력은 네트워크를 경유하여야 하므로 즉시 이루어지지 않고 지연이 발생할 수 있다는 차이가 있다. 소켓에 대한 자세한 내용은 5.3절에서 다룬다.

5.2 IP 주소 클래스

5.2.1 InetAddress 클래스

자바의 소켓 관련 클래스를 설명하기 전에 IP 주소를 다루는 InetAddress 클래스를 먼저 소개하겠다. 예를 들어 자신의 컴퓨터의 IP 주소를 얻으려면 InetAddress 클래스가 제공하는 getLocalHost() 메소드를 다음과 같이 사용하면 된다.

```
InetAddress inetaddr = InetAddress.getLocalHost();
System.out.println("\n IP Address is : " + inetaddr.getHostAddress());
```

위에서 getLocalHost()는 static 메소드이므로 InetAddress의 객체를 만들 필요 없이 클래스명에서 바로 호출할 수 있다. InetAddress 객체에는 인터넷 주소에 관한 여러 가지 정보가 담겨있게 되고 getHostAddress() 메소드는 그중에서 IP 주소를 리턴한다.

IP 주소는 32비트로 구성되어 있으나 편의에 따라 192.203.144.11과 같은 dotted decimal 방식으로 또는 www.kangwon.ac.kr과 같은 알파벳으로 된 도메인 네임으로 표현하기도 한다. 위에서 getLocalHost()로 얻은 inetaddr은 클래스 InetAddress 타입이므로 이로부터 도메인 네임, dotted decimal 주소 또는 4바이트 IP 주소를 얻으려면 각각 getHostName(), getHostAddress(), 그리고 getAddress() 메소드를 사용해야 한다.

```
String domain = inetaddr.getHostName();     // 도메인 네임을 얻음
String ip = inetaddr.getHostAddress();      // dotted decimal 주소
                                               를 얻음
byte[] ip_byte = inetaddr.getAddress();     // 4바이트 IP 주소를 얻음
```

InetAddress가 제공하는 메소드들을 소개하면 다음과 같다.

```
byte[] getAddress()                          // 바이트로 표현된 IP 주
                                                소를 리턴
String getHostName()                         // 호스트의 도메인 네임
                                                을 얻음
static InetAddress getByName(String host)    // 도메인 네임으로부터
                                                IP 주소를 얻음
static InetAddress[] getAllByName(String host) // 호스트의 모든 IP 주소
                                                를 리턴
String getHostAddress()                      // dotted decimal IP
                                                주소를 얻음
static InetAddress getLocalHost()            // 로컬 호스트의 IP 주소
                                                를 얻음
boolean isMulticastAddress()                 // 멀티캐스트 주소인지를
                                                확인
String toString()                            // IP 주소를 스트링 형태
                                                로 바꿈
```

예를 들어 도메인 네임으로부터 호스트의 IP 주소를 String 타입으로 얻으려면 getByName()을 다음과 같이 사용하면 된다.

```
String h_name = "telecom.kangwon.ac.kr";
InetAddress inetaddr = InetAddress.getByName(h_name);
String ip = inetaddr.getHostAddress();
```

어떤 호스트는 여러 개의 IP 주소를 가지고 있을 수 있는데 이러한 호스트의 모든 IP 주소들을 알려면 getAllByName()를 사용하면 된다(이 메소드는 InetAddress의 어레이를 리턴함). 한편 IP 주소를 얻는 세 개의 메소드 getLocalHost(), getByName(), getAllByName() 들은 실행 중에 UnknownHostException 예외를 발생시킬 수 있으므로 try-catch로 이 확인예외를 처리해 주어야 한다.

5.2.2 인터넷 주소 사용 예

InetAddress 클래스를 이용하여 현재 사용 중인 호스트의 주소를 알아내고, 임의의 호스트의 도메인 네임으로부터 IP 주소를 얻는 프로그램 IPAddress.java를 소개하겠다. IPAddress의 실행 결과 예는 아래와 같다.

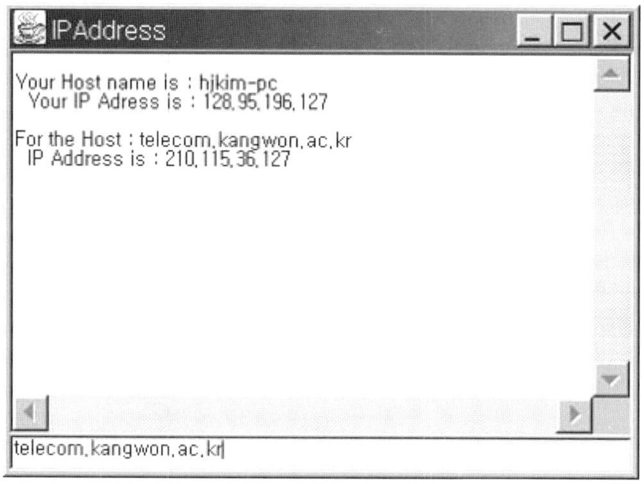

IPAddress의 main()에서는 호스트의 이름을 입력받기 위한 텍스트필드 inputText와 각종 출력을 보기 위한 텍스트 영역 output을 정의하였다. 다음에는 IPAddress 객체를 만들고 work()라는 사용자 정의 메소드를 실행시키는데, work() 내에서는 컨테이너로 사용할 프레임을 하나 만들고 여기에 텍스트 필드와 텍스트 영

역을 배치하였다. 참고로, main()에서 모든 작업을 하지 않고 work()와 같은 사용자 메소드에서 필요한 작업을 하게 하는 이유는 main()이 static 메소드이므로 main() 외부의 non-static 멤버 액세스에 제한을 받기 때문이다. non-static 메소드인 work()에서는 클래스 내의 non-static 멤버를 자유롭게 액세스할 수 있다.

텍스트 필드 inputText에 임의의 호스트의 이름을 입력하고 리턴 키를 입력할 때 ActionEvent가 발생하는데 이 이벤트를 처리하기 위하여 AddressListener라는 리스너를 정의하였고 이 리스너를 addActionListener()를 사용하여 연결해 두었다. 내부 클래스(inner class)인 AddressListener에서는 해당 호스트의 정보를 찾아 output에 출력한다(내부 클래스란 다른 클래스 내부에 새로운 클래스를 편리하게 정의하는 것을 말한다).

텍스트 필드에 입력된 문자열을 읽을 때에는 getText() 메소드를 사용하고 텍스트 영역에 스트링을 출력할 때에는 append() 메소드를 사용한다.

```
// 파일명: IPAddress.java
// 기  능: 자신의 IP 주소 및 임의의 호스트의 IP 주소 얻기
// 컴파일: javac IPAddress.java
// 사용법: java IPAddress

import java.awt.*;
import java.awt.event.*;
import java.net.*;
import java.io.*;

public class IPAddress {
   TextField inputText;   // 호스트 이름 입력 창
   TextArea output;       // 결과 출력 창

   public static void main (String args[]) {
      new IPAddress().work();
   }

   public void work() {
      Frame f = new Frame("IPAddress");
      output = new TextArea();
      inputText = new TextField("<Type Host Name here>");
      inputText.addActionListener(new AddressListener());
      f.add(output, "Center");    // 텍스트 영역을 프레임에 추가
      f.add(inputText, "South"); // 텍스트 필드를 프레임에 추가
```

```
        f.setSize(400, 300);                    // 프레임의 초기 크기 지정
        f.setVisible(true);                     // 프레임이 보이도록 함
        // 자신의 IP 주소 찾기
        try {
          InetAddress inetaddr = InetAddress.getLocalHost();
          output.append("\nYour Host name is : " + inetaddr.getHostName ());
          output.append ("\n Your IP Adress is : "+inetaddr.getHostAddress ());
        } catch (UnknownHostException ex) {
            output.append  ("\nError in getLocalHost()\n");
        }
    }

    // 임의의 호스트 IP 주소 찾기
    class AddressListener implements ActionListener {
        public void actionPerformed(ActionEvent ae) {
          String h_name = inputText.getText();
          try {
              InetAddress inetaddr = InetAddress.getByName(h_name);
              output.append ("\n\nFor the Host : "
                + inetaddr.getHostName());
              output.append  ("\n  IP Address is : "
              + inetaddr.getHostAddress());
            } catch (UnknownHostException ex) {
              output.append ("\nFailed to find : " + h_name);
            }
        }
    }
}
```

5.3 Socket 클래스

자바에서는 소켓 인터페이스를 개설하기 위해서 Socket 및 이와 관련된 클래스들이 사용된다. 구체적으로 설명하면, TCP 클라이언트에서는 소켓을 개설하기 위해 Socket 클래스를, TCP 서버에서는 ServerSocket 클래스를, 그리고 UDP에서는 클라이언트와 서버 모두 DatagramSocket 클래스를 사용한다. 여기서는 먼저 TCP 클라이언트가 사용하는 Socket 클래스에 대하여 배우겠다.

5.3.1 소켓 개설

TCP 클라이언트에서는 소켓을 개설하기 위해서 먼저 Socket 객체를 만들어야 한다. 참고로 유닉스 플랫폼에서 C 언어로 소켓을 개설하는 경우에는 socket() 함수를 호출한 후에 connect()를 호출하여야 서버와 연결되었으나 자바에서는 Socket 객체를 만들 때 바로 서버와 연결이 이루어진다. 즉, Socket 객체가 성공적으로 만들어지면 서버와 연결된 것이다. 물론 이를 위해서는 연결될 서버가 먼저 실행되고 있어야 한다.

아래는 Socket 객체를 생성하는 코드인데 host는 연결하고자 하는 상대방 서버의 이름을 나타내는 스트링이고 port는 서버 프로그램의 포트번호를 나타낸다.

```
String host = "telecom.kangwon.ac.kr";
int port = 21;
Socket s = new Socket(host, port);     // Socket 객체 생성 및 서버와 연결
```

String 타입의 도메인 이름 대신 InetAddress 타입의 주소를 인자로 하여 Socket 객체를 만들 수 있는데 이때는 다음과 같은 Socket 생성자를 사용하면 된다.

```
InetAddress inetaddr = InetAddress.getByName("telecom.kangwon.ac.kr");
int port = 21;
Socket s = new Socket(inetaddr, port);
```

일반적으로 클라이언트에서는 소켓에서 사용할 "자신의" 포트번호는 지정하지 않는다. 왜냐하면 클라이언트는 서버에 접속만 하면 되므로 자신의 포트번호가 어떤 값이든 관계가 없고 또 여러 클라이언트 프로그램이 한 호스트에서 동시에 실행될 때도 있으므로 만일 여러 클라이언트가 같은 포트번호를 사용하면 컴파일 오류가 발생하기 때문이다. 따라서 일반적으로 클라이언트는 시스템(TCP/IP)이 임의로 배정하는 포트번호를 자신의 포트번호로 사용한다.

그런데 클라이언트에서도 자신의 로컬 포트번호를 명시하여 지정하여야 할 경우가 있다(예를 들어 서버가 특정한 클라이언트 포트번호를 요구하거나 보안상의 이유로). 이때는 Socket 객체 생성 시에 특정한 포트번호를 배정하는 다음과 같은 생성자를 사용하면 된다.

```
Socket(InetAddress addr, int port, InetAddress localAddr, int localPort);
```

위에서 addr과 port는 각각 서버의 InetAddress 주소와 포트번호이고 localAddr와 localPort는 클라이언트에서 사용할 InetAddress와 포트번호이다.

한편, 서버의 주소가 잘못되었거나 네트워크가 동작하지 않는 경우 등의 이유로 Socket 객체가 만들어지지 않으면 IOException 예외가 발생한다.

5.3.2 소켓을 통한 데이터 송수신

소켓을 만든 후에 이 소켓을 통하여 데이터를 송수신하려면 이 소켓과 연결된 InputStream과 OutputStream을 각각 만들어야 하는데 이를 위하여 getInputStream()과 getOutputStream() 메소드를 이용한다. 그런데 이렇게 얻은 스트림은 바이트 스트림이므로 문자 단위의 입출력을 하려면 바이트 스트림을 문자 스트림으로 바꾸어 주는 InputStreamReader()와 OutputStreamWriter()를 사용하여야 한다. 또한 효율적인 송수신을 하려면 고수준 스트림인 Buffered 또는 Data 스트림으로 만들어 사용하면 된다.

아래는 소켓 s와 연결하여 고수준 문자 입력 스트림 BufferedReader와 고수준 문자 출력 스트림 BufferedWriter를 만드는 코드이다.

```
Socket s = new Socket(host, port);
BufferedReader br = new BufferedReader(new InputStreamReader
                                       (s.getInputStream()));
BufferedWriter bw = new BufferedWriter(new OutputStreamWriter
                                       (s.getOutputStream()));
```

소켓을 닫을 때는 close()를 사용하면 되는데 Buffered 스트림을 만든 경우에 버퍼에 저장된 데이터를 잃지 않으려면 이 Buffered 스트림을 먼저 닫은 후에 소켓을 닫아야 한다.

아래는 Socket 클래스가 제공하는 주요 메소드를 나타냈다.

```
void close()                        // 소켓을 닫는다
InetAddress getInetAddress()        // 상대방의 InetAddress를 리턴
InputStream getInputStream()        // 이 소켓과 연결된 InputStream을 얻는다
InetAddress getLocalAddress()       // 자신의 InetAddress를 리턴
int getLocalPort()                  // 자신의 포트 번호를 리턴
OutputStream getOutputStream()      // 이 소켓과 연결된 OutputStream을 얻는다
```

```
int getPort()                    // 상대방의 포트번호를 리턴
boolean getTcpNoDelay()          // TCP_NODELAY 옵션 상태를 확인
void setSoTimeout(int timeout)   // read()가 기다리는 최대값을 지정
void setTcpNoDelay(boolean on)   // TCP_NODELAY (Nagle's 알고리즘) 옵션
```

Socket 클래스의 사용 예로 에코 서비스를 이용하는 클라이언트 프로그램을 작성해 보겠다. 아래에 에코 클라이언트 프로그램 MyEcho.java를 소개했는데, 먼저 명령문 인자로 받은 서버의 이름과 포트번호(예: 7)를 이용하여 소켓을 만들었다. 명령문 인자 args[]는 모두 String 타입의 문자열이므로 이를 정수로 바꾸기 위하여 Integer 클래스가 제공하는 parseInt() 메소드를 사용하였다. 이 소켓을 통하여 문자 단위의 입출력을 하기 위하여 고수준 문자 입출력 스트림 br과 bw를 만들었다. 한편 키보드 입력을 받기 위하여 BufferedStream in을 만들었는데 BufferedStream이 제공하는 줄 단위 읽기 메소드인 readLine()을 이용하여 한 문장을 읽은 후 이를 서버로 전송하였다. 그런데 메시지를 전송하는 write()문에서는 〈Enter〉를 전송하지 않으므로 에코가 되도록 하기 위하여 메시지 마지막에 new line을 추가하여 전송하였다.

```
// 파일명: MyEcho.java
// 기  능: 임의의 서버가 제공하는 에코 서비스를 이용하는 클라이언트
// 컴파일: javac MyEcho.java
// 사용법: java MyEcho telecom.kangwon.ac.kr 7

import java.net.*;
import java.io.*;

public class MyEcho {
  public static void main(String[] args) {
    if (args.length != 2) {
      System.out.println("사용법: java MyEcho hostname port(7)");
      System.exit(0);
    }
    try {
      String host = args[0];             // 호스트 주소
    int port = Integer.parseInt(args[1]); // 에코 서비스 포트 번호 (7)
    Socket s = new Socket(host, port);  // Socket 객체 생성

    // 고수준 입출력 문자 스트림 생성
```

```
            BufferedReader br = new BufferedReader(
              new InputStreamReader(s.getInputStream()));
            BufferedWriter bw = new BufferedWriter( new
              OutputStreamWriter(s.getOutputStream()));

            // 키보드로부터 데이터를 입력받기 위한 스트림 생성
            BufferedReader in
            = new BufferedReader(new InputStreamReader(System.in));
            String txMsg, recMsg;
            while (true) {
              System.out.print("Data Input: ");
                txMsg = in.readLine();            // 키보드 입력 읽기
            bw.write(txMsg, 0, txMsg.length()); // 메시지 전송
            bw.newLine();
            // new line 전송
            bw.flush();                          // 네트워크로 강제 전송
            recMsg = br.readLine();              // 메시지 수신
            System.out.println("Echoed Data : "+ recMsg);
            }
            } catch(IOException e) {
            System.out.println(e);
        }
    }
}
```

5.4 ServerSocket 클래스

5.4.1 TCP ServerSocket 개설

TCP 서버는 클라이언트의 연결 요청을 받기 위해서 먼저 ServerSocket 객체를 만들고 accept()를 호출하고 있어야 한다. 아래는 ServerSocket을 만드는 예인데 서버에서 사용할 포트번호를 ServerSocket 생성자의 인자로 주면 된다.

```
int port = 3000;
Socket s;
ServerSocket ss = new ServerSocket(port);
s = ss.accept();    // 이곳에서 연결 요청을 기다림
```

위의 코드에서 ServerSocket이 만들어진 후 서버는 클라이언트의 연결 요청을 받기 시작하며 연결이 정상적으로 이루어지면 이 내용이 내부 큐에 저장된다. 이 ServerSocket에 대해서 accept() 메소드를 호출하면 큐에 있던 연결 상태 정보를 하나씩 얻는데 accept()는 Socket 타입의 객체를 리턴한다. 서버에서는 이 Socket 객체(위에서 s)를 통하여 접속된 클라이언트와 통신을 할 수 있다.

위에서 연결 상태를 저장하는 큐의 크기 즉, 여러 클라이언트로부터 접속 요청이 왔을 때 이를 접수해 둘 수 있는 큐의 크기를 backlog라고 하는데 디폴트 backlog 값은 50이다. 다른 backlog 값을 사용하려면 다음과 같은 모양의 ServerSocket 생성자를 사용하면 된다.

```
int backlogt = 1;
ServerSocket ss = new ServerSocket(port, backlog);
```

서버가 여러 IP 주소를 가진 multihomed 서버인 경우, 예를 들어 네트워크 인터페이스 카드를 여러 개 가지고 있는 경우에, ServerSocket은 디폴트로 서버 호스트의 모든 IP 주소로 오는 연결 요청을 받아들인다. 만일 특정 IP 주소로 들어오는 연결 요청만 받도록 지정하려면 다음과 같이 InetAddress 타입을 인자로 갖는 생성자를 사용하면 되는데 아래에서는 inetaddr을 서버 주소로 하는 연결 요청만 받게 된다.

```
ServerSocket(int port, int backlog, InetAddress inetaddr)
```

ServerSocket이 제공하는 주요 메소드는 다음과 같다.

```
Socket accept()                      // 클라이언트의 접속 요청을 받아들이며
                                     // 새로운 Socket 객체를 리턴
void close()                         // ServerSocket을 닫는다
InetAddress getInetAddress();        // 서버 자신의 인터넷 주소를 리턴
int getLocalPort()                   // 자신의 포트번호를 리턴
```

주의할 것은 ServerSocket을 close()로 닫아도, 이 ServerSocket을 통해 만들어졌던 Socket 객체들까지 close되는 것이 아니라는 것이다. 즉, 이미 만들어진 Socket 객체들은 계속 사용할 수 있다.

5.4.2. TCP 에코 서버 프로그램

ServerSocket 클래스를 이용하여 앞에서 소개한 MyEcho.java의 서버 역할을 하는 에코 서버 프로그램 MyEchoServer.java을 작성해 보겠다. 클라이언트인 MyEcho에서 이 에코 서버를 이용하려면 서버 프로그램 실행 시 명령문 인자로 지정하는 포트번호(예: 3000번)와 같은 포트번호를 사용하여야 한다(앞에서는 7번을 사용하였음). 서버와 클라이언트의 실행 예는 다음과 같다.

```
(서버)
C:\>MyEchoServer 3000

(클라이언트)
C:\>MyEcho localhost 3000
```

앞에서 소개한 에코 클라이언트 MyEcho에서는 한 줄씩 읽기 위하여 Buffered 문자 스트림을 사용하였지만 서버에서는 바이트 단위의 입출력을 하는 바이트 스트림을 사용하였다. 즉, 아래의 MyEchoServer에서는 InputStream이 제공하는 read() 메소드를 사용한다(read()는 int 타입을 리턴하지만 4바이트의 int 중에 최하위의 한 바이트만 사용한다). 주의할 것은, 서버와 클라이언트가 통신을 하기 위하여 반드시 같은 종류의 스트림을 사용할 필요는 없다는 것이다.

```
// 파일명: MyEchoServer.java
// 기  능: 자바 소켓을 이용한 에코 서버
// 컴파일: javac MyEchoServer.java
// 사용법: java MyEchoServer 3000

import java.io.*;
import java.net.*;
public class MyEchoServer {
   public static void main (String[] args) {
      if (args.length != 1) {
         System.out.println("사용법: java MyEchoServer port(3000)");
         System.exit(0);
      }
      try {
         ServerSocket ss
            = new ServerSocket (Integer.parseInt(args[0]));
         Socket s = ss.accept();
```

```
        InputStream in = s.getInputStream();
        OutputStream out = s.getOutputStream();
        int b;
        while (true) {
        b = in.read();              // 바이트 단위의 읽기
        out.write(b);               // 바이트 단위의 쓰기
        }
      } catch(Exception e) {
        System.out.println(e);
      }
    }
  }
```

5.5 연습문제

1. 소켓(socket)이란 무엇인가?
2. 소켓을 계속 개설하는 프로그램을 작성하고 자신의 PC에서 정상적으로 몇 개까지 소켓이 생성되는지를 알아보시오.
3. Socket 클래스와 ServerSocket 클래스의 기능의 차이점을 설명하시오.
4. 5.4.2의 에코 서버 프로그램과 통신하는 에코 클라이언트 프로그램을 작성하고 동작을 확인하시오.
5. 임의의 클라이언트로부터 오는 메시지를 각각 응답해 주는 에코 서버 프로그램을 작성하되 각 클라이언트의 IP 주소와 도착 시간을 메시지에 추가하여 응답하도록 하시오.

06

TCP 응용 프로그램

5장에서 TCP 클라이언트와 서버에서 각각 소켓을 개설하는 방법과 TCP 에코 클라이언트 및 서버를 작성하는 방법을 소개하였다. 여기서는 TCP 응용 프로그램으로서 TCP를 이용한 채팅 프로그램을 소개하겠다. 채팅 서버는 다수의 클라이언트와의 통신을 처리해야 하는데 이를 위해서 멀티 스레드를 사용하는 방법을 설명하겠다.

6.1 TCP 채팅 프로그램 구조

여기서는 자바의 멀티 스레드 기능을 이용하여 서버가 여러 클라이언트와 동시에 각각 통신을 수행하는 채팅 서버 프로그램을 작성하겠다.

채팅 서버 클래스 JavaChatServer와 채팅 클라이언트 클래스 JavaChatClient의 관계를 그림 6-1에 나타냈다. 서버는 클라이언트의 접속 요청을 받기 위하여 ServerSocket ss를 만들고 accept() 메소드를 실행하여 클라이언트의 접속 요청을 기다린다. 어떤 클라이언트가 채팅에 참가해오면 accept()가 Socket 객체를 리턴하는데 채팅 서버는 이 Socket을 사용하여 현재 접속 요청을 한 클라이언트와 통신을 하게 된다. 채팅 서버는 ServerSocket ss를 통하여 들어오는 새로운 접속 요청만 처

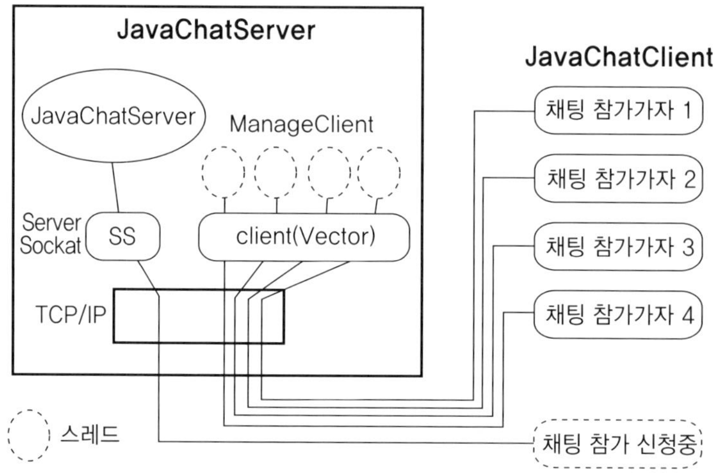

그림 6-1 자바 채팅 서버와 클라이언트의 연결 관계

리하고 있으며, 각 클라이언트와의 통신은 클라이언트가 접속될 때마다 생성되는 스레드 ManageClient가 담당하도록 하였다.

6.2 TCP 채팅 서버

6.2.1 채팅 서버 프로그램 개요

채팅 서버 클래스 JavaChatServer에서는 클라이언트에 대한 정보를 아래와 같은 벡터(Vector) client에 저장하였다.

```
Vector client = new Vector();
```

벡터는 일반 어레이와 달리 크기를 미리 정하지 않아도 되며 객체들을 벡터에 편리하게 추가, 삭제할 수 있고 벡터 내의 항목들을 쉽게 검색할 수 있다. 예를 들어 벡터의 끝에 새로운 객체를 추가하려면 addElement(Object obj)를 사용하고, 벡터의 i 번째의 객체를 리턴하려면 elementAt(int i)를 사용한다. 특정 객체의 인덱스를 얻으려면 그 객체를 인자로 하여 indexOf(Object obj)를 호출하면 되고 i 번째의 객체를 제거하려면 removeElementAt(int i)를 사용한다. 만일 벡터의 중간에서 어떤 항목을 삭제하면 그 뒤에 있던 항목들은 하나씩 앞으로 이동되며 벡터의 크기는 하나 감소한다.

Vector가 제공하는 주요 메소드는 다음과 같다.

```
addElement(Object obj)                // 벡터의 끝에 새로운 객체를 추가
insertElementAt(Object obj, int i)    // i 번째 위치에 객체를 삽입
contains(Object obj)                  // 벡터에 어떤 객체가 들어 있는지 확인
indexOf(Object obj)                   // 특정 객체의 인덱스를 리턴
elementAt(int i)                      // i 번째의 객체를 리턴
setElementAt(Object obj, int i)       // i 번째 객체를 새로운 객체로 바꿈
removeElementAt(int i)                // i 번째의 객체를 제거
size()                                // 벡터에 들어 있는 항목의 수를 리턴
capacity()                            // 벡터의 크기(용량)를 리턴
```

JavaChatServer의 main() 메소드에서는 JavaChatServer 타입의 객체를 하나 만드는 작업만 하며 객체가 만들어질 때 실행되는 생성자에서 서버의 각종 초기화 작업을 하도록 하였다.

아래는 생성자에서 수행하는 작업을 나타냈는데 먼저 ServerSocket을 만들고 accept()를 실행한다. accept()가 리턴되면 통신을 담당할 스레드 ManageClient를 하나 만들며 Socket 타입의 객체를 인자로 하여 그 스레드를 시작시킨다. 이 ManageClient 타입의 객체를 벡터 client에 추가하고, 벡터 client의 크기 즉, 현재 채팅 참가자 수를 화면에 출력한다. 이상의 작업을 마치면 서버는 다시 accept()를 호출하여 새로운 클라이언트를 기다리는 작업을 반복한다.

```
ss = new ServerSocket(Integer.parseInt(args[0]));
while(true) {
   s = ss.accept();
   ManageClient m = new ManageClient(s); // 스레드 생성
   client.addElement(m);                 // client 벡터에 추가
   System.out.println("New Client ! Number of client= " + (client.size()));
   m.start();                            // 스레드 동작 시작
}
```

아래는 각 클라이언트와의 통신을 담당할 스레드 ManageClient의 정의인데, 생성자에서는 인자로 받은 소켓 s로부터 입출력 스트림을 만든다(여기서는 Data 스트림을 사용하였다). 스레드가 실행할 내용을 구현하는 메소드인 run()에서는 입력 Data 스트림 dis로부터 readUTF()를 호출하여 메시지를 읽는다. 만약 상대방 클라

이언트가 메시지를 보내지 않고 있으면 프로그램은 이곳에서 기다리게 되는데 그렇더라도 이 스레드만 블록되는 것이므로 채팅 서버 프로그램 전체가 블록되는 것은 아니다. 만일 클라이언트가 프로그램을 정상적으로 종료하지 않고 채팅을 탈퇴하면 readUTF() 실행 중에 IOException이 발생하는데 이때 해당 클라이언트가 채팅을 탈퇴한 것으로 가정하고 이를 처리하는 메소드 exitClient()를 호출한다(exitClient()는 뒤에서 설명함). 만일 클라이언트가 "BYE"라는 메시지를 보내왔으면 정상적인 채팅 탈퇴를 처리하며 그 이외의 메시지는 모든 채팅 가입자들에게 broadcast() 메소드를 이용하여 방송하는데 전송할 메시지를 broadcast()의 인자로 전달한다.

```
class ManageClient extends Thread {
   Socket s;
   DataInputStream dis;
   DataOutputStream dos;
   // 생성자
   public ManageClient(Socket s) {
      this.s = s;
      try {
         dis = new DataInputStream(s.getInputStream());
         dos = new DataOutputStream(s.getOutputStream());
      } catch(IOException e) {
         System.out.println("Can't make stream");
      }
   }
   // run() 메소드
   public void run() {
      String msg;
      while(true) {
         try {
            msg = dis.readUTF();
         } catch(IOException e) {
            System.out.println("Reading error
               for a client. (Could be logout)");
            exitClient(this);
            return;
         }
         int index = msg.indexOf("BYE");
         if(index >= 0) {
            broadcast(msg.substring(0, index)
```

```
            + "님이 채팅을 종료한다.");
            exitClient(this);       // 채팅 탈퇴 처리
            return;                 // run() 메소드 종료
        } else {
            broadcast(msg);         // 모든 클라이언트에게 메시지를 방송
        }
        yield();                    // 다른 스레드에게 잠시 양보
        }
    }
}
```

아래는 모든 클라이언트에게 메시지를 방송하는 메소드 broadcast()인데, 먼저 현재 채팅 가입자 수를 벡터 클래스가 제공하는 size()로 알아낸 후, client의 각 항목 즉, 각 ManageClient 스레드 객체를 가리키는 참조(아래에서 m)를 얻은 다음 각 스레드의 출력 스트림(dos)으로 메시지를 전송한다.

```
public void broadcast(String msg) {
    int numOfConnect = client.size();
    for(int i = 0; i < numOfConnect; i++) {
        try
            ManageClient m
                = (ManageClient) client.elementAt(i);
            m.dos.writeUTF(msg);
            m.dos.flush();
        } catch(IOException e) {
            System.out.println("broadcast() error.");
        }
    }
}
```

아래는 채팅 탈퇴를 처리하는 메소드 exitClient()인데 탈퇴하려는 클라이언트와의 통신을 담당했던 스레드 즉, ManageClient 타입의 참조를 인자로 받는다(아래에서 c). 이 객체를 벡터 client에서 삭제하고 이 스레드와 관련된 소켓 및 입출력 스트림을 모두 닫는다.

```
public void exitClient(ManageClient c) {
    int i = client.indexOf(c);
```

```
    if (i >= 0) {
        client.removeElementAt(i);          // 스트림 및 소켓 닫기 처리
    }
```

6.2.2 채팅 서버 프로그램

아래에 자바 채팅 서버 프로그램 전체 리스트를 보였는데 스레드 클래스인 ManageClient는 내부 클래스로 정의하였다.

```
// 파일명: JavaChatServer.java
// 기 능: 자바 소켓을 이용한 채팅 서버
// 컴파일: javac JavaChatServer.java
// 사용법: java JavaChatServer 3000

import java.io.*;
import java.net.*;
import java.util.Vector;

public class JavaChatServer {
    ServerSocket ss = null;                  // 서버 소켓
    Socket s = null;                         // 클라이언트 소켓
    Vector client = new 벡터();

    public static void main(String[] args) {
        new JavaChatServer(args);
    }

    // 생성자
    JavaChatServer(String[] args) {
        try {
            ss = new ServerSocket(Integer.parseInt(args[0]));
        } catch(IOException e) {
            System.out.println("Can't make ServerSocket");
        }
        System.out.println("Java Chat Server started. Accepting
the client ...");

        try {
            while(true) {
```

```
            s = ss.accept();
            // 통신을 담당할 스레드 생성
            ManageClient  m = new ManageClient(s);
            client.addElement(m);
            System.out.println("New Client ! Number of client
                = " + (client.size() ));
            // 스레드 동작 시작
            m.start();
        }
    } catch(IOException e) { }
}
// 통신을 담당할 스레드 (내부 클래스)
class ManageClient extends Thread {
    Socket s;
    DataInputStream dis;
    DataOutputStream dos;
    // 생성자
    public ManageClient(Socket s) {
        this.s = s;
        try {
            dis = new DataInputStream(s.getInputStream());
            dos
             = new DataOutputStream(s.getOutputStream());
        } catch(IOException e) {
            System.out.println("Can't make stream");
        }
    }
    // run() 메소드
    public void run() {
        String msg;
        while(true) {
            try {
                msg = dis.readUTF();
            } catch(IOException e) {
                System.out.println("Reading error for a
                    client. (Could be logout)");
                exitClient(this);
                return;
            }
            int index = msg.indexOf("BYE");
            if(index >= 0) {
                broadcast(msg.substring(0, index)
```

```
                + "님이 채팅을 종료한다.");
            exitClient(this); // 채팅 탈퇴 처리
            return;           // run() 메소드 종료
        } else {
            broadcast(msg);   // 모든 클라이언트에게 메시지를 방송
        }
        yield();              // 다른 스레드에게 잠시 양보
    }
  }
}

// 모든 클라이언트에게 메시지를 방송하는 메소드
public void broadcast(String msg) {
  int numOfConnect = client.size();
  for(int i = 0; i < numOfConnect; i++) {
    try {
      ManageClient m
        = (ManageClient) client.elementAt(i);
      m.dos.writeUTF(msg);
      m.dos.flush();
    } catch(IOException e) {
      System.out.println("broadcast() error.");
    }
  }
}

// 클라이언트가 탈퇴할 때 호출되는 메소드
public void exitClient(ManageClient c) {
  int i = client.indexOf(c);
  if (i >= 0) {
    client.removeElementAt(i);
      try {
        if(c.dis != null) c.dis.close();
        if(c.dos != null) c.dos.close();
        if(c.s != null) c.s.close();
      } catch(IOException e) {
        System.out.println("IOException error");
      }
      System.out.println("A Client exited! Number of
            client= "+ client.size());
  } else {
      System.out.println("No such a client in Server! ");
```

```
        }
    }
}
```

6.3 TCP 채팅 클라이언트

6.3.1 TCP 채팅 클라이언트 프로그램 개요

앞에서 소개한 채팅 서버를 이용하는 클라이언트 프로그램 JavaChatClient.java를 작성하겠다. JavaChatClient 클래스는 java.awt package의 Frame 클래스를 상속받아서 작성하였다. JavaChatClient 실행 후에 자신의 이름을 입력한 후 Connect 버튼을 클릭했을 때의 화면을 다음에 보였다(채팅 서버가 먼저 실행되고 있어야 한다).

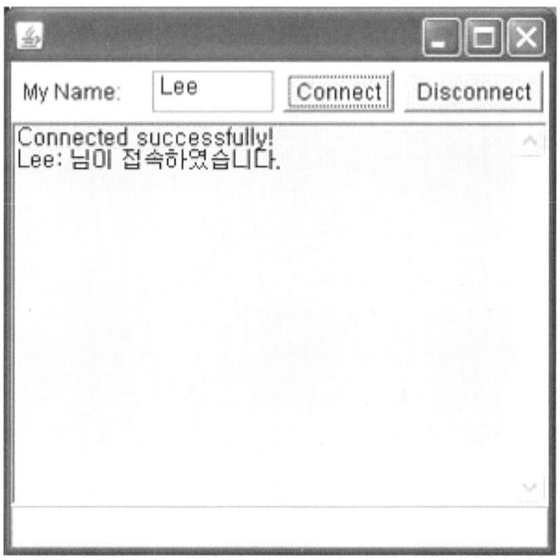

위에서 My Name 텍스트 필드에는 자신의 이름을 입력하고 채팅에 가입 및 탈퇴를 하려면 각각 Connect와 Disconnect 버튼을 누르면 된다. 전송할 메시지는 화면 하단의 텍스트 필드에 입력하며 모든 채팅 메시지는 중앙의 텍스트 영역에 출력된다.

JavaChatClient 클래스는 Frame을 상속 받으면서 동시에 스레드를 만들 수 있도록 Runnable 인터페이스를 구현한다고 선언하였다(프로그램 전체 소스는 이 절의 뒷부분에 있음).

```
public class JavaChatClient extends Frame implements Runnable{
```

클라이언트가 하는 일은 크게 두 가지로 나눌 수 있는데 사용자의 메시지를 입력받아서 서버로 전달하는 일과, 서버에서 오는 채팅 메시지들을 화면에 보여주는 작업이다. 사용자의 입력 처리는 사용자가 리턴 키를 입력하였을 때만 처리하면 되므로 ActionEvent 이벤트 처리 루틴에서 담당하도록 하였고, 메시지 수신은 소켓을 계속 관찰하여야 하는 작업이므로 readMessage라는 스레드를 만들어 이것이 처리하도록 하였다.

JavaChatClient가 실행될 때 JavaChatClient 클래스의 생성자인 JavaChatClient()에서는 먼저 패널(Panel)을 하나 만들고 여기에 이름을 입력할 텍스트 필드, Connect 버튼, 그리고 Disconnect 버튼을 배치하였고 각 버튼을 누를 때 실행될 이벤트 처리 루틴(리스너)들을 등록하였다. 예를 들어 Connect 버튼을 누르면 ConnectListener가 실행되도록 하였다.

```
public  JavaChatClient(String host) {
   this.HOST = host;

   // 이름 입력 창, 연결 및 탈퇴 버튼
   Panel p = new Panel();
   Label label = new Label("My Name:");
   name = new TextField("noname");
   connect = new Button("Connect");
   connect.addActionListener(new ConnectListener());
   disconnect = new Button("Disconnect");
   disconnect.addActionListener(new DisconnectListener());
   p.add(label);
   p.add(name);
   p.add(connect);
   p.add(disconnect);

   // 메시지 입출력 창
   memo = new TextArea();
   memo.setEditable(false);
   field = new TextField();
   field.addActionListener(new SendListener());
```

```
        setLayout(new BorderLayout());
        add(p, BorderLayout.NORTH);
        add(memo, BorderLayout.CENTER);
        add(field, BorderLayout.SOUTH);
        this.setSize(300, 300);
        this.setVisible(true);
    }
```

Connect 버튼을 눌렀을 때 실행되는 ConnectListener 클래스의 내용을 먼저 설명하겠다. 이 리스너에서는 버튼이 눌릴 때 발생하는 ActionEvent를 처리하는 메소드인 actionPerformed()의 내용만 구현하면 된다. connect_flag는 현재 자신이 서버에 연결되었는지를 나타내는 플래그인데 이 플래그를 사용하는 목적은 이미 서버에 연결되어 있는데 다시 Connect 버튼을 누르면 버튼이 눌린 것을 무시하기 위해서이다.

actionPerformed()에서는 서버와 Socket()으로 연결을 하고 연결이 이루어지면 고수준 바이트 스트림인 Data 스트림을 송신용과 수신용으로 각각 만들었다.

```
    // 연결(Connect) 버튼 처리 리스너
    class ConnectListener implements ActionListener{
        public void actionPerformed(ActionEvent ae) {
            if(connect_flag == false) {
                try {
                    s = new Socket(HOST, PORT);
                    dis = new DataInputStream(new
                    BufferedInputStream(s.getInputStream()));
                    dos = new DataOutputStream(new
                    BufferedOutputStream(s.getOutputStream()));
                } catch(IOException e) {
                    memo.append("Can't open Socket\n");
                    return
                }
                memo.append("Connected successfully! \n");
                // 통신을 담당할 스레드 생성
                makeReadMessageThread();
                readMessage.start();
                // 자신의 초기 정보를 서버에 전송
                try {
```

```
            dos.writeUTF(name.getText()
                  + ": 님이 접속하였습니다.");
            dos.flush();
          } catch(IOException e) {
            memo.append("Connection error\n");
          }
          connect_flag = true
        } else {
          // 중복 연결 시도 처리
          memo.append("You are already connedted\n");
        }
      }
    }
```

다음에는 서버와의 통신을 담당할 스레드 readMessage를 생성하는데 이 스레드가 내부 클래스인 리스너 ConnectListener 내에 정의되어 있지 않고, 외부 클래스 즉, JavaChatClient에 정의되어 있기 때문에 직접 new로 생성할 수 없고 외부에 있는 메소드 makeReadMessageThread()를 통하여 아래와 같이 readMessage 객체를 만들고 있다. readMessage 클래스가 외부 클래스에 있어야 하는 이유는 외부 클래스인 JavaChatClient가 Runnable을 구현하고 있기 때문이다.

```
    void makeReadMessageThread() {
      readMessage = new Thread(this);
    }
```

스레드 readMessage가 처리해야 할 일의 내용 즉, 네트워크로부터 메시지를 읽어 텍스트 영역(memo)에 보여주는 작업을 run() 메소드에 구현해 두면 되는데 다음에 run()의 내용을 나타냈다.

```
      public void run() {
        while(connect_flag) {
          try {
            data = dis.readUTF() + '\n';
          } catch(IOException e) { }
          memo.append(data);
        }
      }
```

채팅 메시지 입력은 텍스트 필드 field에서 받는데 사용자가 리턴 키를 입력하면 ActionEvent 이벤트가 발생하며 이 이벤트를 처리하는 리스너가 SendListner이다. SendListener에서는 name과 field 텍스트 필드에서 자신의 이름과 메시지를 getText()로 읽어 서버로 전송한다.

```
String msg = "["+name.getText()+"] "+ field.getText();
dos.writeUTF(msg);
dos.flush();
```

종료(Disconnect) 버튼 처리 리스너 DisconnectListener에서는 서버로 "BYE" 메시지를 보낸 다음 스트림과 소켓을 닫는다.

6.3.2 TCP 채팅 클라이언트 프로그램

아래에 JavaChatClient.java 프로그램 전체 리스트를 보였다.

```
// 파일명: JavaChatClient.java
// 기  능: 자바 소켓을 이용한 채팅 클라이언트
// 컴파일: javac JavaChatClient.java
// 사용법: java JavaChatClient [ host ip address ]

import java.awt.*;
import java.awt.event.*;
import java.io.*;
import java.net.*;
public class JavaChatClient extends Frame implements Runnable{
   final int PORT = 3000;
   Thread readMessage = null;              // 수신 메시지를 읽는 스레드

   Socket s;
   DataInputStream dis;
   DataOutputStream dos;
   Button connect, disconnect;             // 연결, 종료 버튼
   TextArea memo;                          // 출력창
   TextField name;                         // 참가자 이름 입력 창
   TextField field;                        // 채팅 메시지 입력 창
   boolean connect_flag = false;           // 서버와의 연결 상태 플래그
```

```
String HOST = "";

public static void main(String[] args) {

    if (args == null || args.length <1 ){
        System.out.println("사용법: java JavaChatClient host");
        System.exit(0);
    }else{
        new JavaChatClient(args[0]);
    }
}
public  JavaChatClient(String host) {
    this.HOST = host;

    // 이름 입력 창, 연결 및 탈퇴 버튼
    Panel p = new Panel();
    Label label = new Label("My Name:");
    name = new TextField("noname");
    connect = new Button("Connect");
    connect.addActionListener(new ConnectListener());
    disconnect = new Button("Disconnect");
    disconnect.addActionListener(new DisconnectListener());
    p.add(label);
    p.add(name);
    p.add(connect);
    p.add(disconnect);

    // 메시지 입출력 창
    memo = new TextArea();
    memo.setEditable(false);
    field = new TextField();
    field.addActionListener(new SendListener());

    setLayout(new BorderLayout());
    add(p, BorderLayout.NORTH);
    add(memo, BorderLayout.CENTER);
    add(field, BorderLayout.SOUTH);

    this.setSize(300, 300);
    this.setVisible(true);
}
```

```
// 연결(Connect) 버튼 처리 리스너
class ConnectListener implements ActionListener{
   public void actionPerformed(ActionEvent ae) {
      if(connect_flag == false) {
         try {
              s = new Socket(HOST, PORT);
              dis
             = new DataInputStream(new
              BufferedInputStream(s.getInputStream()));
              dos = new DataOutputStream(new
              BufferedOutputStream(s.getOutputStream()));
         } catch(IOException e) {
              memo.append("Can't open Socket\n");
              return;
         }
         memo.append("Connected successfully! \n");

         // 통신을 담당할 스레드 생성
         makeReadMessageThread();
         readMessage.start();

         // 자신의 초기 정보를 서버에 전송
         try {
            dos.writeUTF(name.getText()
               +": 님이 접속하였습니다.");
            dos.flush();
         } catch(IOException e) {
            memo.append("Connection error\n");
         }
         connect_flag = true;
      } else {
         // 중복 연결 시도 처리
         memo.append("You are already connedted\n");
      }
   }
}

void makeReadMessageThread() {
      readMessage = new Thread(this);
}
```

```
    // 스레드 실행 내용 (채팅 메시지를 읽어 화면에 출력)
    public void run() {
        String data = null;
        while(connect_flag) {
            try {
                data = dis.readUTF() + '\n';
            } catch(IOException e) { memo.append("read error"); }
            memo.append(data);
        }
    }

    // 채팅 메시지 송신 처리 리스너
    class SendListener implements ActionListener {
        public void actionPerformed(ActionEvent ae) {
            String msg = "["+name.getText()+"] "+ field.getText();
            try {
                dos.writeUTF(msg);
                dos.flush();
            } catch(IOException e) {
                memo.append("Sending error\n");
            }
            field.setText("");
        }
    }
    // 종료(Disconnect) 버튼 처리 리스너
    class DisconnectListener implements ActionListener {
        public void actionPerformed(ActionEvent ae) {
            connect_flag = false;
            try {
                dos.writeUTF(name.getText()+":BYE");
                dos.flush();
            } catch(IOException e) { }
            try {
                dos.close();
                dis.close();
                s.close();
            } catch(IOException e) { }
        }
    }
}
```

6.4 연습문제

1. 채팅 서버를 하나 실행시키고 클라이언트 프로그램을 다수 실행시켜 채팅 프로그램의 동작을 확인하시오.
2. 채팅 서버 프로그램을 PC가 아닌 다른 기종의 컴퓨터(유닉스 서버 등)에서 실행하여 보시오.
3. TCP 소켓을 이용하여 서버에 있는 특정 파일을 클라이언트로 복사하는 프로그램을 작성하시오.

07

UDP 응용 프로그램

6장에서는 TCP를 이용하는 소켓 프로그램을 소개하였다. 7장에서는 UDP 트랜스포트 계층을 이용하는 프로그램 작성 방법을 소개한다. UDP에서는 클라이언트와 서버 모두 DatagramSocket 타입의 소켓을 사용한다. UDP를 이용한 에코 클라이언트와 서버 프로그램을 작성하고, 멀티캐스트 프로그램 작성법을 소개하겠다.

7.1 DatagramPacket 클래스

UDP를 이용하여 패킷을 송수신하려면 먼저 데이터그램(패킷)을 담기 위해서 DatagramPacket 객체를 만들고 이 객체를 이용하여 데이터그램을 송신 또는 수신하여야 한다. 먼저 송신용 DatagramPacket을 만들 때는 다음과 같은 생성자를 사용한다.

```
DatagramPacket(byte[] buf, int length, InetAddress addr, int port)
```

위에서 buf는 송신할 메시지가 저장되어 있는 바이트 어레이이고 length는 어레이 buf 중에서 실제로 송신할 메시지의 길이를 바이트 단위로 나타낸다(length의 크기는 buf의 크기보다 크게 지정하면 안 된다). addr와 port는 각각 목적지의 인터넷 주소와 포트번호이다.

수신용 DatagramPacket은 다음과 같은 생성자를 사용하여 만든다.

```
DatagramPacket(byte[] buf, int length)
```

위에서 buf는 수신될 메시지가 저장될 바이트 어레이이고 length는 수신을 허용하는 최대 바이트 수이다. 만일 크기가 length 이상인 데이터그램을 수신하면 length 길이 이후의 데이터는 분실된다. length의 크기는 수신용 어레이 buf의 크기보다 크게 지정하면 안되며 보통 buf의 크기와 같게 지정한다.

송신용 및 수신용 DatagramPacket은 위와 같이 만들 때부터 구분되는데 생성자에서 목적지 주소 인자가 있으면 송신용이고 목적지 주소가 없으면 수신용이 된다.

DatagramPacket 클래스는 데이터 추출 및 각종 정보를 얻기 위해서 여러 가지 메소드를 제공하는데 예를 들어 수신용 DatagramPacket에 대해서 getAddress() 메소드를 호출하면 이 데이터그램을 보내온 상대방의 인터넷 주소를 리턴하고, 송신용 DatagramPacket에 대해서 getAddress()를 호출하면 목적지의 주소를 리턴한다. getPort()는 상대방의 포트번호를 리턴하는데 수신용 및 송신용 DatagramPacket에 대해 모두 사용할 수 있다. DatagramPacket에 들어있는 데이터(송신할 것 또는 수신한 것)를 읽으려면 getData() 메소드를 사용한다.

DatagramPacket이 제공하는 주요 메소드는 다음과 같다.

```
byte[] getData()                        // 송신 또는 수신한 데이터를 리턴
int getLength()                         // 송신 또는 수신한 데이터 길이를 리턴
InetAddress getAddress()                // 상대방의 IP 주소를 리턴
int getPort()                           // 상대방의 포트번호를 리턴
void setAddress(InetAddress addr)       // 상대방의 IP 주소를 변경
void setData(byte[] buf)                // buf를 새로운 값으로 변경
void setPort(int port)                  // port를 새로운 값으로 변경
```

7.2 DatagramSocket 클래스

DatagramPacket을 송수신하려면 UDP용 소켓인 DatagramSocket 객체를 만들어야 한다. DatagramSocket은 UDP형 소켓의 생성과 패킷의 송수신을 다루는 클래스이다. DatagramSocket을 만들 때에 자신이 사용할 포트번호를 지정할 수도 있고 시스템이 임의의 포트번호를 배정하도록 할 수도 있는데 일반적으로 서버로 동작하는 경우에는 포트번호를 지정하고 클라이언트의 경우는 임의의 포트번호를 배정받아 사용한다.

DatagramSocket에는 다음과 같이 세 가지 생성자가 있다.

```
DatagramSocket()                                // 임의의 포트번호를 사용
DatagramSocket(int port)                        // 특정 포트번호를 지정
DatagramSocket(int port, InetAddress addr)      // 특정 IP 주소를 바인드
```

자신이 multihomed 호스트인 경우에는 자신이 가지고 있는 모든 IP 주소로 오는 패킷을 모두 받게 되는데 만일 특정한 IP 주소로 들어오는 패킷만을 수신하려면 위의 세 번째 생성자를 사용하면 된다.

DatagramSocket 클래스가 제공하는 메소드를 아래에 소개했는데, 자신의 주소를 얻으려면 getLocalAddress()를 사용하며, 패킷 송수신을 위하여 send()와 receive()를 사용한다.

```
void send(DatagramPacket p)                     // 패킷을 송신
void receive(DatagramPacket p)                  // 패킷을 수신
void close()                                    // 데이터그램 소켓을 닫는다
InetAddress getLocalAddress()                   // 자신의 로컬 주소를 얻는다
int getLocalPort()                              // 자신의 포트번호를 리턴
void connect(InetAddress address, int port)     // 특정 호스트와 연결
void disconnect()                               // 특정 호스트와의 연결을 종료
InetAddress getInetAddress()                    // 연결된 호스트의 주소를 얻는다
```

7.3 UDP 에코 프로그램

7.3.1 UDP 에코 서버 프로그램

DatagramSocket을 이용한 에코 서버 프로그램을 소개하겠다. 에코 서버 클래스인 UDPMyEchoServer에서는 포트번호를 명령문 인자로 입력받는다. 이 포트번호를 인자로 하여 DatagramSocket 타입의 소켓 socket을 만들고 송신용 및 수신용 패킷을 담기 위하여 DatagramPacket 타입의 객체 send_packet과 recv_packet을 각각 만들었다. 서버는 무한 루프를 돌면서 receive()로 패킷을 수신하고 send()로 패킷을 에코한다.

아래에 프로그램 전체 리스트를 보였는데 수신한 데이터의 내용, 데이터 길이, 상대방 주소, 상대방 포트번호를 각각 getData(), getLength(), getAddress(), getPort()로 얻어내어 에코할 패킷을 만드는 것을 알 수 있다.

```
// 파일명: UDPMyEchoServer.java
// 기 능: DatagramSocket을 이용한 에코 서버
// 컴파일: javac UDPMyEchoServer.java
// 사용법: java UDPMyEchoServer 3000

import java.net.*;
import java.io.*;
public class UDPMyEchoServer {
    final int MAXBUFFER = 512;

  public static void main (String[] args) {
        int arg_port = Integer.parseInt(args[0]);          // 포트번호
    new UDPMyEchoServer().work(arg_port);
  }
  void work(int arg_port) {
        int port = arg_port;
        byte buffer[] = new byte[MAXBUFFER];
    try {
        DatagramSocket socket = new DatagramSocket(port);
        DatagramPacket recv_packet ;
           System.out.println ("Running the UDP Echo Server... ");
        while (true) {
           // 데이터 수신
```

```
            recv_packet = new DatagramPacket (buffer, buffer.length);
               socket.receive (recv_packet);
               // 에코 데이터 생성 및 송신
            DatagramPacket send_packet = new DatagramPacket
                  (recv_packet.getData(), recv_packet.getLength(),
                  recv_packet.getAddress(), recv_packet.getPort());
            socket.send (send_packet);
         }
      } catch (IOException e) {
               System.out.println(e);
         }
   }
}
```

7.3.2 UDP 에코 클라이언트 프로그램

다음에는 UDPMyEchoServer를 이용하는 에코 클라이언트인 UDPMyEcho 클래스를 작성하겠다. UDPMyEcho에서는 먼저 DatagramSocket 타입의 소켓을 만들고 키보드 입력을 줄 단위로 받으려고 표준입력인 System.in을 고수준 문자 스트림인 BufferedReader로 만들었다. readLine()으로 키보드에서 입력받은 데이터를 스트링에 저장한 후 getBytes() 메소드를 호출하여 스트링을 바이트 어레이(buffer)로 바꾸었다. buffer, buffer의 크기, 서버 주소, 포트번호를 지정하여 송신용 데이터그램 패킷 send_packet을 만든 후 send()로 전송하고 receive()로 에코된 패킷을 수신한다. 서버 주소 및 서버의 포트번호는 명령문 인자로 받았는데, 자신의 컴퓨터에서 서버가 실행되고 있으면 서버의 주소에 localhost를 입력하면 된다.

```
// 파일명: UDPMyEcho.java
// 기  능: DatagramSocket을 이용한 에코 클라이언트
// 컴파일: javac UDPMyEcho.java
// 사용법: java UDPMyEcho localhost 3000

import java.net.*;
import java.io.*;

public class UDPMyEcho {
    final static int MAXBUFFER = 512;
```

```
    public static void main(String[] args) {
        if (args.length != 2) {
            System.out.println("사용법: java UDPMyEcho localhost
            port(3000)");
            System.exit(0);
        }
        byte buffer[] = new byte[MAXBUFFER];
        int port = Integer.parseInt(args[1]);

        try {
            InetAddress inetaddr = InetAddress.getByName(args[0]);
            DatagramSocket socket = new DatagramSocket();
        DatagramPacket send_packet;        // 송신용 데이터그램 패킷
        DatagramPacket recv_packet;        // 수신용 데이터그램 패킷

            BufferedReader br = new BufferedReader(new
                InputStreamReader(System.in));

            while (true) {
                // 키보드 입력 읽기
                System.out.print("Input Data : ");
                    String data = br.readLine();
                buffer = data.getBytes(); // 스트링을 바이트 어레이로 바꿈
                // 데이터 송신
             send_packet = new DatagramPacket(buffer, buffer.length,
             inetaddr, port);
            socket.send (send_packet);
                // 에코 데이터 수신
                    recv_packet = new DatagramPacket (buffer,
                    buffer.length);
                socket.receive (recv_packet);
                // 화면 출력
                String result = new String(buffer);
                System.out.println("Echo Data : "+ result);
        }
    } catch (UnknownHostException ex) {
            System.out.println("Error in the host address ");
    } catch (IOException e) {
        System.out.println(e);
    }
    }
}
```

7.4 멀티캐스트 프로그래밍

7.4.1 멀티캐스트 개요

멀티캐스트(multicast)란 하나의 패킷을 다수의 호스트로 동시에 전송하는 기능을 말한다. 멀티캐스트에 참여하는 호스트들을 멀티캐스트 그룹이라고 하는데 이들은 클래스 D의 IP 주소 중 하나를 그룹 주소로 선택하고 있어야 한다[2]. 특정 멀티캐스트 그룹으로 패킷을 전송하려면 그 그룹 주소로 UDP 패킷을 전송하면 되며, 멀티캐스트 그룹에 가입된 호스트들을 연결하고 있는 중간의 라우터들은 MRP(Multicast Routing Protocol)을 실행하고 있어야 한다[3]. 어떤 호스트가 멀티캐스트 그룹에 가입하면 호스트는 인접한 멀티캐스트 라우터에게 IGMP 메시지를 보내어 자신이 멀티캐스트 그룹에 가입된 사실을 알리고 이 라우터는 인접한 라우터들에게 이 정보를 알려준다. 임의의 호스트가 이 멀티캐스트 그룹으로 패킷을 보내면 멀티캐스트 라우터들은 자신이 관리하는 모든 멀티캐스트 가입자들이 이 패킷을 받을 수 있도록 전달한다.

멀티캐스트 패킷을 전송하려면 해당 멀티캐스트 그룹 IP 주소와, 멀티캐스트 그룹에 가입할 때 선정한 포트번호를 사용하여 UDP 패킷을 전송하면 된다. 한편 멀티캐스트 그룹에 속하지 않은 호스트에서도 멀티캐스트 패킷을 전송할 수 있다.

멀티캐스트 패킷 전송 시에는 TTL 값의 지정이 중요한 역할을 하는데(TTL은 보통 한 라우터를 지나갈 때마다 1씩 감소하며 이 값이 0이 되면 이 패킷은 더 이상 네트워크로 전달되지 않는다), TTL이 불필요하게 크면 네트워크에 트래픽이 급격히 증가할 수 있고 너무 작으면 목적지로 패킷이 전달되지 않을 수도 있기 때문이다.

현재 인터넷을 구성하고 있는 라우터들은 트래픽의 급격한 증가 우려와 멀티캐스트 라우팅의 복잡성으로 실제로 IGMP를 지원하지 않고 있다. 따라서 멀티캐스트 테스트는 하나의 LAN 내에서만 가능하다.

7.4.2 멀티캐스트 패킷 수신

자바 프로그램에서 멀티캐스트 패킷을 수신하려면 먼저 MulticastSocket을 만들고

2) 클래스 D의 IP 주소는 224.0.0.0부터 239.255.255.255 사이의 값을 갖는다.

3) 현재 인터넷은 트래픽의 폭주 문제로 인해 MRP를 지원하지 않고 있다.

MulticastSocket이 제공하는 joinGroup() 메소드를 이용하여 멀티캐스트 그룹에 가입하여야 한다. 아래에 이러한 동작을 하는 코드를 보였는데 port는 멀티캐스트 통신에서 사용하기로 한 포트번호이고 mAddr은 멀티캐스트 그룹 주소이다.

```
MulticastSocket ms = new MulticastSocket(port);
ms.joinGroup(mAddr);
```

다음에는 DatagramPacket을 만든 후 MulticastSocket 클래스가 제공하는 receive() 메소드로 멀티캐스트 패킷을 수신할 수 있다. 아래에서 receive()가 성공적으로 실행되면 멀티캐스트 패킷이 수신되며 getData() 메소드로 데이터 부분을 얻을 수 있다. getData()는 바이트 어레이를 리턴하므로 이것을 스트링으로 바꾸어 화면에 출력하였다.

```
byte[] buffer = new byte[512];
DatagramPacket dp =  new DatagramPacket(buffer, buffer.length);
ms.receive(dp);
String s = new String(dp.getData(), 0, dp.getLength());
System.out.println(s);
```

MulticastSocket은 DatagramSocket을 상속한 것이므로 DatagramSocket이 제공하는 메소드를 모두 지원하며 추가로 아래와 같은 메소드들이 제공된다. 예를 들어 send()는 TTL 값을 지정하면서 멀티캐스트 패킷을 전송할 수 있다. setInterface()는 multihomed 호스트에서 특정 IP 주소를 멀티캐스트용으로 지정할 때 사용되며 getInterface()은 멀티캐스트용으로 지정된 소켓의 IP 주소를 리턴한다.

```
void joinGroup(InetAddress mcastaddr)     // 멀티캐스트 그룹에 가입
void leaveGroup(InetAddress mcastaddr)    // 멀티캐스트 그룹을 탈퇴
void send(DatagramPacket p, byte ttl)     // TTL을 지정하면서 패킷 전송
void setTimeToLive(int ttl)               // 이 소켓의 디폴트 TTL 값을
                                          // 바꾼다(1 - 255 사이의 값)
int getTimeToLive()                       // 디폴트 TTL 값을 읽는다
void setInterface(InetAddress inf)        // 멀티캐스트용으로 소켓 지정
InetAddress getInterface()                // 소켓의 IP 주소를 리턴
```

7.4.3 멀티캐스트 패킷 송신

멀티캐스트 패킷의 전송은 일반 UDP 패킷을 전송할 때와 같이 DatagramSocket을 개설하고 DatagramPacket 타입의 송신용 패킷을 만든 후 send()를 호출하면 된다. 아래에 이러한 동작을 하는 코드를 보였는데 DatagramPacket을 만들 때 목적지 주소와 포트번호로 멀티캐스트 그룹 주소와 지정된 포트번호를 입력해 주어야 한다.

```
DatagramSocket ds = new DatagramSocket();
String data = "A message to send.";
buffer = data.getBytes();
DatagramPacket dp = new DatagramPacket(buffer, buffer.length,
                                        mAddr, port);
ds.send(dp);
```

한편 멀티캐스트 패킷을 전송하기 위해서 MulticastSocket을 사용하거나 멀티캐스트 그룹에 가입(joinGroup)되어 있을 필요는 없다. 그러나 DatagramSocket이 제공하는 send()를 사용하는 대신 MulticastSocket이 제공하는 send()를 사용하면 (즉, MulticastSocket을 사용하는 경우) 패킷 전송시 TTL 값을 바꾸어 줄 수 있고 앞에서 소개한 MulticastSocket의 메소드들을 이용할 수 있다는 장점이 있다.

7.4.4 자바 멀티캐스트 채팅 프로그램

멀티캐스트 패킷 송수신 방법을 이용한 채팅 프로그램 Multicast.java를 소개하겠다. Multicast 클래스는 멀티캐스트 패킷의 송수신을 위해서 두 개의 스레드를 생성하는데 채팅 메시지를 수신하여 화면에 보여주는 작업을 하는 스레드 Receiver와 키보드 입력을 받아 메시지를 멀티캐스팅하는 작업을 하는 스레드 Sender를 정의하였다.

Multicast 클래스에서는 클라이언트와 서버의 구분이 필요 없는데 채팅 참가자는 멀티캐스트 그룹에 등록함으로써 채팅 메시지를 받을 수 있으며, 채팅에서 탈퇴하려면 프로그램을 종료하면 된다. 아래에 Multicast.java 전체 리스트를 보였는데 main() 메소드에서는 Multicast 객체를 만든 다음 두 개의 내부 클래스 Receiver와 Sender의 객체를 만든 후 각각 start()를 호출하고 있다.

아래 프로그램을 실행하면 한 화면에서 메시지 송신 및 수신을 동시에 처리하는 것을 알 수 있다.

```
// 파일명: Multicast.java
// 기  능: IP 멀티캐스팅을 이용한 채팅
// 컴파일: javac Multicast.java
// 사용법: java Multicast 239.3.3.3 4000 철수

import java.net.*;
import java.io.*;
import java.lang.*;

public class Multicast {
    static InetAddress mAddr;
    static int port;
    static String name;

    public static void main(String[] args) {
        if(args.length != 3) {
            System.out.println("사용법: java Multicast multiAddr port name");
            System.exit(0);
        }

        // 멀티캐스트 그룹 주소
        try {
            mAddr = InetAddress.getByName(args[0]);
        } catch (UnknownHostException e) { }
        port = Integer.parseInt(args[1]);          // 포트번호
        name = "[" + args[2] + "] ";               // 참가자 이름
        // 수신 및 송신 처리 스레드 생성
        Multicast mult = new Multicast();
        mult.new Receiver().start();

        mult.new Sender().start();
    }

    // 메시지 수신을 담당하는 스레드
    public class Receiver extends Thread  {
        public void run() {
            byte[] buffer = new byte[512];
            try {
                MulticastSocket ms = new MulticastSocket(port);
                ms.joinGroup(mAddr);
                while(true) {
                    DatagramPacket dp
```

```
                = new DatagramPacket(buffer, buffer.length);
            ms.receive(dp);
            String s = new String(dp.getData(), 0, dp.getLength());
            System.out.print("--> Received Message : ");
            System.out.println(s);
        }
      } catch (IOException ie) {
        System.err.println(ie);
      }
    }
  }

  // 메시지 전송을 담당하는 스레드
  public class Sender extends Thread {
    public void run() {
      byte[] buffer = new byte[512];
      try {
        BufferedReader br = new BufferedReader(new
          InputStreamReader(System.in));
        DatagramSocket ds = new DatagramSocket();
        System.out.print("Input Message : ");

        while (true) {
          String data = name + br.readLine();
          buffer = data.getBytes(); // 스트링을 바이트 어레이로
          // 데이터 송신
          DatagramPacket dp
           = new DatagramPacket(buffer, buffer.length, mAddr,port);
          ds.send(dp);
        }
      } catch (IOException ie) {
        System.err.println(ie);
      }
    }
  }
}
```

7.5 연습문제

1. 임의의 클라이언트로부터 오는 메시지를 각각 응답해 주는 에코 서버 프로그램을 UDP를 이용하여 작성하되 각 클라이언트의 IP 주소와 도착 시간을 메시지에 추가하여 응답하도록 하시오.
2. UDP를 이용하여 서버에 있는 특정 파일을 클라이언트로 복사하는 프로그램을 작성하시오.
3. 위 2번에서 작성한 프로그램의 동작이 TCP를 이용하는 파일 복사 프로그램(6장 연습문제 3번 참조)과 어떻게 다른지를 설명하시오.
4. 멀티캐스트를 이용한 채팅 프로그램을 한 PC에서 여러 개 실행한 결과와, LAN으로 연결되어 있는 서로 다른 PC들에서 실행한 결과, 그리고 다른 LAN에 있는 PC에서 실행한 결과와 비교하시오.
5. 멀티캐스트를 이용한 채팅 프로그램이 원격 지역의 캠퍼스에 있는 PC들과도 동작하는지 확인해 보시오.

08 고급 네트워크 프로그래밍

8장에서는 네트워크 프로그래밍의 고급 기술을 배운다. 먼저 현재 사용 중인 네트워크 인터페이스에 대한 정보를 파악하는 방법을 배우고 자바의 I/O 성능을 개선하는 기술로서 버퍼(Buffer)와 채널(Channel)의 사용법을 배운다. 자바의 소켓은 기본적으로 블록 모드로 동작하므로 서버에서 여러 클라이언트를 다루려면 멀티 스레드 프로그래밍을 사용하였다. 멀티 스레드를 사용하지 않고 여러 클라이언트와 동시에 통신하는 다는 방법으로서 자바에서 넌블록 모드로 소켓을 만들어 사용하는 방법을 소개하겠다.

8.1 네트워크 인터페이스

8.1.1 네트워크 인터페이스 정의

네트워크 인터페이스(network interface)는 컴퓨터와 네트워크 사이의 연결 접점을 말한다. 네트워크 인터페이스를 제공하는 하드웨어 장치를 흔히 네트워크 인터페이스 카드(NIC)라고 부르며 LAN 카드가 가장 널리 사용되고 있다. 컴퓨터 한 대에 하나의 NIC 카드가 설치되어 있는 경우는 네트워크 프로그래밍이 단순하다. NIC

주소가 하나이기 때문이다. 그런데 한 컴퓨터에 두 개 이상의 NIC가 설치되는 경우가 있고 이러한 컴퓨터를 멀티홈(multi-homed) 호스트라고 부른다. 멀티홈 호스트에서는 경우에 따라서 어떤 NIC 카드를 통해 데이터를 송수신할지를 명시해주어야 하는 경우가 발생한다.

java.net.NetworkInterface 클래스를 사용하면 멀티홈 시스템에서 구체적인 NIC를 지정할 수 있다. 예를 들어 두 개의 NIC를 가지고 있는 컴퓨터에서 특정 NIC 인터페이스를 사용하여 통신을 하려면 아래와 같이 어떤 NIC를 사용할지를 명시적으로 정해줄 수 있다. 아래에서는 "bge0"라는 이름의 NIC를 사용하여 NetworkInterface 객체를 만들고 이 객체로부터 소켓을 만들어 바인드시키고 있다. 소켓이 개설된 후에는 connect()로 서버와 연결하고 있다.

```
NetworkInterface nif = NetworkInterface.getByName("bge0");
Enumeration nifAddresses = nif.getInetAddresses();

Socket soc = new java.net.Socket();
soc.bind(nifAddresses.nextElement());
soc.connect(new InetSocketAddress(address, port));
```

멀티캐스트 그룹에 조인할 때에도 특정 NIC를 아래와 같이 선택할 수 있다.

```
NetworkInterface nif = NetworkInterface.getByName("bge0");
MulticastSocket() ms = new MulticastSocket();
ms.joinGroup(new InetSocketAddress(hostname, port), nif);
```

```
NetworkInterface가 제공하는 주요 메소드는 아래와 같다.

static NetworkInterface getByInetAddress(InetAddress addr)
                         // IP 주소가 지정된 네트워크 인터페이스를 얻는다
static NetworkInterface  getByName(String name)
                         // 이름으로부터 네트워크 인터페이스를 얻는다
String getDisplayName()// 이 네트워크 인터페이스의 표시명을 얻는다
Enumeration getInetAddresses()
                         // 바인드된 InetAddresses을 얻는다
String getName()         // 이 네트워크 인터페이스의 이름을 얻는다
static Enumeration getNetworkInterfaces() // 모든 인터페이스를 얻는다
int hashCode()           // 객체의 해시 코드값을 얻는다
```

8.1.2 네트워크 인터페이스 정보 얻기

NetworkInterface 객체는 별도의 생성자를 사용하지 않고 getByInetAddress(), getByName(), getNetworkInterface() 메소드를 이용해서 얻을 수 있다.

getByInetAddress()와 getByName()는 IP 주소나 인터페이스의 이름으로부터 네트워크 인터페이스 정보를 알고자 할 때 사용하고, getNetworkInterface()는 네트워크 인터페이스와 관련된 모든 정보를 파악할 때 사용된다.

네트워크 인터페이스의 목록을 리턴하는 예제 ListNetInterface를 소개하겠다. 먼저 아래와 같이 getNetworkInterface()를 실행하여 NetworkInterface 객체를 얻는다.

```
Enumeration nets = NetworkInterface.getNetworkInterfaces();
netInf = (NetworkInterface)nets.nextElement();
```

다음에는 NetworkInerface가 제공하는 메소드들을 이용하여 네트워크 인터페이스의 여러 정보를 얻을 수 있다.

```
System.out.println("Display name:"+ netInf.getDisplayName());
System.out.println("Name: " + netInf.getName());
```

아래는 ListNetInterface 전체 코드를 나타냈다.

```
// 파일명: ListNetInterface.java
// 기  능: 네트워크 인터페이스의 정보 얻기
// 컴파일: javac ListNetInterface.java
// 사용법: java ListNetInterface

import java.io.*;
import java.net.*;
import java.util.*;

public class ListNetInterface {

    public void listNetInf() {
       try {
          Enumeration nets = NetworkInterface.getNetworkInterfaces();
          NetworkInterface netInf;
```

```
            while(nets.hasMoreElements()) {
                netInf = (NetworkInterface)nets.nextElement();
                 System.out.println("Display name:"+
                       netInf.getDisplayName());
                System.out.println("Name: " + netInf.getName());
                listSubNetInf(netInf);
            }
        } catch(Exception e) {
            e.printStackTrace();
        }
    }
    public void listSubNetInf(NetworkInterface subNetIf) {
        try {
            Enumeration sub_nets = subNetIf.getSubInterfaces();
            NetworkInterface subInf;
            while(sub_nets.hasMoreElements()) {
                subInf = (NetworkInterface)sub_nets.nextElement();
                System.out.println("Display name: "+subInf.getDisplayName());
                System.out.println("Name: " + subInf.getName());
            }
        } catch(Exception e) {
            e.printStackTrace();
        }
    }
    public static void main(String[] args) {
        new ListNetInterface().listNetInf();
    }
}
```

다음은 위의 예제를 실행한 결과 예이다.

```
Display name: MS TCP Loopback interface
Name: lo
Display name: Realtek RTL8139 Family PCI Fast Ethernet NIC
Name: eth0
```

인터넷 주소 정보 얻기

네트워크 인터페이스로부터 현재 사용 중인 호스트의 IP 주소 등 정보를 얻을 수 있다. NetworkInterface 클래스의 getInetAddress()와 getInterfaceAddress() 메소드를 이용하여 IP 주소 외에도 서브넷 마스크 및 브로드캐스트 주소 등을 얻을 수 있다.

다음 예제는 시스템에 있는 모든 네트워크 인터페이스의 주소를 보여준다.

```
// 파일명: ListNetInterface2.java
// 기 능: 네트워크 인터페이스의 주소 얻기
// 컴파일: javac ListNetInterface2.java
// 사용법: java ListNetInterface2

import java.io.*;
import java.net.*;
import java.util.*;

public class ListNetInterface2 {

    public void listNetInf() {
        try {
            Enumeration nets = NetworkInterface.getNetworkInterfaces();
            NetworkInterface netInf;
            while(nets.hasMoreElements()){
                netInf = (NetworkInterface)nets.nextElement();
                System.out.println("Display name: "+netInf.getDisplayName());
                System.out.println("Name: " + netInf.getName());

                Enumeration inetAddrs = netInf.getInetAddresses();
                InetAddress inetAddr;
                while(inetAddrs.hasMoreElements()) {
                    inetAddr = (InetAddress)inetAddrs.nextElement();
                    System.out.println("InetAddress: " + inetAddr);
                }
            }
        } catch(Exception e) {
            e.printStackTrace();
        }
    }
    public static void main(String[] args) {
        new ListNetInterface2().listNetInf();
    }
}
```

위 예제의 실행 결과는 다음과 같다.

```
Display name: MS TCP Loopback interface
Name: lo
InetAddress: /127.0.0.1
Display name: Realtek RTL8139 Family PCI Fast Ethernet NIC -
Name: eth0
InetAddress: /210.115.49.233
```

8.1.3 네트워크 인터페이스 부가 정보

네트워크 인터페이스로부터 현재 접속된 네트워크에 대한 다양한 부가 정보를 얻을 수 있는데 예를 들면 네트워크 인터페이스의 "up" 상태는 isUP() 메소드를 통해서 알 수 있다.

다음은 네트워크 인터페이스 부가정보를 얻는 메소드이다.

```
isLoopback()          // 해당 인터페이스가 loopback 인터페이스인지 알려준다
isPointToPoint()      // 해당 인터페이스가 point-to-point지 알려준다
isVirtual()           // 해당 인터페이스가 가상인터페이스인지 알려준다
supportsMulticast()   // 해당 인터페이스가 멀티캐스팅을 지원하는지 알려준다
getHardwareAddress()  // 네트워크 인터페이스의 MAC 주소를 알려준다
getMTU()              // MTU값을 알려준다
```

다음 예제는 NetworkInterafce의 객체로부터 네트워크 인터페이스의 다양한 정보를 얻는 예제이다.

```
// 파일명: ListNetInterface3.java
// 기  능: 네트워크 인터페이스의 다양한 정보 얻기
// 컴파일: javac ListNetInterface3.java
// 사용법: java ListNetInterface3

import java.io.*;
import java.net.*;
import java.util.*;
public class ListNetInterface3 {
```

```
    public void listNetInf() {
        try {
            Enumeration nets = NetworkInterface.getNetworkInterfaces();
            NetworkInterface netInf;
            while(nets.hasMoreElements()) {
                netInf = (NetworkInterface)nets.nextElement();
                System.out.println("Display name: "+
                                        netInf.getDisplayName());
                System.out.println("Name: " + netInf.getName());
                Enumeration inetAddrs = netInf.getInetAddresses();
                InetAddress inetAddr;
                while(inetAddrs.hasMoreElements()){
                  inetAddr = (InetAddress)inetAddrs.nextElement();
                  System.out.println("InetAddress: " + inetAddr);
                }
                System.out.println("Up? "+ netInf.isUp());
                System.out.println("Loopback? " +
                                   netInf.isLoopback());
                System.out.println("PointToPoint? " + netInf.isPointToPoint());
                System.out.println("Supports multicast? "
                    + netInf.supportsMulticast());
                System.out.println("Virtual? "+ netInf.isVirtual());
                System.out.println("Hardware address: "
                  + Arrays.toString(netInf.getHardwareAddress()));
                System.out.println("MTU: "+ netInf.getMTU());
            }
        } catch(Exception e) {
            e.printStackTrace();
        }
    }
    public static void main(String[] args) {
        new ListNetInterface3().listNetInf();
    }
}
```

8.2 버퍼와 채널

8.2.1 버퍼 개요

3장에서 소개한 자바의 스트림 객체를 사용하면 C 언어로 작성한 프로그램에 비하여 입출력 속도가 느렸다. 입출력이 많지 않은 프로그램에서는 이것이 큰 문제가 되지 않지만 입출력의 비중이 큰 프로그램에서는 스트림을 사용하면 프로그램 성능이 떨어지게 된다. 이를 해결하기 위해 자바에서는 버퍼(Buffer)와 채널(Channel)을 JDK 1.4 이후부터 제공하고 있다.

자바에서 스트림을 사용한 입출력 프로그램의 속도가 느린 이유는 다음과 같다. 응용 프로그램에서 하드디스크에 있는 데이터를 읽을 때 이 데이터가 한 번에 프로그램 영역의 메모리로 옮겨오는 것이 아니라 일단 데이터가 운영체제가 관리하는 커널 영역의 버퍼로 옮겨지고 다시 사용자 프로그램에 의해서 커널 영역에서 프로세스 영역의 버퍼로 옮겨진다. 즉, 데이터를 두 번 옮기게 된다.

만약 커널 영역의 버퍼에 저장된 데이터를 프로그램에서 직접 액세스할 수 있게 된다면 사용자 영역으로 한 번 더 복사하는 시간을 단축할 수 있게 될 것이다(참고로 C 에서는 포인터를 사용함으로써 데이터를 두 번 옮기지 않고 커널 영역의 메모리를 직접 액세스 할 수 있었다).

자바의 스트림을 사용하는 경우의 또 다른 문제점은 하드디스크에서 커널 영역의 버퍼로 데이터를 복사하는 동안 사용자 프로그램이 블록된다는 것이다.

자바의 버퍼는 이러한 문제를 해결하기 위해서, 마치 C 언어에서 포인터를 사용하듯이, 커널 영역에 있는 메모리 영역을 응용 프로그램에서 직접 액세스하게 하는 버퍼링 기능을 제공하여 기존의 자바 스트림의 처리 속도를 개선한 것이다.

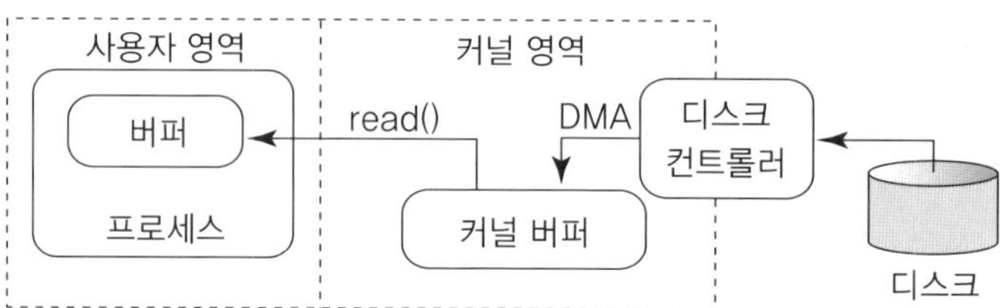

DMA: Direct Memory Access

그림 8-1 사용자 프로세스 영역과 커널 영역 버퍼의 관계도

8.2.2 버퍼 사용 방법

버퍼 객체는 ByteBuffer 클래스가 제공하는 allocate()나 allocateDirect() 메소드를 호출하여 생성한다. 대표적인 버퍼 클래스로 ByteBuffer를 사용하는데 그 이유는 모든 컴퓨터 시스템이 바이트 단위의 입출력을 기본으로 제공하기 때문이다.

```
CharBuffer charBuf = CharBuffer.allocate(1024);
                              // 크기가 1024 char인 버퍼를 생성
ByteBuffer bBuf = ByteBuffer.allocate(1024);
                              // 크기가 1024바이트인 버퍼를 생성
ByteBuffer bBuf = ByteBuffer.allocateDirect(1024);
                              // 크기가 1024바이트인 다이렉트 버퍼를 생성
```

allocate() 메소드를 이용하면 넌다이렉트(non-direct) 버퍼가 생성되고, allocateDirect()를 이용하면 다이렉트(direct) 버퍼가 생성된다. 넌다이렉트 버퍼는 일반적으로 생성되는 버퍼로서 운영체제에 대해서 직접 I/O 수행하는 것이 아니라 JVM을 통해서 운영체제에 맞게 데이터 변환을 처리해주는 버퍼이다 (즉, 사용하기 편리하지만 처리 속도가 느리다). 한편 다이렉트 버퍼는 커널의 메모리에 직접 버퍼를 생성하고 조작할 수 있는 버퍼를 말한다(즉, 처리 속도가 빠르다). 다이렉트 버퍼는 ByteBuffer에서만 생성할 수 있다.

버퍼는 자신의 상태 정보를 다음과 같은 capacity, limit, position, mark 네 가지 속성 값에 저장해 둔다. 이들의 관계를 그림 8-2에 나타냈다.

- capacity - 버퍼의 전체 크기
- limit - 버퍼에서 실제로 읽거나 쓸 수 있는 한계를 지정한 위치
- position - 버퍼에서 현재 읽어나 쓸 수 있는 위치
- mark - 현재의 position을 표시해둘 때 사용

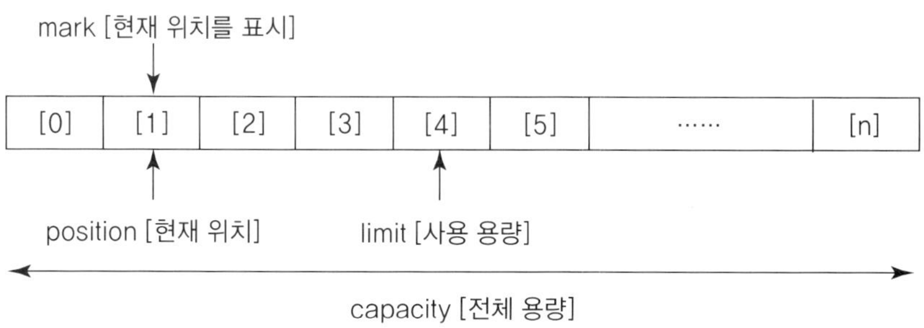

그림 8-2 버퍼의 position, limit, capacity, mark의 관계도

버퍼의 네 가지 상태 값들의 관계는 다음과 같다.

```
0 <= mark <= position <= limit <= capacity
```

Buffer 클래스가 제공하는 메소드들은 다음과 같다.

```
int capacity()          // 버퍼의 capacity를 리턴
Buffer clear()          // 버퍼의 내용을 삭제
Buffer flip()           // limit를 position이 있던 위치로 설정한 후
                        // position을 0으로 세팅한다
boolean hasRemaining()  // position과 limit 사이에 여분의 배열이 남아
                        // 있는지를 알려준다
boolean isReadOnly()    // 버퍼가 읽기 전용인지를 알려준다
int limit()             // 버퍼의 limit 값을 리턴
Buffer limit(int newLimit)  // 버퍼의 limit 값을 설정한다
Buffer mark()           // 현재의 position에 버퍼의 mark를 설정
int position()          // 버퍼의 위치를 리턴
Buffer position(int newPosition)  // 버퍼의 position을 설정
int remaining()         // position과 limit 사이의 데이터의 크기를 리턴
Buffer reset()          // 최근의 position 값으로 버퍼의 position을 재설정
Buffer rewind()         // 버퍼의 position값을 초기화
```

한편, 버퍼를 사용할 때는 기본적으로 바이트 단위의 입출력을 사용하며 이를 위해 다이렉트 버퍼인 ByteBuffer를 사용하게 된다. 그러나 데이터 입출력의 편의를 위해 자바는 char, double 등 자바 기본형 변수마다 해당하는 버퍼 객체를 제공한다. 아래는 여러 가지 버퍼 객체와 해당되는 기본형 변수의 관계를 나타냈다.

버퍼 객체	기본형
ByteBuffer	byte
CharBuffer	char
DoubleBuffer	double
FloatBuffer	float
IntBuffer	int
LongBuffer	long
ShortBuffer	short

버퍼 객체에 데이터를 입력할 때에는 put() 메소드를 사용한다. put()은 버퍼의

position 값과 데이터를 인자로 가진다.

```
put(Int index, byte b);
```

버퍼 객체로부터 데이터를 얻기 위해서는 get() 메소드를 사용하며 인덱스 값을 인자로 준다.

```
get(Int index);
```

ByteBuffer에서 제공하는 데이터의 읽기 및 쓰기와 관련된 메소드는 다음과 같다.

```
byte get()                 // 현재 위치의 데이터 리턴 (현재 위치 1 증가)
byte get(int index)        //  index 위치의 데이터 리턴
<해당 기본형> getChar(), getInt(), getDouble(), …
                           // 현재 위치의 데이터 리턴
                           // 각 기본형의 바이트 수만큼 현재 위치 증가
ByteBuffer put(byte b)  // 현재 위치에 b 저장(현재 위치 1 증가)
ByteBuffer put(int index, byte b)  // index 위치에 b저장
ByteBuffer putChar(char vlaue), putInt(int vlaue), putLong(long value), …
                           // 주어진 데이터 타입을 현재 위치에 저장
```

다음은 버퍼 객체를 이용해서 파일을 복사하는 예제이다.

```
// 파일명: CharBufferCopy.java
// 기  능: 버퍼를 이용하여 파일을 복사
// 컴파일: javac CharBufferCopy.java
// 사용법: java CharBufferCopy

import java.io.*;
import java.nio.Buffer;
import java.nio.CharBuffer;

public class CharBufferCopy {

    public void copyFile(String src, String desc) {
       try {
          FileInputStream fis = new FileInputStream(src);
          DataInputStream dis = new DataInputStream(fis);
```

```
            FileOutputStream fos = new FileOutputStream(desc);
            CharBuffer charBuf = CharBuffer.allocate(10* 1024);
            String recvData ="";
            int bufferIdx=0;
            while( (recvData = dis.readLine()) != null) {
               char []arrChar= recvData.toCharArray();
               for(int idx =0 ; idx < arrChar.length ; idx++){
                  System.out.println(arrChar[idx]);
                  charBuf.put(bufferIdx,arrChar[idx]);
                  fos.write(charBuf.get(bufferIdx));
                  bufferIdx++;
               }
               fos.write('\n');
            }
            printBuffer(charBuf);

            fis.close();
         fos.close();
         } catch (FileNotFoundException e) {
            System.err.println("FileStreamsTest: Error" + e);
         } catch(IOException e) {
            System.err.println("IOException Error" + e);
         }
      }
      public void printBuffer(Buffer buffer) {
         System.out.println("POS=" +buffer.position() +", limit="+
                        buffer.limit()+", capacity="+
                        buffer.capacity() +": '"+buffer+" ' ");
      }
      public static void main(String[] args) {
         new CharBufferCopy().copyFile("src.txt", "dest.txt");
      }
   }
```

8.2.3 채널 개요

채널은 3장에서 배운 자바 스트림을 사용하는 입출력을 개선하기 위해 도입되었다. 채널은 특히 ByteBuffer를 통한 입출력을 지원하여 버퍼링에 의한 입출력 속도 개선도 이용할 수 있게 하였다. 채널을 사용하면 이러한 속도 개선 뿐 아니라, 메모리 맵 기능, 파일 락 기능 등 다양한 입출력 기능을 사용할 수 있게 되며 뒤에서 다룰 넌블록 I/O 기능을 사용할 수 있게 되어 다중화(multiplexing) 프로그램을 작성할 수 있게 해준다.

채널은 크게 나누어 파일 채널과 소켓 채널이 있는데 파일 채널은 파일의 입출력을 지원하고, 소켓 채널은 외부와의 통신에 사용되는 소켓을 채널로 변환하여 속도 개선 등 다양한 기능을 지원하는 소켓 인터페이스를 제공한다.

채널과 관련된 최상위 인터페이스는 java.nio.Channel 인터페이스로 아래와 같이 두 개의 메소드를 가지고 있다.

```
void close ()              // 현재의 채널을 닫는다
boolean isOpen ()          // 현재의 채널 상태가 오픈인지를 알려준다
```

채널의 상태는 "open" 또는 "close"인데 초기 상태는 open이다. 채널이 close 상태일 때 입출력과 관련된 동작을 수행하면 ClosedChannelException 예외가 발생한다.

java.nio.Channel 인터페이는 여러 유형의 인터페이스를 제공하는데 Readable, Writable, Gathering, Scattering 등의 기능을 제공한다.

```
java.nio.ReadableByteChannel      // 버퍼로부터 데이터를 읽는다
java.nio.WritableByteChannel      // 버퍼에 데이터를 쓴다
java.nio.ByteChannel              // 버퍼로부터 데이터를 읽고 쓴다
java.nio.GatheringByteChannel     // 버퍼에 데이터의 순서대로 쓴다
java.nio.ScatteringByteChannel    // 버퍼의 순서대로 데이터를 읽는다
InterruptibleChannel              // 채널 인터럽트를 확인한다
```

자바의 채널은 데이터 입출력 속도를 개선하기 위해서 Gathering과 Scattering 기능을 제공하는데, Gathering 기능은 출력할 내용이 들어있는 여러 버퍼들을 모아서 한 번에 출력하는 기능이고, Scattering 기능은 하나의 내용을 입력받아 다수의 버퍼로 보내는 기능을 말한다. 그림 8-3에 이들의 개념을 나타냈다.

Channel 클래스가 제공하는 메소드는 아래와 같다.

```
static ReadableByteChannel newChannel (InputStream in)
            // InputStream로부터 바이트를 읽는 채널을 생성
static WritableByteChannel newChannel (OutputStream out)
```

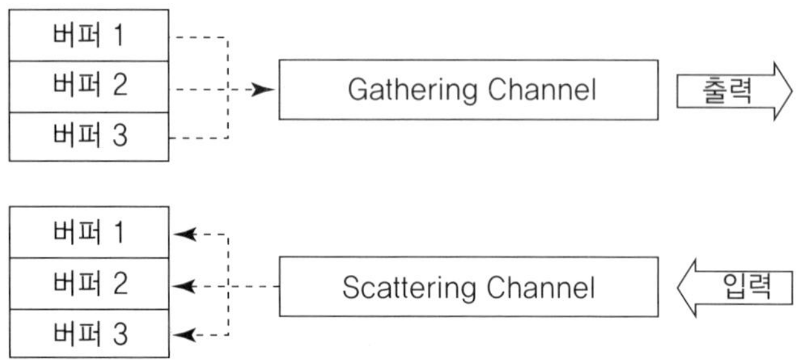

그림 8-3 Gathering 채널과 Scattering 채널

```
                // OutputStream으로 바이트를 출력하는 채널을 생성
static InputStream newInputStream (ReadableByteChannel ch)
               // 지정된 채널로부터 바이트를 읽는 InputStream 객체를 생성
static OutputStream newOutputStream (WritableByteChannel ch)
                // 지정된 채널로 바이트를 출력하는 OutputStream 객체를 생성
```

채널은 InputStream 또는 OuputStream으로부터 생성될 수 있으며 반대로 주어진 채널로부터 InputStream과 OutputStream을 얻을 수도 있다.

아래는 파일에 대한 읽기 가능한 채널 객체를 생성하는 코드이다. 읽기 가능한 채널 객체는 InputStream 객체로부터 생성할 수 있으며 FileInputStream 객체로부터 ReadableByteChannel 객체를 생성하였다.

```
FileInputStream fis = new FileInputStream(src);
ReadableByteChannel souceChannel = Channels.newChannel(fis);
```

아래는 파일에 대한 쓰기 가능한 채널 객체를 생성하는 코드이다. 쓰기 가능한 채널 객체는 OuputStream 객체로부터 생성할 수 있다. FileOutputStream 객체로부터 WritableByteChannel 개체를 생성하였다.

```
FileOutputStream fos = new FileOutputStream(dest);
WritableByteChannel destChannel = Channels.newChannel(fos);
```

다음은 채널 객체를 통해서 읽기와 쓰기를 수행하는 코드인데 채널 객체를 통해서 데이터를 읽고 쓰기 위해서는 ByteBuffer를 통해서만 가능한 것을 주의해야 한다.

```
ReadableByteChannel src;
WritableByteChannel dest;
ByteBuffer buffer = ByteBuffer.allocate(16*1024);
src.read(buffer)
dest.write(buffer);
```

다음은 채널을 이용해서 파일을 복사하는 예제이다. 파일 객체로부터 채널을 생성하고 채널을 통해서 파일을 복사한다. 아래 코드에서 fileCopy() 메소드는 채널 객체를 이용해서 src 파일을 dest 파일로 복사하고 channelCopy() 메소드는 src 채널의 데이터를 dest 채널로 복사한다.

```
// 파일명: ChannelFileCopy.java
// 기  능: 채널을 이용하여 파일을 복사한다
// 컴파일: javac ChannelFileCopy.java
// 사용법: java ChannelFileCopy

import java.nio.ByteBuffer;
import java.nio.channels.*;
import java.io.*;

public class ChannelFileCopy {
    public void fileCopy(String src, String dest) {
       try {
          FileInputStream fis = new FileInputStream(src);
          FileOutputStream fos = new FileOutputStream(dest);

          ReadableByteChannel souceChannel = Channels.newChannel(fis);
          WritableByteChannel destChannel = Channels.newChannel(fos);
          channelCopy(souceChannel,destChannel );

          souceChannel.close();
          destChannel.close();

          fos.close();
          fis.close();
       } catch(IOException ioe) {
          ioe.printStackTrace();
       }

    }
```

```
    public void channelCopy(ReadableByteChannel src, WritableByteChannel dest)
                throws IOException {
        ByteBuffer buffer = ByteBuffer.allocate(16*1024);
        while(src.read(buffer) != -1) {
            buffer.flip();
            dest.write(buffer);
            buffer.compact();
        }

        buffer.flip();
        while(buffer.hasRemaining()) {
            dest.write(buffer);
        }
    }
    public static void main(String[] args) {
        new ChannelFileCopy().fileCopy("src.txt", "dest.txt");
    }
}
```

8.2.4 파일 채널

채널에는 파일 채널과 소켓 채널이 있는데 파일 채널은 간단히 소개하고, 통신 프로그램에서 자주 사용되는 소켓 채널은 다음절에서 자세히 설명하겠다. 파일 채널을 사용하면 파일이 위치하고 있는 실제 메모리에 직접 기록하는 것이 가능하여 처리 속도를 개선할 수 있다. 또한 다른 프로그램이 파일 영역에 접근하는 것을 제한하기 위한 파일 락(lock)을 쉽게 설정할 수 있다. 파일 채널 객체를 생성하려면 getChannel() 메소드를 사용한다.

다음은 FileChannel 클래스가 제공하는 주요 메소드이다.

```
abstract void force(boolean metaData)   // 파일에 대한 업데이트 내용을
                                        // 강제적으로 기록
FileLock lock()                         // 파일에 대한 배타 락을 설정
abstract FileLock lock(long position, long size, boolean shared)
                                        // 파일의 지정된 영역을 잠근다
abstract MappedByteBuffer map(FileChannel.MapMode mode, long
position, long size)                    // 파일의 영역을 직접 메모리에 매핑
abstract long position()                // 파일 위치를 리턴
```

```
abstract FileChannel position(long newPosition)  // 채널의 파일 위치를 설정
abstract int read(ByteBuffer dst)  // 이 채널을 통해 ByteBuffer로 읽는다
long read(ByteBuffer [] dsts)      // ByteBuffer로부터 읽는다
abstract int read(ByteBuffer dst, long position) // 이 채널의 ByteBuffer에
                                   // 지정된 파일 위치로부터 읽는다
abstract long size()               // 파일의 현재의 사이즈를 리턴
abstract FileChannel truncate(long size)
                                   // 파일의 뒷 부분을 잘라 지정된 크기로 줄인다
FileLock tryLock()                 // 파일상에서 배타 락을 획득
abstract FileLock tryLock(long position, long size, boolean shared)
                                   // 파일의 지정된 영역에서 락을 획득
abstract int write(ByteBuffer src)
                                   // 바이트 순서가 지정된 버퍼로 출력
```

다음은 RandAccessFile 객체로부터 읽기 가능한 FileChannel 객체를 생성하는 코드이다. FileChannel 객체는 InputStream 객체나 RandAccessFile로부터 읽기 가능한 객체를 생성한다. RandAccessFile은 "r" 모드로 설정하면 파일에 대해서 읽기 전용 모드가 된다.

```
File srcFile = new File(src);
RandomAccessFile readRAF = new RandomAccessFile(srcFile,"r");
FileChannel srcChannel = readRAF.getChannel();
```

다음은 RandomAccessFile객체로부터 쓰기 가능한 FileChannel 객체를 생성하는 코드이다. FileChannel 객체는 OutputStream 객체나 RandAccessFile 로부터 쓰기 가능한 객체를 생성한다. RandomAccessFile은 "rw" 모드로 설정하면 파일에 대해서 쓰기 가능 모드가 된다.

```
File destFile = new File(dest);
RandomAccessFile writeRAF = new RandomAccessFile(destFile,"rw");
FileChannel destChannel = writeRAF.getChannel();
```

다음은 RandomAccessFile 객체로부터 FileChannel 객체를 생성해서 파일을 복사하는 예제이다. fileCopy() 메소드는 RandomAcessFile 객체로부터 FileChannel 객체를 생성해서 src 파일을 dest 파일로 복사한다. channelCopy() 메소드는 src 채널의 데이터를 dest 채널로 복사한다.

```
// 파일명: FileChannelCopy.java
// 기 능: 채널을 이용하여 랜덤 액세스 파일을 복사한다
// 컴파일: javac FileChannelCopy.java
// 사용법: java FileChannelCopy

import java.nio.ByteBuffer;
import java.nio.channels.FileChannel;
import java.nio.channels.ReadableByteChannel;
import java.nio.channels.WritableByteChannel;
import java.io.File;
import java.io.RandomAccessFile;
import java.io.IOException;

public class FileChannelCopy {

public void fileCopy(String src, String dest) {
    try {
       File srcFile = new File(src);
       File destFile = new File(dest);
       RandomAccessFile readRAF = new RandomAccessFile(srcFile,"r");
       FileChannel srcChannel = readRAF.getChannel();

       RandomAccessFile writeRAF = new RandomAccessFile(destFile,"rw");
       FileChannel destChannel = writeRAF.getChannel();
       channelCopy(srcChannel, destChannel);
       srcChannel.close();
       destChannel.close();
    } catch(IOException e) {
       e.printStackTrace();
    }
}
public void channelCopy(ReadableByteChannel src, WritableByteChannel dest)
                    throws IOException {
    ByteBuffer buffer = ByteBuffer.allocate(16*1024);
    while(src.read(buffer) != -1) {
       buffer.flip();
       dest.write(buffer);
       buffer.compact();
    }
    buffer.flip();
    while(buffer.hasRemaining()) {
       dest.write(buffer);
```

```
        }
    }
    public static void main(String[] args) {
        new FileChannelCopy().fileCopy("src.txt", "dest.txt");
    }
}
```

8.3 소켓 채널

8.3.1 소켓 채널 개요

소켓 채널은 입출력 속도를 개선하기 위해 도입한 ByteBuffer 버퍼와, TCP/IP 통신 창구인 소켓을 연결하는 채널이다. 소켓 채널은 넌블록 모드를 지원하며 특히 넌블록 모드에서 다중화 I/O를 제공하기 위해서 셀렉터를 이용할 수 있게 한다(셀렉터에 대해서는 뒤에서 설명함).

소켓 채널에는 세 가지 종류가 있는데, Socket 객체를 채널로 바꾸기 위해서는 SocketChannel을 사용하고, ServerSocket을 위해서는 ServerSocketChannel을, DatagramSocket을 위해서는 DatagramChannel을 각각 사용한다.

아래 표에 소켓 채널 객체와 해당되는 소켓 객체의 관계를 정리하였다.

소켓 채널 클래스	해당 소켓 클래스	채널의 주요 기능
DatagramChannel	DatagramSocket	ByteBuffer로 데이터 읽고 쓰기
SocketChannel	Socket	ByteBuffer로 데이터 읽고 쓰기
ServerSocketChannel	ServerSocket	연결만을 관리

8.3.2 SocketChannel

TCP에서 사용하는 Socket 클래스에 해당하는 채널이 SocketChannel이다. SocketChannel 객체를 만들려면 접속할 서버의 주소에 대한 객체 SocketAddress를 생성하고 SocketChannel 객체의 open() 메소드를 호출하면 된다. 한편 open()으로 생성된 SocketChannel 객체는 아직 서버에 접속한 상태는 아니며 connect() 메소드를 호출하여야 서버로의 접속을 시도한다.

```
SocketAddress addr=new InetSocketAddress("ip주소", 포트번호);
SocketChannel socket=SocketChannel.open();
socket.connect(addr);
```

위의 과정을 도식화하면 다음과 같다.

그림 8-4 소켓 채널 생성과정 예시

접속된 SocketChannel 객체를 닫으려면 close() 메소드를 호출하면 된다. SocketChannel 객체가 접속되어 있는 지를 확인하려면 isConnected() 메소드를 사용한다. 그리고 Socket 클래스처럼 SocketChannel 객체를 생성함과 동시에 서버에 접속하려면 다음과 같이 수행하면 된다.

```
SocketAddress addr=new InetSocketAddress("Ip주소", 포트번호);
SocketChannel socket=SocketChannel.open(addr);
```

다음은 SocketChannel 클래스가 제공하는 주요 메소드이다.

```
abstract boolean connect(SocketAddress remote) // 이 채널의 소켓으로 접속
abstract boolean finishConnect()       // 소켓 채널의 접속 처리를 완료
abstract boolean isConnected()         // 채널에 소켓이 접속되어 있는지 판단
abstract boolean isConnectionPending() // 접속이 진행 중인지를 판단
static SocketChannel open()            // 소켓 채널을 개설
static SocketChannel open(SocketAddress remote) // 소켓 채널을 개설
abstract int read(ByteBuffer dst)      // 데이터를 ByteBuffer에서 읽는다
long read(ByteBuffer [] dsts)          // 바이트 순서가 지정된 버퍼로 읽는다
abstract Socket socket()               // 이 채널에 관련한 소켓을 얻는다
abstract int write(ByteBuffer src)     // ByteBuffer로 출력
long write(ByteBuffer [] srcs)         // 바이트 순서가 지정된 버퍼로 출력
```

아래는 SocketChannel 객체를 생성하고 서버에 연결하는 코드이다.

```
socketChannel = SocketChannel.open(new InetSocketAddress(host, port));
socketChannel.configureBlocking(false);
socketChannel.register(selector, SelectionKey.OP_READ);
```

아래는 서버와 연결된 SocketChannel 객체를 통해서 데이터를 읽는 코드이다.

```
SocketChannel sc = (SocketChannel)key.channel();
sc.read(buffer);
```

아래는 서버와 연결된 SocketChannel 객체를 통해서 데이터를 쓰는 코드이다.

```
this.socketChannel.write(buffer);
```

다음은 SocketChannel을 사용하여 작성한 에코 클라이언트 프로그램 예제이다.

```
// 파일명: SChannelEchoClient.java
// 기 능: SocketChannel을 사용한 에코 클라이언트
// 컴파일: javac SChannelEchoClient.java
// 사용법: java SChannelEchoClient

import java.nio.*;
import java.nio.channels.*;
import java.nio.charset.*;
import java.net.*;
import java.util.*;
public class SChannelEchoClient {

    private String host = "localhost"
    private int port = 9000;
    private Charset charset = null
    private SocketChannel socketChannel = null
    private Selector selector = null
    public SChannelEchoClient() {
        try {
            charset = Charset.forName("EUC-KR");
            selector = Selector.open();
            socketChannel
             = SocketChannel.open(new InetSocketAddress(host, port));
            socketChannel.configureBlocking(false);
```

```
            socketChannel.register(selector, SelectionKey.OP_READ);
        } catch(Exception e) {
            e.printStackTrace();
            System.exit(-1);
        }
    }
    public void start() {
        while(true) {
            this.sendMessage();
            this.receiveMessage();
            try {
                Thread.sleep(500);
            } catch(Exception e) {
                e.printStackTrace();
            }
        }
    }
    private void sendMessage() {
        ByteBuffer buffer = null
        try {
            buffer = ByteBuffer.allocateDirect(1024);
            buffer.put("Hello, World!!!".getBytes());
            buffer.flip();
            this.socketChannel.write(buffer);
            buffer.clear();
            buffer = null
        } catch(Exception e) {
            e.printStackTrace();
        }
    }
    private void receiveMessage() {
        ByteBuffer buffer = null
        try {
            selector.select();
            buffer = ByteBuffer.allocateDirect(1024);
            Iterator iter = selector.selectedKeys().iterator();
            while(iter.hasNext()) {
                SelectionKey key = (SelectionKey)iter.next();
                SocketChannel sc = (SocketChannel)key.channel();
                sc.read(buffer);
                buffer.flip();
```

```
System.out.println(charset.decode(buffer).toString());
            buffer.clear();
            buffer = null
         }
      } catch(Exception e) {
         e.printStackTrace();
      }
   }
   public static void main(String[] args) {
      new SChannelEchoClient().start();
   }
}
```

8.3.3 ServerSocketChannel

ServerSocketChannel은 open() 메소드를 호출하여 생성한다. open() 메소드로 생성된 ServerSocketChannel은 아직 바인딩되지 않은 상태이므로 bind() 메소드를 호출하여야 한다. ServerSocketChannel은 accept()를 호출하면 클라이언트로부터의 접속을 기다리게 된다. 이 과정을 작성하면 다음과 같다.

```
try {
  ServerSocketChannel server= ServerSocketChannel.open();
  ServerSocket socket = serverChannel.socket();
  SocketAddress address = new InetSocketAddress(80);
  socket.bind(address);
}
catch (IOException ex) {
  System.err.println("Could not bind to port 80 because " + ex.getMessage());
}
```

그림 8-5에 ServerSocketChannel 객체를 이용하는 절차를 나타냈다.

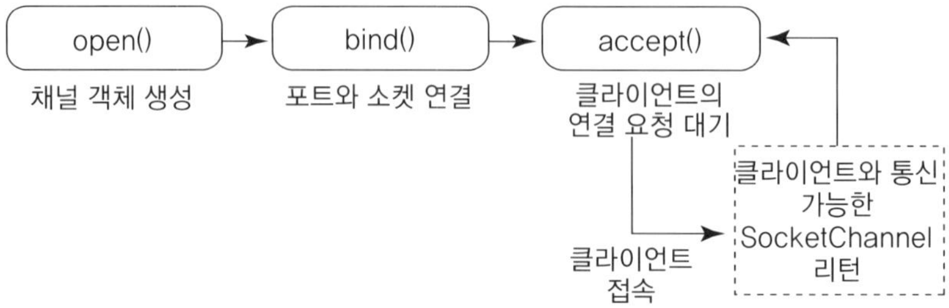

그림 8-5 ServerSocketChannel 생성 과정

다음은 ServerSocketChannel 클래스가 제공하는 주요 메소드이다.

```
abstract SocketChannel accept()  // 이 채널의 소켓에 대한 접속을 기다림
static ServerSocketChannel open() // ServerSocketChannel을 개설
abstract ServerSocket socket()    // 이 채널에 관련한 ServerSocket
                                     을 얻는다
```

다음은 ServerSocketChannel 객체를 생성하고, 서버의 주소와 바인딩하는 코드이다.

```
serverChannel = ServerSocketChannel.open();
ServerSocket ss = serverChannel.socket();
InetSocketAddress address = new InetSocketAddress(port);
ss.bind(address);
```

아래는 클라이언트의 연결을 감지하다가 연결이 이루어지면 SocketChannel 객체를 생성하는 코드이다.

```
SocketChannel client = server.accept();
```

다음은 ServerSocketChannel 객체를 이용해서 에코 서버를 구현한 예제이다.

```
// 파일명: SChannelEchoServer.java
// 기 능: ServerSocketChannel을 사용한 에코 서버
// 컴파일: javac SChannelEchoServer.java
// 사용법: java SChannelEchoServer

import java.nio.*;
```

```
import java.nio.channels.*;
import java.net.*;
import java.util.*;
import java.io.IOException;

public class SChannelEchoServer {
    public static int DEFAULT_PORT = 7;
    private int port = 9000;
    public void start(){
        System.out.println("Listening for connections on port " + port);
        ServerSocketChannel serverChannel;
        Selector selector;
        try {
            serverChannel = ServerSocketChannel.open();
            ServerSocket ss = serverChannel.socket();
            InetSocketAddress address = new InetSocketAddress(port);
            ss.bind(address);
            serverChannel.configureBlocking(false);
            selector = Selector.open();
            serverChannel.register(selector, SelectionKey.OP_ACCEPT);
        } catch (IOException ex) {
            ex.printStackTrace();
            return
        }
        while (true) {
            try {
                selector.select();
            } catch (IOException ex) {
                ex.printStackTrace();
                break
            }
        Set readyKeys = selector.selectedKeys();
        Iterator iterator = readyKeys.iterator();
        while (iterator.hasNext()) {
            SelectionKey key = (SelectionKey) iterator.next();
            iterator.remove();
            try {
                if (key.isAcceptable()) {
                    ServerSocketChannel server =
                                (ServerSocketChannel) key.channel();
                    SocketChannel client = server.accept();
                    System.out.println("Accepted connection
```

```
                    from " + client);
                client.configureBlocking(false);
                SelectionKey clientKey = client.register(
                selector, SelectionKey.OP_WRITE |
                 SelectionKey.OP_READ);
                ByteBuffer buffer = ByteBuffer.allocate(100);
                clientKey.attach(buffer);
            }
            if (key.isReadable()) {
                SocketChannel client = (SocketChannel) key.channel();
                ByteBuffer output = (ByteBuffer) key.attachment();
                client.read(output);
            }
            if (key.isWritable()) {
                SocketChannel client = (SocketChannel) key.channel();
                ByteBuffer output = (ByteBuffer) key.attachment();
                output.flip();
                client.write(output);
                output.compact();
            }

        } catch (IOException ex) {
            key.cancel();

            try {
                key.channel().close();
            } catch (IOException cex) { }

            }
        }
    }
  }
  public static void main(String[] args) {
    new SChannelEchoServer().start();
  }
}
```

8.4 셀렉터

1장에서 소개한 서버 구현 기술에서 concurrent 형태의 서버를 구현하려면 여러 클라이언트의 요청을 서버가 동시에 처리할 수 있어야 한다. 이를 위해서 멀티스레드를 사용하는 것이 가장 쉬운 방법이며 이는 6장에서 소개하였다. 즉, 각 클라이언트의 서비스를 담당하기 위해서 스레드를 클라이언트마다 생성하는 방법을 소개하였다. 멀티 스레드를 사용하는 방법 외에 다중화를 사용하여 동시에 여러 클라이언트의 요청을 처리하는 방법이 가능한데, 여기서는 셀렉터를 사용하여 다중화하는 방법을 소개하겠다.

8.4.1 셀렉터 개요

서버가 다수의 클라이언트로부터 오는 요청을 처리하기 위해서 다수의 소켓을 개설하고 각각의 소켓을 관리하기 위해 각각 별도의 스레드를 실행시키는 대신, 하나의 스레드가 다수의 소켓을 담당하게 하는 방법이 가능하다.

이를 위해서 셀렉터(Selector) 클래스를 사용하면 되는데, Selector 객체에 다수의 소켓 채널을 등록하고, 각 채널이 어떤 동작을 하면(또는 어떤 이벤트가 발생하면) 서비스를 처리할지를 등록해 둔다. 그러면 이 Selector에 등록된 채널에서 해당 이벤트 중 하나라도 발생하면 해당 작업을 순차적으로 처리하는 것이 가능하다.

Selector 객체를 생성하기 위해서는 아래와 같이 open() 메소드를 사용한다.

```
Selector selector = Selector.open();
```

Selector로 등록하기 위해 ServerSocketChannel나 SocketChannel의 register() 메소드를 서버와 클라이언트에서 각각 아래와 같이 호출한다.

```
(서버에서)
  ServerSocketChannel serverSocketChannel = ...
  serverSocketChannel.configureBlocking(false);
  serverSocketChannel.register(selector, SelectionKey.OP_ACCEPT);

(클라이언트에서)
  SocketChannel socketChannel = ...
  serverSocketChannel.configureBlocking(false);
  serverSocketChannel.register(selector, SelectionKey.OP_READ);
```

register()의 마지막 인자는 스레드가 대기할 이벤트를 구분한다. OP_ACCEPT는 ServerSocketChannel이 사용하며 클라이언트의 연결요청 이벤트를 기다리는 것을 나타내고, OP_CONNECT는 SocketChannel이 사용하며 서버와의 연결 설정 이벤트를 기다리는 것을 나타낸다. OP_READ와 OP_WRITE는 SocketChannel과 DatagramChannel이 사용하며 데이터 읽기와 쓰기가 이루어지는 이벤트를 기다리는 것을 나타낸다. Selector는 close()로 사용을 중지한다.

채 널	지원하는 이벤트
ServerSocketChannel	OP_ACCEPT
SocketChannel	OP_CENNETCT, OP_READ, OP_WRITE
DatagramChannel	OP_READ, OP_WRITE

Selector는 SelectionKey 클래스를 제공하는데 SelectionKey는 특정 채널에 설정된 이벤트들의 관계에 대한 정보를 담고 있는 객체이다.

8.4.2 Selector 사용법

Selector와 관련된 클래스들은 다음과 같다.

- SelectableChanel 클래스: Selector를 적용할 수 있는 상위 채널 클래스
- Selector 클래스: 채널 관리를 위한 클래스
- SelectionKey 클래스: 채널 정보를 담고 있는 클래스

SelectableChannel 클래스

넌블록을 지원하는 채널의 최상위 추상 클래스이다. SelectableChannel 클래스가 제공하는 주요 메소드는 다음과 같다.

```
abstract SelectableChannel configureBlocking(boolean block)
                                  // 채널의 블록 모드 설정, True이면 넌블록 모드
abstract boolean isBlocking() // 채널이 블록 모드인지 알려줌
abstract boolean isRegistered()  // 채널이 Selector에 등록되어 있는지 알려줌
SelectionKey register(Selector sel, int ops)
                                  // 채널을 셀렉터에 등록하고 이벤트를 성정함
                                  // 채널에 연결된 SelectionKey 객체를 리턴
```

Selector 클래스

SelectableChannel을 관리하는 클래스로서 관리되는 채널은 반드시 넌블록 모드여야 한다. 다음은 Selector 클래스가 제공하는 주요 메소드이다.

```
abstract boolean isOpen()              // selector 객체가 열려있는지를 리턴
abstract Set keys()                    // Selector의 Key 객체를 리턴
static Selector open()                 // selector를 개설함
abstract SelectorProvider provider()// 채널을 새성한 Provider 객체를 리턴
abstract int select()                  // 채널의 I/O 동작을 준비하기 위해서
                                          Key를 선택함
abstract Set selectedKeys()            // selector 객체의 선택된 key set
                                          을 리턴
```

8.4.3 비동기형 채팅 서버 프로그램

여기서는 6장에서 소개한 멀티 스레드형 채팅 서버 프로그램을 Selector를 이용해서 비동기형 다중화 형태로 변경하는 것을 소개하겠다.

서버에서는 먼저 서버 소켓 채널을 생성하기 위해서 Selector 객체를 생성하고 Selector 객체로부터 ServerSocketChannel 객체를 생성한 후 이를 넌블록 모드로 설정한다.

```
selector = Selector.open();
serverSocketChannel = ServerSocketChannel.open();
serverSocketChannel.configureBlocking(false);
```

ServerSocketChannel 객체로부터 클라이언트와의 접속을 대기하기 위한 ServerSocket의 객체를 생성한다.

```
ss = serverSocketChannel.socket();
```

ServerSocket 객체는 서버와의 통신을 위한 port를 바인딩하기 위해서 InetSocketAddress 객체를 생성하고 ServerSocket 객체를 바인딩한다.

```
InetSocketAddress isa = new InetSocketAddress(this.Host,
                              Integer.parseInt(port));
ss.bind(isa);
```

ServerSocket 객체를 아래와 같이 ServerSocketChannel 객체에 등록한다.

```
serverSocketChannel.register(selector, SelectionKey.OP_ACCEPT);
```

ServerSocket이 생성된 후에는 클라이언트로부터 접속이나 데이터 전송을 모니터링하고 있다가 특정 이벤트가 발생하게 되면 이벤트에 등록된 기능을 수행한다. Selector 객체의 select() 메소드는 Selector 객체가 Selector와 관련된 채널의 I/O 동작을 모니터링하게 된다.

Selector 객체에서 I/O가 발생한 SelectionKey 객체를 얻어서 SelectionKey가 연결 요청(ACCEPT)과 관련된 것이면 accpet() 메소드를 호출하여 클라이언트로부터 접속을 처리하고, 클라이언트로부터의 데이터 수신에 관한 것이면 이를 isReadable() 메소드로 확인하고 read() 메소드를 호출하여 클라이언트가 전송한 데이터를 수신하여 다시 클라이언트로 보낸다.

```
selector.select();

Iterator it = selector.selectedKeys().iterator();
while(it.hasNext()) {
    SelectionKey key = (SelectionKey)it.next();
    if(key.isAcceptable()) {
        accept(key);
    } else if( key.isReadable()) {
        read(key);
    }
    it.remove();                // 이미 처리한 이벤트이므로 삭제
}
```

다음은 클라이언트로부터 서버와의 연결 요청이 왔을 때 이를 accept() 메소드를 이용하여 처리하는 코드이다.

SelectionKey 객체로부터 ServerSocketChannel 객체를 얻어서 클라이언트와의 데이터 송수신을 담당하게 될 SocketChannel 객체를 생성한다.

```
ServerSocketChannel server = (ServerSocketChannel) key.channel();
SocketChannel sc;
sc = server.accept();
```

생성된 SocketChannel 객체를 넌블록 모드로 설정하고 SocketChannel에 Selector 객체를 OP_READ 모드로 설정한다. OP_READ 모드로 설정하면 SocketChannel로부터 I/O 동작이 발생할 때 isReadable() 메소드가 true로 리턴된다.

SocketChannel 객체를 아래와 같이 벡터에 저장한다.

```
sc.configureBlocking(false);
sc.register(selector, SelectionKey.OP_READ);
client.add(sc);          // 클라이언트와 연결된 소켓 채널을 벡터에 저장한다
```

다음은 클라이언트로부터 데이터가 수신되었을 때 이를 서버에 접속한 모든 클라이언트로 보내는 부분에 대한 설명이다. 클라이언트가 전송한 데이터를 수신하기 위해서 SelectionKey객체로부터 SocketChannel 객체를 얻고, 데이터를 저장하기 위한 ByteBuffer 객체를 생성한다.

```
SocketChannel sc = (SocketChannel) key.channel();
ByteBuffer buffer = ByteBuffer.allocateDirect(1024);
```

SocketChannel 객체로부터 데이터를 읽어서 이를 등록된 클라이언트에 다음과 같이 전송한다.

```
// 요청한 클라이언트의 소켓 채널로부터 데이터를 읽음
int read = sc.read(buffer);
byteBuffer.flip();
Iterator it = client.iterator();
while(it.hasNext()) {
   SocketChannel sc = (SocketChannel) it.next();
   if (sc != null) {
      sc.write(byteBuffer);
      byteBuffer.rewind();
   }
}
```

다음은 Selector를 이용한 채팅 서버 프로그램의 전체 소스이다.

```
// 파일명: JavaNIOChatServer.java
// 기 능: 자바 소켓을 이용한 채팅 서버
```

```
// 컴파일: javac JavaNIOChatServer.java
// 사용법: java JavaNIOChatServer 3000

import java.io.*;
import java.net.*;
import java.util.Vector;
import java.util.Iterator;
import java.nio.channels.*;
import java.nio.*;

public class JavaNIOChatServer {
    ServerSocket ss = null;                     // 서버 소켓
    Socket s = null;                            // 클라이언트 소켓
    Vector client = new Vector();
    String Host = "localhost";
    Selector selector = null;
    ServerSocketChannel serverSocketChannel = null;
    ServerSocket serverSocket = null;
    public static void main(String[] args) {
        if (args == null || args.length <1 ){
            System.out.println("사용법: java JavaNIOChatServer port");
            System.exit(0);
        } else {
            new JavaNIOChatServer(args[0]);
        }

    }

    // 생성자
    JavaNIOChatServer(String port) {
        try {
            selector = Selector.open();
            serverSocketChannel = ServerSocketChannel.open();
            serverSocketChannel.configureBlocking(false);  // 넌블록 모드로 설정
            ss = serverSocketChannel.socket();
            InetSocketAddress isa
                = new InetSocketAddress(this.Host,Integer.parseInt(port));
            ss.bind(isa);
            serverSocketChannel.register(selector,
                                        SelectionKey.OP_ACCEPT);
        } catch(IOException e) {
            System.out.println("Can't make ServerSocket ");
```

```
    }
    System.out.println("Java Chat Server started.
                                    Accepting the client ...");

    try {
       while(true) {
          selector.select();

          Iterator it = selector.selectedKeys().iterator();
          while(it.hasNext()) {
             SelectionKey key = (SelectionKey)it.next();
             if(key.isAcceptable()) {
                accept(key);
             } else if( key.isReadable()) {
                read(key);
             }
             it.remove();        // 이미 처리한 이벤트이므로 삭제
          }
       }
    } catch(IOException e) { }
 }
 private void accept(SelectionKey key) {
    ServerSocketChannel server = (ServerSocketChannel) key.channel();
    SocketChannel sc;
    try {
       // 서버소켓 채널의 accept() 메소드로 서버소켓 생성
       sc = server.accept();
       // 소켓 채널을 넌블록 및 읽기 모드로 실렉터에 등록
       sc.configureBlocking(false);
       sc.register(selector, SelectionKey.OP_READ);
       client.add(sc);
       // 클라이언트와 연결된 소켓 채널을 벡터에 저장
       System.out.println(sc.toString() + " 클라이언트가 접속했습니다.");
    } catch (ClosedChannelException e) {
        System.out.println("[ClosedChannelException] : " + e.toString());
    } catch (IOException e) {
        System.out.println("[IOException] : " + e.toString());
    }
 }
 private void read(SelectionKey key) {
    // SelectionKey로부터 소켓 채널을 얻어옴
    SocketChannel sc = (SocketChannel) key.channel();
```

```
        // ByteBuffer 생성
        ByteBuffer buffer = ByteBuffer.allocateDirect(1024);
        try {
            // 요청한 클라이언트의 소켓 채널로부터 데이터를 읽음
            int read = sc.read(buffer);
            System.out.println("클라이언트로부터 "+ read
                + " byte 의 데이터가 전송되었습니다");
        } catch (IOException e) {
            try {
                sc.close();
            } catch (IOException ioe) {
                ioe.printStackTrace();
            }
            client.remove(sc);
            System.out.println(sc.toString()
                    + " 클라언트가 접속을 해제했습니다.");
        }
            broadcast(buffer);          // 클라이언트가 보낸 메시지를 브로드캐스트
            // 버퍼 메모리를 해제
            if (buffer != null) {
            buffer.clear();
            buffer = null;
        }
    }

    // 모든 클라이언트에게 메시지를 방송하는 메소드
    public void broadcast(ByteBuffer byteBuffer) {
        try {
            byteBuffer.flip();
            Iterator it = client.iterator();
            while(it.hasNext()) {
                SocketChannel sc = (SocketChannel) it.next();
                if (sc != null) {
                    sc.write(byteBuffer);
                    byteBuffer.rewind();
                }
            }
        } catch (IOException ioe) {
            System.out.println("[ broadcast() IOException ] :
                + 클라언트가 접속을 해제했습니다." +ioe.toString());
        }
    }
}
```

8.4.4 비동기형 채팅 클라이언트 프로그램

여기서는 6장에서 설명한 채팅 클라이언트 프로그램을 Selector를 이용한 비동기형 채팅 클라이언트 프로그램으로 변경하는 것을 소개하겠다.

먼저 Selector 객체를 이용해서 SocketChannel 객체를 생성해야 한다. ServerSocketChannel 객체를 생성할 때와 동일하게 Selector 객체를 생성한 후에 SocketChannel 객체를 생성하면 된다. 그리고 SocketChannel 객체을 넌블록 모드로 설정한다. SocketChannel객체에 Selector 객체를 등록하고 서버로부터 데이터를 수신하기 위해서 OP_READ로 SelectionKey를 설정한다.

```
selector = Selector.open();
InetSocketAddress isa = new InetSocketAddress(HOST,PORT);
socketChannel = SocketChannel.open(isa);
socketChannel.configureBlocking(false);
socketChannel.register(selector,SelectionKey.OP_READ);
```

서버로부터 전송되는 메시지를 수신하기 위해서 Selector 객체의 select() 메소드를 호출해서 SelectionKey 객체의 유무를 확인하고 처리한다. 서버로부터 전송된 데이터 수신 유무를 확인하기 위해서 SelectionKey 객체에 대해서 isReadable() 메소드를 호출하여 확인한다.

```
// select() 메소드로 준비된 이벤트가 있는지 확인
selector.select();
// SelectedSet에 저장된 준비된 이벤트들(SelectionKey들)을 하나씩 처리
Iterator it = selector.selectedKeys().iterator();
while (it.hasNext()) {
    SelectionKey key = (SelectionKey) it.next();
    if (key.isReadable()) {  // 이미 연결된 클라이언트가 메시지를 보낸 경우
       read(key);
    }
    it.remove();                    // 이미 처리한 이벤트이므로 반드시 삭제해야 함
}
```

다음은 서버로부터 전송된 데이터를 수신하는 부분이다. SocketChannel로부터 데이터를 읽어서 이를 ByteBuffer 객체에 저장한다.

```
SocketChannel sc = (SocketChannel) key.channel();
// ByteBuffer 생성
ByteBuffer buffer = ByteBuffer.allocateDirect(1024);
int read = 0;
// 요청한 클라이언트의 소켓 채널로부터 데이터를 읽음
read = sc.read(buffer);
sc.close();
buffer.flip();
```

서버로부터 전송된 데이터는 클라이언트의 환경에 맞게 문자를 보여주기 위해서 CharDecoder 객체를 통해서 변환하고, 변환된 문자를 화면에 보여준다.

```
String data = "";
data = decoder.decode(buffer).toString();
memo.append(data);
```

다음은 서버로 데이터를 송신하는 부분이다. 채팅 클라이언트의 입력창으로부터 데이터를 입력하면 이 데이터를 byte 배열로 변환해서 ByteBuffer를 통해서 SocketChannel 객체로 보내어 서버로 전송하게 된다.

```
ByteBuffer byteBuffer = ByteBuffer.allocate(1024);
String msg = "["+name.getText()+"] "+ field.getText();
try {
    while(!Thread.currentThread().isInterrupted()) {
        byteBuffer.clear();
        byteBuffer.put(msg.getBytes());
        byteBuffer.flip();
        socketChannel.write(byteBuffer);
    }
} catch(IOException e) {
    memo.append("Sending error\n");
}
```

다음은 Selector 객체를 이용한 채팅 클라이언트 프로그램의 전체 소스이다.

```
// 파일명: JavaNIOChatClient.java
// 기  능: 자바 소켓을 이용한 채팅 서버
```

```
// 컴파일: javac JavaNIOChattClient.java
// 사용법: java JavaNIOChattClient localhost

import java.awt.*;
import java.awt.event.*;
import java.io.*;
import java.net.*;
import java.nio.ByteBuffer;
import java.nio.channels.*;
import java.util.Iterator;
import java.nio.charset.*;

public class JavaNIOChatClient extends Frame {
    final int PORT = 3000;
    Thread readMessage = null;              // 수신 메시지를 읽는 스레드 선언

    Selector selector = null;
    SocketChannel socketChannel = null;

    Charset charset = null;
    CharsetDecoder decoder = null;
    DataInputStream dis;
    DataOutputStream dos;
    Button connect, disconnect;             // 연결, 종료 버튼
    TextArea memo;                          // 출력창
    TextField name;                         // 참가자 이름 입력 창
    TextField field;                        // 채팅 메시지 입력 창
    boolean connect_flag = false;           // 서버와의 연결 상태 플래그

    String HOST = "";

    public static void main(String[] args) {

       if (args == null || args.length <1 ) {
          System.out.println("사용법: java JavaChatClient host");
          System.exit(0);
       } else {
          new JavaChatClient(args[0]);
       }
    }
    public  JavaNIOChatClient(String host) {
```

```
        this.HOST = host;

        // 이름 입력창, 연결 및 탈퇴 버튼
        Panel p = new Panel();
        Label label = new Label("My Name:");
        name = new TextField("noname";
        connect = new Button("Connect");
        connect.addActionListener(new ConnectListener());
        disconnect = new Button("Disconnect");
        disconnect.addActionListener(new DisconnectListener());
        p.add(label);
        p.add(name);
        p.add(connect);
        p.add(disconnect);

        // 메시지 입출력 창
        memo = new TextArea();
        memo.setEditable(false);
        field = new TextField();
        field.addActionListener(new SendListener());

        setLayout(new BorderLayout());
        add(p, BorderLayout.NORTH);
        add(memo, BorderLayout.CENTER);
        add(field, BorderLayout.SOUTH);

        this.setSize(300, 300);
        this.setVisible(true);
        charset = Charset.forName("EUC-KR");
        decoder = charset.newDecoder();
    }

    // 연결(Connect) 버튼 처리 리스너
    class ConnectListener implements ActionListener{
        public void actionPerformed(ActionEvent ae) {
            if(connect_flag == false) {
                try {
                    selector = Selector.open();
                    InetSocketAddress isa
                    = new InetSocketAddress(HOST,PORT);
                    socketChannel = SocketChannel.open(isa);
                    socketChannel.configureBlocking(false);
```

```
        socketChannel.register(selector,SelectionKey.OP_READ);

            } catch(IOException e) {
                memo.append("Can't open Socket\n");
                return;
            }
            memo.append("Connected successfully! \n");

            // 서버로부터의 데이터 전송을 대기하는 메소드
            waitRead();
            // 자신의 초기 정보를 서버에 전송
            ByteBuffer byteBuffer = ByteBuffer.allocate(1024);
            String msg = "["+name.getText()+"] :
              님이 접속하였습니다. "+ field.getText();
            try {
              while(!Thread.currentThread().isInterrupted()){
                byteBuffer.clear();
                byteBuffer.put(msg.getBytes());
                byteBuffer.flip();
                socketChannel.write(byteBuffer);
              }

            } catch(IOException e) {
              memo.append("Sending error\n");
            }
            connect_flag = true;
        } else {
            // 중복 연결 시도 처리
            memo.append("You are already connedted\n");
        }
    }
}

private void waitRead(){
    try {
        while (true) {
            selector.select();    // 준비된 이벤트가 있는지 확인
            // SelectedSet에 저장된 준비된
            // 이벤트들(SelectionKey들)을 하나씩 처리
            Iterator it = selector.selectedKeys().iterator();
            while (it.hasNext()) {
```

```
                SelectionKey key = (SelectionKey) it.next();
                if (key.isReadable()) {
                    // 이미 연결된 클라이언트가 메시지를 보낸 경우
                    read(key);
                }
                // 이미 처리한 이벤트이므로 반드시 삭제해야 함
                it.remove();
            }
        }
    } catch (Exception e) {
        System.out.println("[ startServer() Exception ] : " +e.toString());
    }
}
private void read(SelectionKey key) {
    // SelectionKey 로부터 소켓 채널을 얻어옴
    SocketChannel sc = (SocketChannel) key.channel();
    // 바이트버퍼 생성
    ByteBuffer buffer = ByteBuffer.allocateDirect(1024);
    int read = 0;
    try {
        // 요청한 클라이언트의 소켓 채널로부터 데이터를 읽음
        read = sc.read(buffer);
    } catch (IOException e) {
        try {
            sc.close();
        } catch (IOException e1) { }
    }

    buffer.flip();

    String data = "";
    try {
        data = decoder.decode(buffer).toString();
    } catch (Exception e) {
        System.out.println("[ read() Exception ] : " +e.toString());
    }
    memo.append(data);
    System.out.println("Message - " + data);

    // 버퍼 메모리를 해제해줌
    if (buffer != null) {
        buffer.clear();
```

```
            buffer = null;
        }
    }

    // 채팅 메시지 송신 처리 리스너
    class SendListener implements ActionListener {
        public void actionPerformed(ActionEvent ae) {
            ByteBuffer byteBuffer = ByteBuffer.allocate(1024);
            String msg = "["+name.getText()+"] "+ field.getText();
            try {
                while(!Thread.currentThread().isInterrupted()){
                    byteBuffer.clear();
                    byteBuffer.put(msg.getBytes());
                    byteBuffer.flip();
                    socketChannel.write(byteBuffer);
                }

            } catch(IOException e) {
                memo.append("Sending error\n");
            }
            field.setText("");
        }
    }

    // 종료(Disconnect) 버튼 처리 리스너
    class DisconnectListener implements ActionListener {
        public void actionPerformed(ActionEvent ae) {
            connect_flag = false;
            ByteBuffer byteBuffer = ByteBuffer.allocate(1024);

            String msg = name.getText()+":BYE";
            try {
                while(!Thread.currentThread().isInterrupted()) {
                    byteBuffer.clear();
                    byteBuffer.put(msg.getBytes());
                    byteBuffer.flip();
                    socketChannel.write(byteBuffer);
                }

            } catch(IOException e) {
                memo.append("Sending error\n");
            }
```

```
            try {
                socketChannel.close();
            } catch(IOException e) { }
        }
    }
}
```

8.5 연습문제

1. 자신이 사용하는 PC의 NIC의 정보를 다양한 방법으로 확인해 보시오.
2. 자바에서 버퍼를 사용하면 입출력 속도가 개선되는 이유를 설명하시오.
3. 소켓을 사용하는 것과 소켓 채널을 사용하는 것의 차이점은 무엇인가?
4. 6장에서 소개한 채팅 프로그램과 8장에서 소개한 채팅 프로그램의 핵심적인 차이점을 소켓 개설부분과 데이터 전송 부분을 중심으로 설명하시오.
5. 서버에서 concurrent 형태로 서비스를 제공하기 위해서 멀티 스레드를 사용하는 방법과 셀렉터를 사용하는 방법이 있는데 각각 어떤 응용에 적용하는 것이 적합한지를 예를 들어서 설명하시오.

09

네트워크 응용 프로그래밍

9장에서는 응용 계층의 네트워크 프로그램 작성 예를 소개한다. 먼저 웹 관련 자바 클래스인 URL 클래스의 사용법과 이를 이용한 파일 읽기 프로그램을 소개하고, JDBC를 이용하여 네트워크를 통한 원격 데이터베이스 액세스 프로그램 작성법을 소개하겠다.

9.1 URL 관련 클래스

자바의 URL 관련 클래스를 사용하면 소켓을 개설하여 데이터를 패킷 단위로 송수신하지 않아도 URL로 표현된 파일이나 프로그램에 쉽게 접근할 수 있다. 여기서는 URL 관련 클래스와 사용법을 소개하겠다.

9.1.1 URL 클래스

URL 객체를 만드는 생성자 중에 가장 많이 사용되는 것은 URL 타입의 주소 전체를 다음과 같이 스트링 형태로 지정하는 방식이다.

```
String host = "http://telecom.kangwon.ac.kr:80/index.html";
URL url = new URL(host);
```

위에서 인자 host 내에 프로토콜(http), 호스트 주소(telecom.kangwon.ac.kr), 포트번호(80), 파일(index.html)을 모두 지정하였다. 이것을 나누어 지정할 수도 있는데 이때는 다음과 같은 모양의 URL 생성자를 사용하면 된다.

```
URL(String protocol, String host, int port, String file);
```

URL 타입의 객체를 인자로 사용하여 더 세부적인 URL 객체를 만들 수 있는데 이때는 다음과 같은 생성자를 사용한다.

```
URL(URL url, String spec);
```

위의 생성자를 이용하여 특정 파일을 지정한 후에 그 파일 내에서 위치를 지정하는 named anchor를 지정할 수 있는데, 예를 들어 network.html 파일이 BOTTOM이라는 named anchor를 가지고 있다면 이 anchor를 다음과 같이 지정할 수 있다.

```
URL url = new URL("http://telecom.kangwon.ac.kr/network.html");
URL urlBottom = new URL(url, "#BOTTOM");
```

URL 클래스가 제공하는 주요 메소드를 아래에 소개했는데 getHost()는 URL의 호스트 이름을 리턴하며 getPort()는 포트번호를 리턴한다. openStream()은 URL의 내용을 읽을 수 있도록 이 URL과 연결된 InputStream을 리턴한다.

```
String toString()              // URL 객체를 스트링 타입으로 만든다
String getProtocol()           // URL의 프로토콜을 리턴
String getHost()               // URL의 호스트 이름을 리턴
int getPort()                  // URL의 포트번호를 리턴
String getFile()               // URL의 파일명을 리턴
String getRef()                // URL의 reference(anchor)를 리턴
InputStream openStream()       // URL의 내용을 읽을 수 있는 입력 스트림을 리턴
URLConnection openConnection()
                               // 해당 URL과 연결된 URLConnection 객체를 리턴
Object getContent()            // URL의 내용을 리턴
```

```
int hashCode()                  // 해시 코드를 만들고 해시 테이블의 인덱스를 리턴
boolean sameFile(URL other)     // 두 개의 URL을 비교 (anchor 필드는 제외)
```

아래는 http://telecom.kangwon.ac.kr/index.html을 URL 객체로 만들어 접속하고 이 파일의 내용을 읽어보는 프로그램인데 먼저 openStream()으로 InputStream 객체를 얻고 이것을 고수준 문자 입력 스트림인 BufferedReader으로 만들어 한 줄씩 내용을 읽어 화면에 출력한다.

```
// 파일명 : URLTest.java
// 기  능 : 접속된 URL의 정보를 얻어온다
// 컴파일 : javac URLTest.java
// 사용법 : java URLTest http://telecom.kangwon.ac.kr/index.html

import java.net.*;
import java.io.*;
class URLTest {
    public static void main(String args[]) {
    URL url = null;
       BufferedReader br;
       String inputLine;
       String host = args[0];
       try {
          url= new URL(host);
          System.out.println("protocol = " + url.getProtocol());
          System.out.println("host = " + url.getHost());
          System.out.println("filename = " + url.getFile());
          System.out.println("port = " + url.getPort());
          System.out.println("ref = " + url.getRef());
          br =     new BufferedReader(new InputStreamReader(
                                          url.openStream()));
          while ((inputLine = br.readLine()) != null) {
          System.out.println(inputLine);
       }
          br.close();
    } catch (MalformedURLException me) {
          System.out.println("MalformedURLException: " + me);
       }
       } catch (IOException ioe) {
          System.out.println("IOException: " + ioe);
       }
    }
}
```

위에서 openStream()으로 얻은 입력 스트림을 통하여 읽은 데이터를 모두 화면에 출력하고 있는데 실제로 출력되는 내용을 보면 상대방이 보낸 메시지 중 http 프로토콜의 헤더 부분은 보이지 않는 것을 알 수 있다. 그 이유는 프로토콜이 http인 경우에 openStream()이 자동으로 http 헤더를 만들어 request를 전송할 뿐 아니라 상대방으로부터 수신한 response 메시지의 http 부분도 자동으로 삭제해 주기 때문이다.

openStream() 메소드는 InputStream 객체를 리턴하는데, 이를 자세히 설명하면 내부적으로는 openConnection() 메소드를 호출하여 URLConnection 객체를 얻은 후에(URLConnection 클래스는 뒤에서 설명함) getInputStream()을 호출한 것과 같은 효과를 제공한다. 앞에서 openStream()을 이용하여 BufferedReader를 얻는 과정을 다음과 같이 URLConnection 객체를 먼저 만들고 getInputStream()을 호출하여 얻는 방식으로 바꾸어 쓸 수도 있다.

```
URL url;
URLConnection urlConnection;
url= new URL("http://telecom.kangwon.ac.kr/index.html");
URLConnection urlConnection = url.openConnection();
br = new BufferedReader(InputStreamReader(urlConnection.getInputStream()));
```

9.1.2 URLConnection 클래스

URLConnection 클래스를 사용하면 URL 클래스를 사용하는 것보다 구체적으로 해당 URL 파일을 액세스할 수 있는데, URLConnection 객체는 URL 클래스가 제공하는 openConnection()으로 만들 수도 있고 다음과 같은 생성자를 사용하여 직접 만들 수도 있다. URLConnection 생성자는 protected로 선언되어 있으므로 URL 객체를 만든 클래스 또는 그 하위 클래스에서만 URLConnection 객체를 만들 수 있다.

```
protected URLConnection(URL url)
```

URLConnection 클래스는 URL과 달리 getOutputStream()을 이용하여 상대방으로 출력(Write)하는 스트림을 얻을 수 있는데, 이것은 http의 송신 명령인 POST와 같은 기능을 실행할 때 사용된다.

URLConnection 객체를 만들면 여러 가지 통신 환경을 구체적으로 지정할 수 있는데 예를 들어 입력 또는 출력의 허용 여부, 패스워드 입력을 위한 사용자 인터페이스 기능 제공 여부, 캐시 메모리의 사용 여부, 키 값의 지정, 파일의 최종 수정 날짜 확인 기능 등을 제공한다. 이외에도 URLConnection은 response 메시지의 헤더 중 시각, 최종 변경 일자, 메시지 길이 등의 내용을 액세스하는 메소드가 제공된다. URLConnection이 제공하는 주요 메소드는 다음과 같다.

```
InputStream getInputStream()              // InputStream을 리턴
OutputStream getOutputStream()            // OutputStream을 리턴
void setDoInput(boolean)                  // 읽기 허용 여부를 지정
void setDoOutput(boolean)                 // 쓰기 허용 여부를 지정
Object getContent()                       // URL의 내용을 리턴
String getHeaderField(int)                // HTTP 헤더 필드를 리턴
String getContentType()                   // content-type 헤더 값을 얻는다
String getContentEncoding()               // content-encoding 헤더 값을 얻는다
int getContentLength()                    // content-length 헤더 값을 얻는다
long getDate()                            // date 헤더 값을 얻는다
URL getURL()                              // 현재 연결의 URL을 얻는다
String getHeaderField(int n)              // n번째 헤더 필드를 리턴
String getHeaderField(String name)        // name 헤더 필드를 리턴
long getIfModifiedSince()                 // ifModifiedSince 필드 값을 읽
                                             는다
void setIfModifiedSince(long ifmodifiedsince)
                                          // ifModifiedSince 필드 값을 지정
long getLastModified();                   // 마지막으로 변경된 시각을 얻는다
Permission getPermission()                // Permission 객체를 얻는다
```

URLConnection은 애플릿에서 서버로 연결하여 http 프로토콜을 실행하는 경우에 사용하면 편리하다. 한편 java.net 패키지에는 JARURLConnection, URLEncoder, URLDecoder, URLStreamHandler 등 URL과 관련된 다양한 클래스 및 인터페이스를 제공하는데 자세한 내용은 JDK 도큐먼트를 참고하기 바란다.

9.2 JDBC 프로그래밍

네트워크를 통하여 데이터베이스(database)를 액세스하여 자료의 추가, 변경, 삭제 및 검색을 수행하는 프로그램 작성법을 배우겠다. 자바는 JDBC(Java DataBase

Connectivity)를 제공함으로써 네트워크를 통하여 SQL(Structured Query Language)문을 쉽게 실행할 수 있도록 하는데 먼저 데이터베이스와 SQL문의 기초 지식을 소개하고, JDBC의 기본적인 기능을 설명한다. JDBC를 이용하여 테이블을 생성하고 자료의 추가, 변경, 삭제, 그리고 검색을 하는 프로그램을 작성하겠다.

9.2.1 데이터베이스의 기초

여기서는 JDBC 프로그래밍을 작성하는 데 필요한 데이터베이스의 개념을 간단히 소개하겠다.

테이블

관계형(relational) 데이터베이스는 테이블(table)로 표현되는데, 예를 들어 학생의 학번, 이름, 학과 세 가지 정보로 구성된 테이블 Students를 다음과 같이 만들 수 있다.

표 9-1 예제 테이블 Students

컬럼 이름	id(학번)	name(이름)	dept(학과)
레코드	09001	kim	전자공학과
	09002	lee	컴퓨터공학과
	09003	choi	전자계산학과
	09004	park	정보통신공학과
	09005	cho	물리학과

테이블에서 컬럼(column)은 테이블을 구성하는 데이터의 종류(attribute)를 말하는데 이를 필드(field)라고도 부른다. 위의 테이블 Students는 세 개의 필드 id, name, dept를 가지고 있고 따라서 컬럼 수는 3이 된다. 테이블의 행(raw)은 각 학생의 정보를 가리키는데 이를 레코드(record)라고 부른다.

데이터베이스를 이용하려면 먼저 테이블을 만들어야 하는데 테이블 각 필드의 이름을 정하고 이것이 int, float 등 어떤 타입으로 표현되는지를 정해야 한다. 테이블을 만든 후에는 새로운 레코드의 추가, 변경, 삭제 등을 수행하거나, 특정 조건에 맞는 레코드들을 검색하는 기능을 구현해야 한다.

이 장에서는 데이터베이스의 설계 기법이나 효율적인 검색 방법을 설명하지는 않으며 네트워크를 통하여 데이터베이스를 이용하는 작업을 자바로 어떻게 구현하는지를 설명하겠다.

SQL문

데이터베이스를 편리하게 액세스할 수 있도록 관리해 주는 시스템 소프트웨어를 DBMS(DataBase Management System)라고 한다. 즉, 프로그래머는 DBMS의 도움을 받아 편리하게 테이블을 생성하고 레코드를 추가, 변경, 삭제할 수 있는데 이때 DBMS를 구동하는 표준 API로 가장 널리 사용되는 것이 SQL이다. SQL을 사용하면 DBMS 종류에 무관하게 데이터베이스를 다룰 수 있게 된다. 주요 SQL문을 소개하면 다음과 같다.

새로운 테이블을 만들 때에는 CREATE TABLE문을 사용하는데 아래는 Oracle을 이용하여 Students 테이블을 만드는 예이다.

```
CREATE TABLE Students (id number(5), name varchar2(10), dept varchar2(10))
```

앞에서 테이블 Students는 세 개의 필드 id, name, dept로 구성되며 각 필드는 5자리 정수, 10자리의 가변 길이 문자, 10자리의 가변 길이 문자로 구성된다는 것을 정의하였다. SQL에서 필드의 타입으로 사용될 수 있는 변수는 이외에도 char(고정 길이 문자), bit, float, double, date, time, integer, decimal 등이 있는데 DBMS마다 조금씩 다르므로 자세한 내용은 사용하는 DBMS의 매뉴얼을 참조하기 바란다.

테이블에 레코드를 추가하려면 INSERT문을 사용하는데 아래는 학번이 09006이고 이름이 jeong이며 소속학과가 생물학과인 학생의 레코드를 테이블 Students에 추가하는 예이다.

```
INSERT INTO Students (id, name, dept) VALUES (09006, 'jeong', '생물학과')
```

만일 추가할 필드들의 순서가 테이블 내의 필드 순서와 일치하는 경우는 다음과 같이 간단히 쓸 수도 있다.

```
INSERT INTO Students VALUES (09006, 'jeong', '생물학과')
```

어떤 레코드의 필드 값을 변경하려면 UPDATE를 사용하는데 아래는 id가 09004인 학생의 이름을 chang으로 바꾸는 예이다. 여기서 WHERE 이하 부분을 조건절이라고 한다.

```
UPDATE Students SET name = 'chang' WHERE id=09004
```

한 레코드를 테이블에서 삭제할 때에는 DELETE를 사용하는데 아래는 이름이 lee인 학생의 레코드를 테이블 Students에서 삭제하는 예이다.

```
DELETE FROM Students WHERE name = 'lee'
```

어떤 조건을 만족하는 레코들을 검색할 때에는 SELECT문을 사용하는데 아래는 학번이 09002보다 크며 소속 학과가 물리학과인 학생의 이름을 얻는 SQL문이다.

```
SELECT name FROM Students WHERE id > 09002 AND dept = '물리학과'
```

위 SELECT문의 결과는 cho가 될 것이다. 위에 보인 바와 같이 SELECT문의 조건절에서는 〈, =〈, =, !=, 〉, =〉 등을 이용하여 다양한 조건문을 만들 수 있고 이 조건문들을 다시 AND나 OR로 묶어서 여러 조건의 조합을 만들 수 있다. 아래는 테이블의 모든 레코드를 얻어 id 순으로 출력하는 예인데 전체를 나타내는 *와 어떤 순서로 검색할지를 지정하는 ORDER BY를 사용하였다.

```
SELECT * FROM Students ORDER BY id
```

프로그래머는 SQL문 특히 SELECT문을 얼마나 잘 사용하는가에 따라 데이터베이스를 효율적으로 이용할 수 있는데 이에 대한 상세한 기법은 다른 문헌을 참고하기 바란다.

9.2.2 JDBC

JDBC의 기능

불과 수년 전만 하여도 DBMS를 설치하고 운영하는 것은 고도의 기술을 가진 전문가만 할 수 있는 작업이었다. 또한 DBMS를 이용하는 응용 프로그램을 개발하려면 DBMS 종류에 매우 의존적인 프로그램을 작성하여야 했다. 특히 클라이언트-서버 모델에서 원격 데이터베이스를 이용하려면 서버 프로그램뿐 아니라 클라이언트 프로그램도 DBMS와 운영체제 그리고 프로그래밍 언어에 매우 의존적이었으며 이로 인해서 관련 프로그램의 개발, 변경, 배포 등이 어려웠었다.

그러나 자바와 JDBC가 소개된 이후 위와 같은 문제의 상당 부분 해결되었는데 예를 들어 JDBC를 사용한 프로그램은 코드의 호환성을 제공할 뿐 아니라 실행될 플랫폼이나 DBMS를 바꾸더라도 코드를 거의 수정하지 않아도 된다. 즉, JDBC를 사용하면 DBMS 종류에 구애받지 않고 데이터베이스 응용 프로그램을 쉽게 작성할 수 있으며 자바 언어의 특징인 "프로그램의 이식성"을 데이터베이스 응용에도 적용할 수 있게 된다.

JDBC는 자바 프로그램에서 SQL문을 직접 사용할 수 있도록 해주는데 JDBC를 이용하려면 먼저 다음과 같은 소프트웨어가 설치되어 있어야 한다.

- DBMS
- JDBC 드라이버
- JDBC 리스너

DBMS가 서버에 설치되어 있어야 하며 DBMS를 액세스하기 위한 DBMS 사용자 계정이 있어야 한다(또는 자신의 PC에 DBMS를 설치하여도 된다). JDBC 드라이버는 JDBC 관련 API를 처리하는 소프트웨어 모듈로서 클라이언트가 원격지의 데이터베이스를 이용할 수 있도록 해준다. JDBC 드라이버는 DBMS별로 제공되며 응용 프로그램에서 Class.forName() 메소드를 이용하여 간단히 설치할 수 있다.

JDBC 리스너는 서버에 설치되는 패키지로 클라이언트에 있는 JDBC 드라이버와의 통신을 담당하며 DBMS에게 필요한 작업을 전달하고 실행 결과를 JDBC 드라이버를 통해 클라이언트로 리턴하는 역할을 한다. JDBC 리스너도 DBMS별로 제공되는데 DBMS 회사 사이트에서 구할 수 있다. 지금까지 설명한 JDBC를 이용하는 환경을 그림 9-1에 소개하였다.

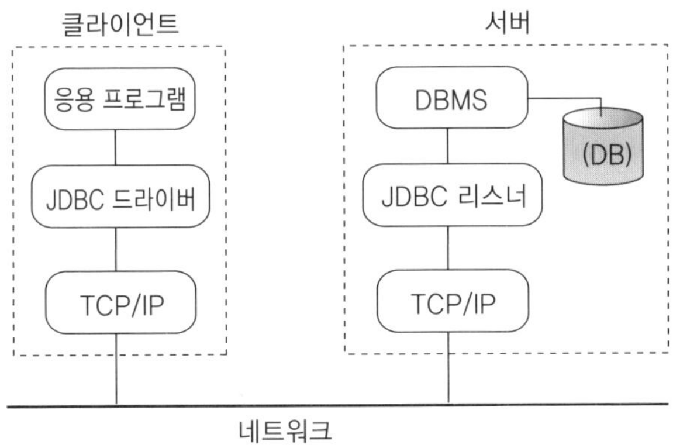

그림 9-1 JDBC 이용 환경

JDBC 프로그램 작성 절차

앞에 설명한 DBMS와 JDBC 리스너가 서버에 설치되어 있는 환경에서 JDBC를 이용하는 프로그램 작성 절차를 다음과 같이 네 단계로 나누어 설명하겠다.

1) JDBC 드라이버 설치
2) 데이터베이스와의 연결 설정
3) SQL문 처리
4) 결과보기

1) JDBC 드라이버 설치

먼저 JDBC 관련 API 들을 처리해 주고 서버에 있는 JDBC 리스너와의 통신을 담당할 JDBC 드라이버를 설치(load)하여야 한다. JDBC 드라이버를 설치하려면 Class 클래스가 제공하는 forName() 메소드를 이용하면 되는데 forName()은 클래스 이름을 인자로 주면 해당 클래스를 동적으로 설치한다[4]. 예를 들어 오라클 DBMS를 이용하려면 다음과 같이 JDBC 드라이버를 설치한다.

```
String driverClass = "oracle.jdbc.driver.OracleDriver";
Class.forName(driverClass);
```

2) 데이터베이스와의 연결 설정

드라이버를 설치한 후 서버의 데이터베이스와 연결하려면 getConnection() 메소드를 호출하여 Connection 타입의 객체를 얻어야 하는데 Connection은 특정 데이터베이스와의 연결 상태를 나타내는 인터페이스이다[5].

아래는 서버 telecom.kangwon.ac.kr에 오라클 DBMS가 설치되어 있고, DBMS 계정과 패스워드가 각각 kim과 noname일 때 이 데이터베이스에 연결하여 Connection 객체를 얻는 코드이다.

4) 드라이버를 설치하는 다른 방법으로 DriverManager 클래스가 제공하는 registerDriver() 메소드를 사용할 수도 있는데 대부분의 경우는 forName()을 사용한다.

5) JDBC와 관련된 인터페이스와 클래스는 java.sql 패키지에 들어있다.

```
String user = "kim";
String pass = "noname";
String url = "jdbc:oracle:thin@telecom.kangwon.ac.kr:1521:ORA8";
Connection conn = DriverManager.getConnection(url, user, pass);
```

앞에서 getConnection() 메소드의 첫 번째 인자로 URL 형식의 문자열을 사용하였는데 이 인자는 다음과 같은 포맷으로 구성되어 있다.

```
jdbc:subprotocol:subname
```

subprotocol은 사용할 드라이버 이름 또는 특정 데이터베이스와의 연결을 지정하는 방식을 말한다. 위의 예에서는 subprotocol이 oracle이었다. subname은 특정 데이터베이스를 찾는 이름을 지정한다. 위에서는 호스트 주소가 telecom.kangwon.ac.kr이며 포트번호가 1521인 곳을 찾아가면 리스너가 있다는 것을 지정하고 있으며(Oracle 리스너는 보통 포트 1521을 사용한다) ORA8은 Oracle DBMS들을 구분하기 위한 ID이다(이를 SID라고도 한다)[6].

subname의 포맷이 항상 위와 같은 형식을 갖는 것은 아니며 서버가 클라이언트와 같은 호스트에 있을 때는 더 간단한 모양이 될 수 있고 사용하는 subprotocol에 따라서도 형태가 달라진다. 예를 들어 MySQL DBMS를 사용하기 위하여 JDBC 드라이버를 설치하고 데이터베이스와 연결하는 코드를 아래에 보였다.

```
String driverClass ="org.gjt.mm.mysql.Driver";
Class.forName(driverClass);
String url="jdbc:mysql://telecom.kangwon.ac.kr:3300/net_db";
Connection conn = DriverManager.getConnection(url, user, pass);
```

한편 JDBC-ODBC 브리지를 이용하면 JDBC를 이용하는 프로그램에서 ODBC[7]용으로 만들어진 데이터베이스를 이용할 수 있는데 이때는 subprotocol로 odbc를 사용하면 된다. 아래에 ODBC를 이용하는 예를 보였는데 myDB는 로컬 컴퓨터에 가지고 있는 데이터베이스 이름이다.

6) thin은 오라클 사에서 제공하는 드라이버 이름인데 이것은 http://www.oracle.com에서 구할 수 있다.

7) Object DataBase Connectivity. 마이크로소프트가 제공하는 데이터베이스 연결 드라이버이다.

```
String driverClass="sun.jdbc.odbc.JdbcOdbcDriver";
Class.forName(driverClass);
String url = "jdbc:odbc:myDB";
Connection conn = DriverManager.getConnection(url, user, pass);
```

onnection 인터페이스에는 앞에서 소개한 기본적인 메소드 외에도 commit(현재까지의 작업 확정), rollback(현재까지의 작업 취소)과 같은 다양한 데이터베이스 처리 기능을 제공하는데 아래에 Connection이 제공하는 주요 메소드를 소개하였다.

```
Statement createStatement()          // Statement 객체를 리턴
boolean getAutoCommit()              // 현재의 auto-commit 상태를 얻는다
void setAutoCommit(boolean autoCommit)
                                     // auto-commit 모드로 세팅
void commit()                        // auto-commit 모드에서
                                     // commit를 실행하고 DB lock를 해제
void rollback()                      // auto-commit 모드에서
                                     // rollback을 실행하고 DB lock를 해제
boolean isReadOnly()                 // Connection이 읽기 전용인지를 알아냄
void setReadOnly(boolean readOnly)   // Connection을 읽기 전용으로 세트
CallableStatement prepareCall(String sql)
                                     // CallableStatement 객체를 얻는다
PreparedStatement prepareStatement(String sql)
                                     // PreparedStatement 객체를 얻는다
void close()                         // Connection 객체의 사용 종료
```

3) SQL문 처리

원격 데이터베이스와 연결된 후에 즉, Connection 객체를 얻은 후에 SQL문을 실행할 수 있는데 SQL문을 실행하려면 먼저 SQL문을 서버로 전달해 주는 즉, 컨테이너 역할을 하는 Statement 객체를 만들어야 한다. Statement 객체는 Connection 클래스가 제공하는 createStatement() 메소드를 호출하여 얻는다. 이제 이 Statement 객체를 통하여 SQL문들을 서버로 전달할 수 있는데 예를 들어 Students 테이블에 있는 모든 레코드를 SELECT를 사용하여 얻으려면 다음과 같이 Statement가 제공하는 executeQuery() 메소드를 사용하고 메소드 인자에 원하는 SQL문을 실어 보내면 된다.

```
Statement stmt = conn.createStatement();
String query = "SELECT * FROM Students";
ResultSet rset = stmt.executeQuery(query);
```

executeQuery()가 실행되면 ResultSet 타입의 객체를 하나 리턴하는데 이 객체를 통하여 SQL문 처리 결과를 얻어낼 수 있다(결과 보기는 뒤에서 설명함). SQL문을 Statement 객체에 실어 보내는 방법에는 executeQuery() 외에도 executeUpdate()와 execute()가 있는데 이들의 차이는 다음과 같다.

executeQuery()는 ResultSet 타입의 객체를 하나만 리턴하며 대부분의 SELECT문은 이것을 사용하면 된다. executeUpdate()는 INSERT, UPDATE, DELETE문을 실행할 때 사용하는데, ResultSet 객체를 리턴하지 않고 SQL문이 성공적으로 실행한 결과 레코드 수(update count)를 리턴한다. execute()는 SQL문이 여러 개의 ResultSet 객체를 얻을 가능성이 있는 경우에, 또는 SQL문의 종류(SELECT, INSERT 등)를 미리 알지 못하는 임의의 SQL문 수행시에 사용된다. execute()의 리턴 값이 true이면 ResultSet을 얻은 것이며 이때 getResultSet(), getMoreResults() 등을 이용하여 다음 ResultSet을 얻을 수 있으며, execute()의 리턴 값이 false이면 update count를 얻은 것(또는 ResultSet을 얻지 않은 것)을 나타낸다. 이때에는 getUpdateCount()를 이용하여 update count를 얻을 수 있다.

Statement가 제공하는 주요 메소드는 다음과 같다.

```
ResultSet executeQuery(String sql)  // 하나의 ResultSet을 얻는다
int executeUpdate(String sql)       // INSERT, UPDATE, DELETE SQL
                                    // 수행 시 사용한다
boolean execute(String sql)         // 다수의 ResultSet을 얻는다
ResultSet getResultSet()            // 현재 ResultSet 객체를 리턴
boolean getMoreResults()            // 다음의 결과로 이동
int getUpdateCount()                // 현재 update count 값을 얻는다
int getMaxFieldSize()               // 최대 컬럼 크기를 알아낸다 (바이트 단위)
int getMaxRows()                    // ResultSet에 포함된 최대 row 수를 알
                                       아낸다
Connection getConnection()          // 이 객체를 만든 Connection 객체를 얻음
int getQueryTimeout()               // SQL문의 실행을 기다리는 최대시간을 얻
                                       는다
void setQueryTimeout(int seconds)   // SQL문의 실행을 기다리는 시간을 지정
void cancel()                       // 이 Statement 객체의 사용을 중지
void close()                        // 이 Statement 객체의 사용을 종료
                                       (정상 종료)
```

JDBC를 통하여 SQL문을 처리하는 데에는 위에서 설명한 Statement를 사용하는 것이 일반적이다. 그러나 효율적인 SQL문 처리를 위해서 자바는 PreparedStatement와 CallableStatement 인터페이스를 제공한다. PreparedStatement는 SQL문을 미리 컴파일하여(precompile) 실행함으로써 처리 속도를 빠르게 한 것인데 이것은 반복적인 SQL문을 처리할 때 편리하며 필요한 변수들을 컴파일시가 아니라 실행 도중에 클라이언트로부터 전달받을 수 있게 한다. CallableStatement는 DBMS 서버에 미리 저장되어 있는 프로시저(stored procedure)를 클라이언트에서 호출하여 실행할 수 있도록 하는 Statement인데 입력 변수를 stored procedure로 보내고 결과를 변수로 받을 수 있다.

4) 결과보기

executeQuery() 또는 execute()로 얻은 ResultSet 타입의 객체를 통하여 SQL 질의 결과를 볼 수 있다. ResultSet에서 현재의 레코드(row)의 위치를 가리키는 값을 커서라고 하는데 ResultSet을 처음 얻으면 커서 값은 0이며 아직 특정 레코드를 가리키지는 않고 있다. 커서를 다음 레코드로 이동하려면 next()를 호출하면 되는데 테이블의 마지막 레코드에서는 next()가 false를 리턴한다. 레코드 내에서 컬럼 값을 읽기 위해서는 getInt(), getString(), getFloat() 등을 컬럼 타입에 따라 사용할 수 있다. 예를 들어 Students 테이블의 내용을 모두 화면에 보여주는 코드는 아래와 같다.

```
String query = "SELECT * FROM Students";
ResultSet rset = stmt.executeQuery(query);
while(rset.next()) {
    int idNo = rs.getInt("id");
    String nameStr = rs.getString("name");
    String deptStr = rs.getString("dept");
    system.out.println("Result is :" + idNo + nameStr + deptStr + "\n");
    }
}
```

위에서 getInt(), getString() 등의 인자로 컬럼의 이름 id, name 등을 지정하였는데, 그 대신 컬럼의 위치를 숫자로 지정해도 된다. 또한 컬럼의 데이터 타입에 무관하게 모든 컬럼의 값을 getString()으로 문자열 형식으로 읽을 수도 있다. 따라서 위의 코드 중 getXXX() 메소드 부분을 다음과 같이 바꿀 수 있다.

```
    String idStr = rs.getString(1);
    String nameStr = rs.getString(2);
    String deptStr = rs.getString(3);
```

ResultSet 내에서 커서를 임의의 위치로 움직일 수 있는데 이때는 ResultSet이 제공하는 previous(), first(), last() 등의 메소드를 이용하면 된다. resultSet()이 제공하는 주요 메소드를 정리하면 다음과 같다.

```
int getRow()                          // 현재 커서의 위치를 얻는다
boolean next()                        // 커서를 다음으로 이동
boolean previous()                    // 커서를 앞으로 이동
boolean absolute(int row)             // 커서를 row의 위치로 옮긴다
                                      // row가 음수면 뒤에서부터의 위치로 옮긴다
boolean first()                       // 커서를 첫 레코드의 위치로 옮긴다
int findColumn(String Name)           // 컬럼 Name의 컬럼 위치를 리턴한다
boolean getBoolean(int Index)         // Index 위치의 컬럼을 읽는다
byte getByte(int Index)               // Index 위치의 컬럼을 읽는다
byte[] getBytes(int Index)            // Index 위치의 컬럼을 읽는다
Date getDate(int Index)               // Index 위치의 컬럼을 읽는다
double getDouble(int Index)           // Index 위치의 컬럼을 읽는다
float getFloat(int Index)             // Index 위치의 컬럼을 읽는다
short getShort(int Index)             // Index 위치의 컬럼을 읽는다
String getString(int Index)           // Index 위치의 컬럼을 읽는다
Time getTime(int Index)               // Index 위치의 컬럼을 읽는다
int getInt(int Index)                 // Index 위치의 컬럼을 읽는다
void updateRow()                      // 레코드와 DB를 모두 갱신
void deleteRow()                      // 현재의 레코드를 ResultSet과 DB에서 삭제
void updateString(int Index, String x) // ResultSet의 내용만 갱신(DB는 그대로)
void updateInt(int Index, int x)      // ResultSet의 내용만 갱신(DB는 그대로)
ResultSetMetaData getMetaData()       // 메타 데이터를 얻는다
```

위에서는 getXXX()이나 updateXXX() 메소드의 인자로, 컬럼의 위치를 int 타입으로 지정하는 것만 소개했는데, 같은 결과를 얻는 메소드이면서 컬럼의 이름을 String 타입으로 지정할 수도 있다. updateRow()는 현재의 레코드의 내용으로 ResultSet과 데이터베이스에 있는 레코드의 내용을 모두 갱신하며 deleteRow()는 현재의 레코드를 ResultSet과 데이터베이스에서 삭제한다. updateXXX() 메소드를 사용하면 현재 커서가 있는 레코드의 특정 컬럼의 값을 바꿀 수 있는데 이때는 ResultSet의 내용은 갱신하지만 데이터베이스는 갱신되지 않는다.

getMetaData()는 ResultSetMetaData 타입의 인터페이스를 리턴하는데 이 인터페이스는 ResultSet 객체에 대한 자세한 정보를 제공해 준다. 예를 들어 테이블의 컬럼 수, 특정 컬럼의 이름, 컬럼의 데이터 타입, 컬럼의 쓰기 허용 여부, 현재 사용 중인 테이블 이름 등을 알아내는 데 사용된다. 현재 읽은 테이블의 컬럼 수를 미리 알지 못할 때에는 다음과 같이 ResultSetMetaData가 제공하는 getColumnCount()를 이용하여 컬럼 수를 알아낼 수 있다.

```
ResultSet rset = stmt.executeQuery("SELECT * FROM Students");
ResultSetMetaData rsmd = rset.getMetaData();
int numberOfColumns = rsmd.getColumnCount();

while (rset.next()) {
    for (int i =1; i<=numberOfColumns; i++) {
       String s = rset.getString(i);
       System.out.println("Column " + i + "= " + s);
       System.out.println("");
    }
}
```

아래에 ResultSetMetaData 인터페이스가 제공하는 주요 메소드를 정리하였다.

```
int getColumnCount()                    // 컬럼 수를 리턴
String getColumnName(int column)        // 컬럼의 이름을 리턴
String getColumnTypeName(int column)    // 컬럼의 타입을 리턴
String getTableName(int column)         // 현재 사용 중인 테이블명을 리턴
boolean isWritable(int column)          // 이 컬럼에 쓸 수 있는지 알려준다
```

9.2.3 JDBC 응용 프로그램

원격 테이블 생성 프로그램

여기서는 앞에서 소개한 Students 테이블을 JDBC를 이용하여 생성하는 CreateTable.java를 소개하겠다. CreateTable.java를 컴파일한 후 실행하면그림 9-2와 같은 화면을 볼 수 있다.

```
C:\>javac CreateTable.java
C:\>java CretaeTable
```

그림 9-2 CreateTable 실행 화면

그림 9-2에서 테이블 이름에는 Students를 입력하고 세 개의 컬럼 이름과 데이터 타입을 각각 다음과 같이 입력한다.

```
테이블 이름   Students
id           int
name         varchar(10)
dept         varchar(10)
```

입력된 정보가 맞으면 Create 버튼을 눌러 원하는 테이블을 생성하고 테이블 정보를 다시 입력하려면 Clear 버튼을 누른다.

CreateTable 클래스에서는 Mysql DBMS를 사용하였는데 JDBC 드라이버를 설치할 때 필요한 드라이버 클래스 이름과, 데이터베이스에 연결할 때 필요한 URL 주소, 계정 이름 및 패스워드를 다음과 같이 지정하였다.

```
String driverClass = "org.gjt.mm.mysql.Driver"
String connectString="jdbc:mysql://localhost:3306/JavaNet?useUnicode=true"
String user = "my_user";
String pass = "my_pass";
```

init() 메소드에서는 테이블 이름과 세 개의 컬럼 이름 그리고 각 컬럼의 데이터 타입을 입력받기 위한 GUI를 AWT로 작성하였는데 다음과 같이 GridLayout 배치관리자를 사용하였고 테이블 이름을 입력받기 위한 텍스트 필드 tabname을 애플릿에 추가하였다.

```
setLayout(new GridLayout(7, 2, 5, 5));
add(new Label("테이블 이름", Label.RIGHT));
add(tabname = new TextField());
```

GridLayout 배치관리자는 바둑판식 배치를 하는데 위와 같이 네 개의 인자를 사용한 경우에는 각각 row 수, 컬럼 수, 컴포넌트의 가로 및 세로 간격(픽셀단위)을 지정하는 것이다. 위의 경우는 7개의 row, 2개의 컬럼으로 컴포넌트들을 배치하고 각 컴포넌트의 간격을 5픽셀로 지정한 것이다.

init()이 실행되는 곳이 애플릿이므로 단순히 add() 메소드를 호출하면 현재의 애플릿에 컴포넌트들을 배치한다(애플릿은 컨테이너임). GridLayout 배치관리자는 add()를 호출할 때마다 컴포넌트를 상단 좌측부터 배치한다(그림 9-2 참조).

위와 같은 방법으로 Label, 텍스트 필드, 버튼들을 애플릿에 모두 배치한 후 버튼이 눌렸을 때 발생하는 이벤트를 처리하기 위하여 두 개의 리스너를 등록하였다.

```
Create.addActionListener(new CreateHandler());
Cancel.addActionListener(new CancelHandler());
```

Create 버튼을 누르면 CreateHandler 리스너가 동작하여 화면에서 입력받은 정보를 가지고 원하는 테이블을 생성하며, Cancel 버튼을 누르면 CancelHandler 리스너가 동작하여 화면에 입력된 내용을 지운다.

CreateHandler 리스너에서는 먼저 화면에 입력된 정보를 읽고 CREATE TABLE SQL문을 만든 후 JDBC 드라이버를 설치하고, 원격 데이터베이스에 접속한 후 CREATE TABLE SQL문을 실행한다.

```
// CREATE TABLE Query문 생성 (화면 입력 정보 사용)
String query = "CREATE TABLE"+tabnameStr+ "(";
query += arg1Str+" "+var1Str+", ";
query += arg2Str+" "+var2Str+", ";
query += arg3Str+" "+var3Str+")";
```

```
Class.forName(driverClass);       // 드라이버 설치
conn = DriverManager.getConnection(connectString, user, pass);
                                  // Connection 객체를 얻음
Statement stmt = conn.createStatement();  // Statement 객체를 얻음
stmt.execute(query);              // query문 실행
```

아래에 CreateTable.java 프로그램 전체 리스트를 나타냈다.

```
// 파일명: CreateTable.java
// 기  능: 원격 테이블 생성 프로그램
// 컴파일: javac CreateTable.java
// 사용법: java CreateTable

import java.util.Date;
import java.io.*;
import java.sql.*;
import java.awt.*;
import java.lang.*;
import java.awt.event.*;

public class CreateTable extends Frame{

    String driverClass = "org.gjt.mm.mysql.Driver";
    String connectString="jdbc:mysql://localhost:3306/JavaNet?useUnicode=true";
    String user = "root";
    String pass = "";
    Connection conn;
    TextField tabname;            // 테이블 이름
    TextField arg1, var1;         // 컬럼(1), 타입(1)
    TextField arg2, var2;         // 컬럼(2), 타입(2)
    TextField arg3, var3;         // 컬럼(3), 타입(3)
    Button  Create, Cancel;
    TextField output;

    String tabnameStr = null;
    String arg1Str = null;
    String var1Str = null;
    String arg2Str = null;
    String var2Str = null;
    String arg3Str = null;
```

```
String var3Str = null;

public CreateTable(){
   setLayout(new GridLayout(7, 2, 5, 5));
    // 테이블 이름을 입력 받기 위한 텍스트 필드
    add(new Label("테이블 이름", Label.RIGHT));
    add(tabname = new TextField());
    add(new Label("컬럼 이름", Label.CENTER));
    add(new Label("데이터 타입", Label.CENTER));
    // 컬럼-1의 이름과 데이터 필드
    add(arg1 = new TextField("id"));
    add(var1 = new TextField("int"));
    // 컬럼-2 이름과 데이터 필드
    add(arg2 = new TextField("name"));
    add(var2 = new TextField("varchar(10)"));
    // 컬럼-3 이름과 데이터 필드
    add(arg3 = new TextField("dept"));
    add(var3 = new TextField("varchar(10)"));
    // 버튼 생성
    add(Create = new Button("Create"));
    add(Cancel = new Button("Cancel"));
    // 이벤트 핸들러를 등록한다.
    Create.addActionListener(new CreateHandler());
    Cancel.addActionListener(new CancelHandler());
    // 결과 보기 창
    add(new Label("실행 결과", Label.RIGHT));
    add(output = new TextField());
    setSize(400,500);
    setVisible(true);
}
  class CreateHandler implements ActionListener {
    public void actionPerformed(ActionEvent ae) {
      // 테이블 이름 및 컬럼, 속성 등의 값을 얻어옴
      tabnameStr = tabname.getText();
      arg1Str = arg1.getText();
      var1Str = var1.getText();
      arg2Str = arg2.getText();
      var2Str = var2.getText();
      arg3Str = arg3.getText();
      var3Str = var3.getText();
         // Query문 생성
   String query = "CREATE TABLE "+tabnameStr+ "(";
```

```
      query += arg1Str+" "+var1Str+", ";
      query += arg2Str+" "+var2Str+", ";
      query += arg3Str+" "+var3Str+")";

        try {
          Class.forName(driverClass);
          conn = DriverManager.getConnection(connectString, user, pass);
          Statement stmt = conn.createStatement();
        stmt.execute(query);
          output.setText("테이블이 만들어졌습니다.");
        } catch(Exception e) {
          output.setText("오류 발생: Create ");
      System.exit(0);
        }
      }
    }
    class CancelHandler implements ActionListener {
      public void actionPerformed(ActionEvent ae) {
        // 입력 필드의 내용을 지움
        arg1.setText("");
        var1.setText("");
        arg2.setText("");
        var2.setText("");
        arg3.setText("");
        var3.setText("");
        output.setText("");
      }
    }
    public static void main(String[] args) {
      new CreateTable();
    }
}
```

테이블 관리 프로그램

앞에서 소개한 CreateTable 클래스로 작성한 테이블에 대해 레코드의 추가, 변경, 삭제 그리고 검색을 처리하는 클래스 ManageTable을 소개하겠다. ManageTable을 실행시키면 그림 9-3과 같은 화면이 나타난다.

```
C:\>javac ManageTable.java
C:\>java ManageTable
```

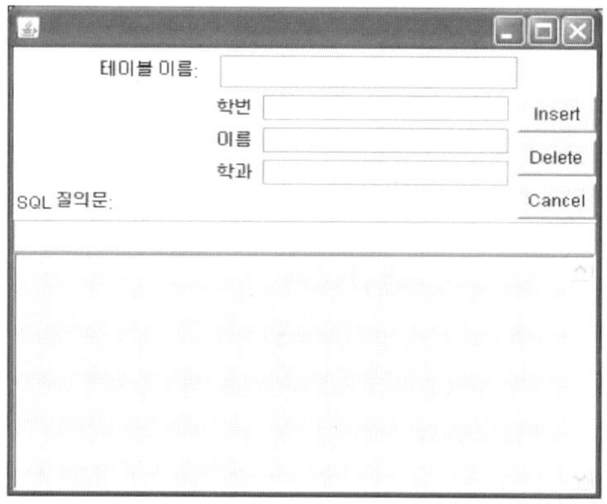

그림 9-3 Manage Table 화면 구성

그림 9-3의 화면에서 관리할 테이블 이름, 학번, 이름, 학과를 입력한 후에 이것을 테이블에 추가하거나(Insert 버튼) 테이블에 들어 있던 해당 레코드를 삭제할 수 있다(Delete 버튼). Cancel 버튼은 화면에 입력한 데이터를 지우는 버튼이다. 또한 임의의 SQL문을 "SQL 질의문" 텍스트필드에 입력하면 실행 결과를 아래의 텍스트 영역에 보여준다. 예를 들어 SELECT * FROM Students라고 입력하면 Students 테이블의 모든 내용이 출력된다.

ManageTable의 init() 메소드에서는 먼저 사용자 인터페이스를 AWT로 구성하였다. 애플릿 전체는 BorderLayout 배치관리자를 사용하였고 애플릿 내부를 동, 서, 남, 북 네 부분으로 나누어 구성하기 위하여 네 개의 패널, north, west, east, south를 정의하였는데 각 패널 내에서는 GridLayout 배치관리자를 사용하였다 (GUI에 대한 부분은 그림 9-3과 프로그램 전체 코드를 잘 비교하면서 보기 바란다).

ManageTable에서는 Insert, Delete, Cancel 3개의 버튼 입력시와, SQL 질의문 입력창에서 리턴키를 입력할 경우 등 총 네 가지의 ActionEvent 이벤트가 발생할 수 있는데 각각의 이벤트를 처리할 리스너를 다음과 같이 연결해 두었다.

```
insertBut.addActionListener(new InsertHandler());
deleteBut.addActionListener(new DeleteHandler());
cancelBut.addActionListener(new CancelHandler());
queryField.addActionListener(new QueryHandler());
```

생성자의 마지막 부분에서는 forName()과 getConnection()을 호출하여 JDBC 드라이버를 설치하고 데이터베이스와 연결하였다(이 부분은 CreateTable 클래스의 경우와 같음).

네 개의 리스너를 내부클래스로 작성하였는데, 레코드의 추가를 처리할 리스너 InsertHandler에서는 테이블 이름과 세 개의 컬럼 값을 읽은 후 INSERT SQL문을 다음과 같이 처리한다.

```
String query = "INSERT INTO "+tableName+ " VALUES (";
query += "'"+idStr   +"'"+",";
query += "'"+nameStr +"'"+",";
query += "'"+deptStr+"'"+")";
stmt.executeUpdate(query);
```

레코드의 삭제를 처리할 리스너 DeleteHandler에서는 테이블 이름과 세 개의 컬럼 값을 읽은 후 DELETE SQL문이 들어 있는 executeUpdate()를 호출한다. Cancel 버튼을 처리하는 리스너 CancelHandler에서는 화면에 입력된 데이터를 지우며, SQL 질의문 입력 창에서 리턴 키가 입력되었을 때에는 QueryHandler에서 이 SQL문을 executeQuery()로 실행하고 그 결과를 화면에 출력하도록 하였다.

아래에 ManageTable.java 전체 리스트를 보였다.

```
// 파일명: ManageTable.java
// 기  능: 테이블에 레코드를 추가, 삭제하거나 SQL 질의를 보냄
// 컴파일: javac ManageTable.java
// 사용법: java ManageTable

import java.util.Date;
import java.io.*;
import java.sql.*;
import java.awt.*;
import java.awt.event.*;
import java.lang.*;

public class ManageTable extends Frame {

    String driverClass = "org.gjt.mm.mysql.Driver";
    String connectString="jdbc:mysql://localhost:3306/JavaNet?useUnicode=true";
    String user = "my_user";
    String pass = "my_pass";
    Connection conn = null;
      Statement stmt = null;
      String tableName = null;                // 테이블 이름
```

```
String idStr = null;                    // 학번
String nameStr = null;                  // 이름
String deptStr = null;                  // 학과
String queryStr = null;                 // 질의문
// 텍스트필드, 텍스트영역, 버튼
TextField tableNameField, idField, nameField, deptField, queryField;
Button insertBut, deleteBut, cancelBut;
TextArea output;                        // 질의 결과를 보여주는 창

public ManageTable(){
    Panel north = new Panel();
    Panel west = new Panel();
    Panel east = new Panel();
    Panel south = new Panel();
    // 테이블 이름
    north.add(new Label("테이블 이름: ", Label.CENTER));
    north.add(tableNameField = new TextField(25));
    // 학번, 이름, 학과
    west.setLayout(new GridLayout(4, 2, 5, 5));
    west.add(new Label("학번", Label.RIGHT));
    west.add(idField = new TextField(20));
    west.add(new Label("이름", Label.RIGHT));
    west.add(nameField = new TextField(20));
    west.add(new Label("학과", Label.RIGHT));
    west.add(deptField = new TextField(20));
    west.add(new Label("SQL 질의문:", Label.LEFT));
    // 입력, 삭제, 취소 버튼
    east.setLayout(new GridLayout(3, 1, 5, 5));
    east.add(insertBut = new Button("Insert"));
    east.add(deleteBut = new Button("Delete"));
    east.add(cancelBut = new Button("Cancel"));
    // 질의 및 출력
    south.setLayout(new BorderLayout());
    south.add(queryField
      = new TextField(40), BorderLayout.NORTH);
    south.add(output
      = new TextArea(20, 40), BorderLayout.CENTER);
    output.setEditable(false);
    // 전체 화면 구성
    this.setLayout(new BorderLayout());
    this.add (north, BorderLayout.NORTH);
    this.add (west, BorderLayout.WEST);
```

```
        this.add (east, BorderLayout.EAST);
        this.add (south, BorderLayout.SOUTH);
        // 이벤트 핸들러 등록
        insertBut.addActionListener(new InsertHandler());
        deleteBut.addActionListener(new DeleteHandler());
        cancelBut.addActionListener(new CancelHandler());
        queryField.addActionListener(new QueryHandler());

        // JDBC 초기화
        try {
          Class.forName(driverClass);      // 드라이버 설치
          conn
      = DriverManager.getConnection(connectString, user, pass);
          stmt = conn.createStatement();
        } catch (Exception e) {
          output.append("JDBC 초기화 오류 발생"+ "\n");
        }
         setSize(400,500);
         setVisible(true);

    }
    public static void main(String[] args) {
    // TODO Auto-generated method stub
       new ManageTable();
  }

  // 레코드 추가 처리 리스너
  class InsertHandler implements ActionListener {
     public void actionPerformed(ActionEvent ae) {
      tableName = tableNameField.getText();
       idStr = idField.getText();
       nameStr = nameField.getText();
       deptStr = deptField.getText();
       String query = "INSERT INTO "+tableName+ " VALUES (";
       query += "'"+idStr  +"'"+",";
       query += "'"+nameStr +"'"+",";
       query += "'"+deptStr+"'"+")";

       try {
         stmt.executeUpdate(query);
         output.append("Insert 되었습니다."+'\n');
```

```
            }
            catch(Exception e) {
              output.append("Insert 오류가 발생했습니다."+'\n');
            }
          }
        }

        // 레코드 삭제 처리 리스너
        class DeleteHandler implements ActionListener {
          public void actionPerformed(ActionEvent ae) {
            tableName = tableNameField.getText();
            idStr = idField.getText();
            nameStr = nameField.getText();
            deptStr = deptField.getText();
            String query =  "DELETE FROM "+tableName;
            query += " WHERE id="+"'"+idStr  +"'";
            query += " and name="+"'"+nameStr +"'";
            query += " and dept="+"'"+deptStr+"'";

            try {
              stmt.executeUpdate(query);
              output.append("Delete 되었습니다."+'\n');
            }
            catch(Exception e) {
              output.append("Delete 오류가 발생했습니다."+'\n');
            }
          }
        }

        // 입력 취소 리스너
        class CancelHandler implements ActionListener {
          public void actionPerformed(ActionEvent ae) {
            idField.setText("");
            nameField.setText("");
            deptField.setText("");
            queryField.setText("");
          }
        }

        // SQL문 처리 리스너
        class QueryHandler implements ActionListener {
          public void actionPerformed(ActionEvent ae) {
```

```
        tableName = tableNameField.getText();
        String query = queryField.getText();
        try {
          ResultSet rset = stmt.executeQuery(query);
          ResultSetMetaData rsmt = rset.getMetaData();
          int j = rsmt.getColumnCount();
          StringBuffer outbuffer = new StringBuffer();
          while (rset.next()) {
            for (int i = 1; i <= j; i++) {
              outbuffer.append (rset.getString(i) + "\t");
            }
            outbuffer.append("\n");
          }
          output.append (outbuffer.toString() + "done.\n");
        } catch (SQLException e) {
          output.append ("SQL 예외 발생.." + "\n");
        } catch (Exception e) {
          output.append ("Query 예외 발생.." + "\n");
        }
      }
    }
  }
```

9.3 연습문제

1. URL 클래스 외에 웹(http) 프로토콜을 이용하는 자바의 클래스들을 조사하여 보시오.
2. 자신의 PC에 개인용 DBMS와 JDBC를 설치하고 본문의 예제 프로그램을 실행하여 보시오.
3. 본문에서 소개한 CreateTable과 ManageTable을 3 tier 구조로 작성할 필요가 있는가?

예제 프로그램 목록

절	이름 (.java)	프로그램 내용
2.3.2	FinallyExample	예외를 직접 발생시키고 처리
2.3.3	MyExceptionTest	예외를 정의하고 예외 발생을 확인
2.4.2	ThreadTest	Thread를 상속받아 스레드 객체 생성
2.4.2	RunnableTest	Runnable 인터페이스를 구현한 스레드 객체 생성
2.4.3	ThreadAppTest	sleep() 메소드를 이용하는 스레드 응용 프로그램
2.4.3	ThreadAppTest2	suspend(), resume(), sleep() 메소드를 이용하는 스레드 응용 프로그램
2.4.4	ThreadSyncTest	스레드의 동기화를 설명하는 프로그램
3.2.1	StdInputTest	표준 입출력 확인
3.2.2	FileStrInputTest	FileInputStream을 이용하여 파일의 크기를 확인
3.2.2	FileCopyTest	FileInputStream/FileOutputStream을 이용하여 파일을 복사
3.2.5	DataStreamTest	DataInputStream/DataOutputStream을 이용하여 파일에 데이터를 읽고 씀
3.3.2	ReaderTest	키보드에서 입력한 데이터를 화면에 출력
3.3.2	InputStreamReaderTest	키보드에서 입력하는 문자를 파일에 씀
3.4.2	FileStreamTest	파일에서 256바이트씩 읽어서 다른 파일에 씀
3.4.2	ViewSeparator	File과 경로(path)에 대한 구분자를 얻음
5.2.2	IPAddress	자신 및 임의의 호스트의 IP 주소 얻기
5.3.2	MyEcho	에코 서비스를 이용하는 클라이언트
5.4.2	MyEchoServer	자바 소켓을 이용한 에코 서버
6.2.2	JavaChatServer	자바 소켓을 이용한 채팅 서버
6.3.2	JavaChatClient	자바 소켓을 이용한 채팅 클라이언트
7.3.1	UDPMyEchoServer	DatagramSocket을 이용한 에코 서버
7.3.2	UDPMyEcho	DatagramSocket을 이용한 에코 클라이언트
7.4.4	Multicast	IP 멀티캐스팅을 이용한 채팅 프로그램
8.1.2	ListNetInterface	네트워크 인터페이스의 정보 얻기
8.1.2	ListNetInterface2	네트워크 인터페이스의 주소 얻기
8.1.3	ListNetInterface3	네트워크 인터페이스의 다양한 정보 얻기
8.2.2	CharBufferCopy	버퍼를 이용하여 파일을 복사
8.2.3	ChannelFileCopy	채널을 이용하여 파일을 복사
8.2.4	FileChannelCopy	파일 채널과 RandomAccessFile를 이용하여 파일 복사
8.3.2	SChannelEchoClient	SocketChannel을 사용한 에코 클라이언트
8.3.3	SChannelEchoServer	ServerSocketChannel을 사용한 에코 서버
8.4.3	JavaNIOChatServer	자바 소켓을 이용한 채팅 서버
8.4.4	JavaNIOChatClient	자바 소켓을 이용한 채팅 클라이언트
9.1.1	URLTest	접속된 URL의 정보를 얻어옴
9.2.3	CreateTable	원격 테이블 생성 프로그램
9.2.3	ManageTable	테이블에 레코드를 추가, 삭제하는 예제

찾아보기